OCEANUS
ATLAN-
TICUS
MAR
DEL
NORT.
AFRICÆ PARS
GUIANA
BRASILIA
AMERICA
MERIDIONALIS
La Bermuda
Flandriæ
I. de C. Verde
Rio de la Plata
Fretum Magellanicum
Fretum la Maire

NJB

Martin Schliessler

Auf verwehten Spuren

Amerika wird entdeckt

Wissenschaftliche Mitarbeit: Prof. Dr. Hanno Beck,
Humboldt-Gesellschaft, Leiter des Amtes für Forschung

Lizenzausgabe für den NSB Buch + Phono-Club

Printed in Germany

4295

Inhalt

Vorwort

Heute sind die weißen Flächen und Flecken von den Landkarten verschwunden. Die letzten großen geographischen Rätsel sind gelöst, die höchsten Gipfel bestiegen, die Pole der Erde betreten. Unsere Expeditionen führen kaum mehr in Neuland. Auch wenn wir uns auf dem Gletscher eines fernen Gebirges in einem sturmgepeitschten Zelt einsam fühlen oder hoch oben in einer Eiswand ums Leben bangen, so haben wir doch selten den Kontakt mit der Außenwelt für längere Zeit ganz verloren. Wir können uns schwer vorstellen, wie die frühen Forscher für Jahre Abschied nahmen und mit ihren winzigen Schiffen auf noch unbekannten Weltmeeren bis zu den wellenumbrandeten Küsten fremder Kontinente hinausfuhren. Von Durst und Hunger gepeinigt, von Kälte und Krankheit erschöpft, von Feinden bedroht, drangen sie in ungewisse, düstere, feuchtheiße Urwälder, in Sumpf und Morast. Andere stießen in die weiten Räume der Wüsten vor, von Brunnen zu Brunnen gegen Sand und Staub, gegen Wind und flimmernde Hitze. Auch die Spuren der Männer sind verweht, die gegen Kälte und Sturm in die schweigende Welt der Pole, in die furchtbare Einsamkeit drangen, Tag um Tag, Woche um Woche. Nur wenige kehrten zurück, und auch von diesen sind die Namen meist vergessen:

Bei einer Expedition im Karakorumgebirge, im Herzen Asiens, war ich einige Monate mit Kartographen zusammen und konnte miterleben, wie mühsam die Arbeit ist und wie jeder Meßpunkt in oft tagelangen Anmärschen und Aufstiegen regelrecht erkämpft wurde. Als wir Jahre später im gleichen Gebiet am Hunzafluß an jene Stelle der Schlucht, wo bei unserer Expedition der Kartograph Karl Heckler abgestürzt war, eine Gedenktafel anbrachten, galt diese letzte Ehrung nicht nur ihm, es waren alle jene mit eingeschlossen, die ihren Beitrag zur Welterschließung unter Einsatz ihres Lebens geleistet hatten. Auch wenn ich in diesem Buch nur wenigen Entdeckern folgen kann, so möchte ich es den Namenlosen widmen, jenen Besessenen, die für sich und für uns die Welt entdeckten.

In meiner Kindheit war die Erde noch weit weniger entschleiert als heute. Nur einzelnen war es möglich, ferne Kontinente zu bereisen. Die höchsten Berge und größten Meerestiefen waren noch nicht erforscht. Gerade war es Lindberg gelungen, den Atlantik mit dem Flugzeug erstmals zu überfliegen.

Zeichnungen aus dem Reisetagebuch Martin Schliesslers

Ich träumte davon, geheimnisvolle Gebiete unserer Welt kennenzulernen. In der Bibliothek meines Vaters fand ich Bücher über Expeditionen in fernen Ländern. Fotografien und Zeichnungen regten meine Fantasie an. Schon bald nahm mich mein Vater mit in Vorträge und Filme über die Erforschung der Erde, die ihn leidenschaftlich interessierte. Mit ihm bestieg ich auch meine ersten Alpengipfel. Diese Erlebnisse haben meinen Lebensweg entscheidend beeinflußt. So kam es dazu, daß ich schon in meiner frühen Jugend den steilen und schwierigen Wegen bedeutender Alpinisten folgen und dabei dann und wann das Gefühl empfinden konnte, in Neuland vorzudringen. Während der Kriegs- und Nachkriegszeit waren für meine Freunde und mich die Alpen zunächst das Ende der erreichbaren Welt der Abenteuer. Doch schon 1950 ergab sich für mich die Gelegenheit, Afrika zu umfahren und dabei auch Einblick in den dunklen Kontinent zu gewinnen.

1954 wurde ich als jüngstes Mitglied zur deutsch-österreichischen Himalaya-Karakorum-Expedition eingeladen.

Das Vorhaben war vorwiegend wissenschaftlich orientiert und in Vorbereitung, Durchführung und Auswertung ein klassisches Forschungsunternehmen, in dem Bergsteiger und Wissenschaftler zusammenarbeiteten. Der Anmarsch führte durch das wüstenhafte Hunzatal, das von nahezu 8000 Meter hohen Eis- und Bergriesen überragt wird.

Am Ende der Expedition waren die Unterlagen für eine Karte des Batura-Gletschergebietes an der Grenze Chinesisch-Turkestans, im Quellgebiet des Hunzaflusses erstellt. Ein weiteres Dokument der Expedition war ein

Film[1], bei dem ich neben Eugen Schuhmacher die zweite Kamera führte und Hochgebirgsaufnahmen bis nahe 7000 Meter machen konnte.
Unmittelbar im Anschluß an die Karakorum-Expedition war es mir möglich, eine eigene kleine Filmexpedition im Hochland von Peru, dem Kerngebiet der Inkakultur, zu organisieren. Viele Wochen verbrachten wir bei Cuzco und in der Cordillera Vilcabamba, aber auch auf Inkastraßen in anderen Teilen von Peru. Die Zeit in unmittelbarer Berührung mit der versunkenen Welt der frühen Indianerkulturen, das Suchen nach Zusammenhängen, die im Film einen nachhaltigen Eindruck wiedergeben sollten, war voll erregender Spannung. Neben der Arbeit an der Kamera konnte ich ein Tagebuch führen und durch Zeichnungen ergänzen. Ich war beeindruckt von der vielfältigen Kunst der Indianer und ergriffen von der monumentalen Wucht der Mauerwerke, von den künstlich bewässerten Terrassen und den Inkastraßen.

Als ich in Berlin den Bundesfilmpreis für die Dokumentation »Im Reich der Inka und Indios[2]« erhielt, fühlte ich mich bestätigt und aufgefordert, in der eingeschlagenen Richtung weiterzuarbeiten. Seit damals sind rund 30 Jahre vergangen. In vielen Teilen der Welt konnte ich für weitere Dokumentarfilme Material sammeln, in Europa, Afrika, Asien und Australien, doch nie verlor der Doppelkontinent Amerika seine lockende Faszination.

Die rätselvolle Geschichte der Ureinwohner, die Indianerkulturen, wie sie den ersten Entdeckern und Eroberern begegneten und wie sie sich uns heute darstellen, waren und blieben der Grund für neue Reisen und Studien.

Alexander von Humboldt 1769-1859, Selbstbildnis

Von besonderer Bedeutung wurde für mich der Auftrag, einen Film über das Leben und Werk Alexander von Humboldts zur Erinnerung an seinen 200. Geburtstag zu drehen. Während der Vorbereitungen verschiedener Südamerika-Expeditionen war ich wiederholt beim Studium der Literatur und Karten auf seinen Namen gestoßen.

Das Schiff, das mich das erste Mal nach Südamerika brachte, fuhr auf dem Humboldtstrom an der wüstenhaften Küste Perus und Ekuadors entlang, wichtige Länder, in denen dieser deutsche Forscher intensiv gearbeitet hat.

Wer die geistige Ausstrahlungskraft Alexander von Humboldts in Südamerika, in Schulen und Universitäten, aber auch in der breiten Bevölkerung erlebte, wird die weltweite Humboldt-Renaissance seit 1959 verstehen. Nach den Worten von Professor Heissenberg anläßlich der Gedächtnisfeier im Beethovensaal in Bonn, trug unser Film wesentlich dazu bei, Humboldts Werk und seinen Einfluß auf die europäische Kultur zu zeigen und darüber hinaus deutlich zu machen, welchen Beitrag seine Arbeit zur Völkerverständigung geleistet hat. Es waren glückliche Umstände, die zu dieser Anerkennung führten. Während der Produktionszeit hatte ich immer wieder Menschen gefunden, die mir wichtige Anregungen und Hilfen gaben. Für alle, die mitgewirkt hatten, war es schön, den Erfolg des Films zu erleben, der in viele Sprachen übersetzt wurde und seinen Weg um die Welt machte.

Von nun an reizte es mich, auch den Spuren anderer Entdecker und Forscher anhand ihrer Tagebücher zu folgen. So kam es zu der Idee einer Fernsehserie »Auf verwehten Spuren[3]« für das Zweite Deutsche Fernsehen. Die beiden ersten Sendungen waren der Entdeckung Australiens gewidmet, danach erhielt ich den Auftrag in weiteren sechs Folgen die Entdeckung Amerikas darzustellen.

War das Thema Australien noch relativ gut zu überblicken, mußte ich während der Vorarbeiten und Quellenstudien über die Erforschung Amerikas bald erkennen, daß es sehr schwierig sein würde, eine folgerichtige Gliederung zu finden, ohne mich nicht in der Vielfalt zu verlieren. Es war mir klar, daß weder die Filme noch dieses ergänzende Buch - schon wegen der begrenzten Sendezeit und Seitenzahlen - Anspruch auf eine nur annähernd vollständige Darstellung des Themas erheben können. Allein der Literaturnachweis in CW. Cerams Buch »Der erste Amerikaner«[4] umfaßt vierzehn engbeschriebene Seiten, und dabei beschränkt sich der Autor im wesentlichen auf die Archäologie Nordamerikas ohne Mexiko. Da ich kein Wissenschaftler bin, sind meine Aussagen und Mutmaßungen - sollten sie von den allgemein erarbeiteten Forschungsergebnissen abweichen - von meiner Intuition als Maler, Bildhauer und Filmemacher bestimmt. Über einige Phänomene der amerikanischen Frühgeschichte sind sich selbst anerkannte Gelehrte nicht immer einig. Auch in den neusten Büchern und Veröffentlichungen kommen die Worte »vermutlich«, »möglicherweise«, »wahrscheinlich« häufig vor, aber gerade deshalb bleibt das Interesse an der Geschichte Amerikas besonders wach. Der Streit, wer nun eigentlich Amerika zuerst entdeckt habe, Kolumbus oder zuvor die Wikinger, ist seit einiger Zeit eindeutig zugunsten der seetüchtigen Skandinavier entschieden.

Welche Antwort aber bleibt uns, wenn ein Indianer die berechtigte Frage stellt: »Waren nicht wir die ersten Menschen, die amerikanischen Boden betreten haben?«

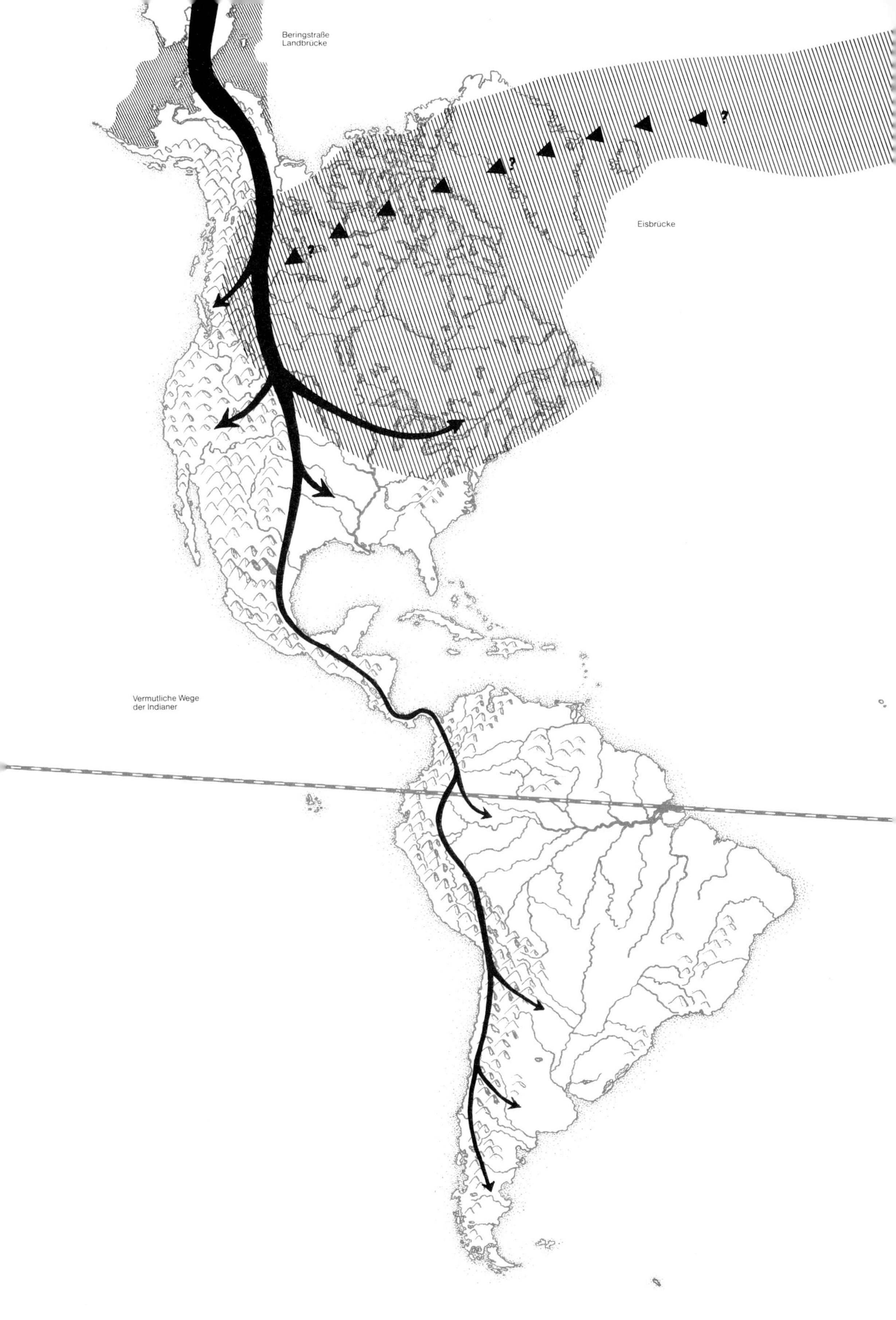
Beringstraße
Landbrücke
Eisbrücke
Vermutliche Wege
der Indianer

Woher kamen die ersten Indianer?

Noch während ich diese Frage zu beantworten suchte, wurden wesentliche Forschungserkenntnisse, die schon längst festzustehen schienen, durch neue Funde und Überlegungen wieder in Frage gestellt.

Schon 1956, knapp ein Jahr nach meiner ersten Südamerika-Expedition, war ich nach Nordamerika gekommen mit dem Ziel, einen Film über den Weg des Indianers zu drehen. Ich wollte den Spuren der Indianer vom hohen Norden Alaskas durch den Doppelkontinent bis nach Feuerland folgen. In erster Linie interessierten mich die Ursprünge und Verbindungen der verschiedenen Frühkulturen Süd- und Mittelamerikas und ihre mutmaßlichen Anfänge in Nordamerika. Aber selbst nach einer Fahrt von rund 20000 Kilometern durch die Vereinigten Staaten und Kanada bis zum nördlichsten Punkt in Alaska bestand das erarbeitete Material nur aus unübersichtlichen Fragmenten, die noch kein zusammenhängendes Bild erkennen ließen.
Ich sah unvergeßliche Bilder von längst verlassenen Indianerstätten, wie die Cliff Dwellings, unter den riesigen überhängenden Felsen von Mesa Verde.

In den grandiosen Wüsten und Cañon-Landschaften im Südwesten der Vereinigten Staaten gab es noch bewohnte Dörfer - Pueblos - die denen glichen, die die ersten Entdecker beschrieben haben. Überall fanden sich Zeichen erstaunlicher Indianerkulturen, die damals in Europa im Vergleich zu den berühmten Kulturen Mexikos und Perus so gut wie unbeachtet geblieben waren.
Bei dieser ersten Reise fiel mir auf, wie unterschiedlich die Gesichtsformen der Eingeborenen sind. Während die Eskimo ausgesprochen asiatisch wirken und mich an unsere Sherpaträger im Himalaya und an Hochlandindianer in Südamerika erinnerten, waren die Gesichter bei einigen Indianerstämmen sowohl an der Nordwestküste Kanadas und Alaskas als auch im Südwesten viel strenger geschnitten und wirkten weit mehr europäisch. Immer wieder tauchte für mich die Frage auf: - wer waren die Ureinwohner - oder vielleicht besser gesagt - die Urbesiedler Amerikas, denn wenn wir die vorherrschende Ansicht der Wissenschaftler teilen - müssen wir uns für den letzteren Begriff entscheiden.

Im Gegensatz zu Afrika, wo man die Menschheitsentwicklung anhand von Funden über Millionen Jahre fast lückenlos verfolgen kann, wurden auf

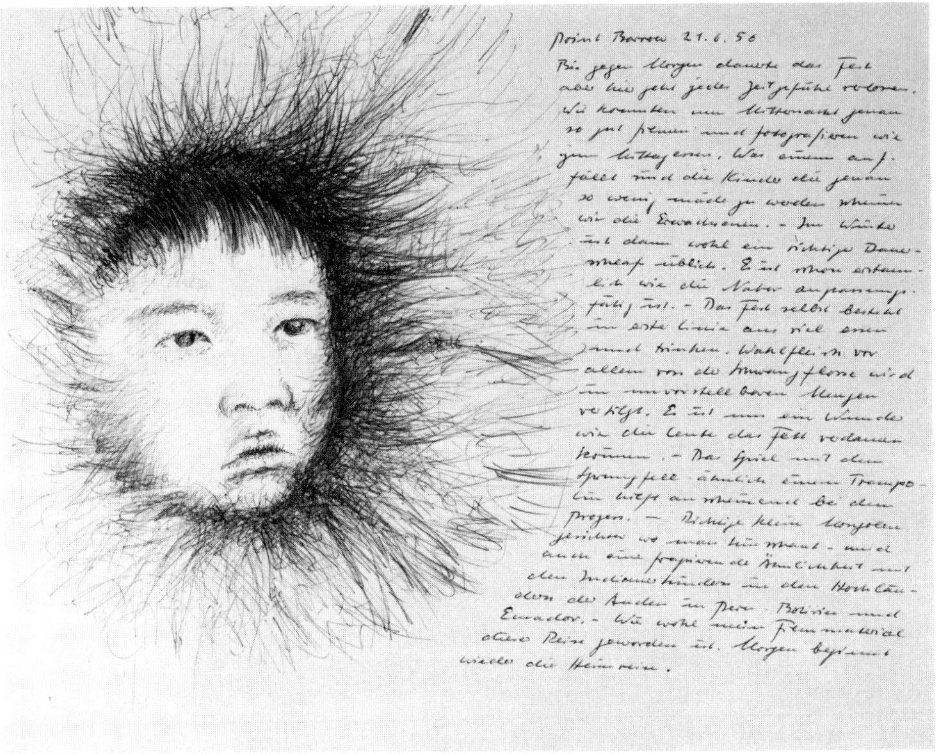

amerikanischem Boden keine Urformen nachgewiesen, die eine evolutionäre Entwicklung aufzeigen. Vielmehr setzte sich die Meinung durch, daß die allerersten Einwanderer auf dem Kontinent dem Cro-Magnon-Menschen zugeordnet werden müssen, der nach seinem ersten Fundort in Frankreich so benannt wurde. Ein sehr umfassendes Lexikon nennt den Cro-Magnon-Menschen hauptsächlich wegen seiner faszinierenden Höhlenmalereien. Doch ebenso beachtenswert erscheint mir seine weltumspannende Entdekkertätigkeit. Vor ca. dreißig- bis vierzigtausend Jahren tauchte der Cro-Magnon-Mensch nahezu gleichzeitig in allen Kontinenten auf. Wo immer die Urheimat des »modernen Menschen«, wie er auch genannt wird, gelegen haben mag, was ihn zu den Wanderungen zu den letzten Winkeln der Erde veranlaßt hat, wird sich kaum beweiskräftig erklären lassen. Der Drang, hinter dem Horizont Neuland zu suchen, könnte eine wesentliche Rolle gespielt haben.

Aus Skelettfunden geht hervor, daß die Cro-Magnon-Menschen im Vergleich zu den früheren Neandertalern und anderen Urmenschen, die nur in

Afrika, Asien und Europa nachgewiesen wurden, groß und gut proportioniert waren. Auch das Gehirnvolumen des Cro-Magnon-Menschen entsprach vielmehr dem des heutigen Menschen. So könnte er theoretisch ähnliche Fähigkeiten entwickelt haben. Die Höhlenmalerei der Cro-Magnon-Menschen wird heute als geniale Kunst gewertet. Das war nicht immer so. Der Amateurarchäologe Graf Don Marcelino mußte bis zu seinem Tode erbitterte Kämpfe um die Anerkennung der Tier- und Jagdbilder von Altamira als Darstellungen der Eiszeitmalerei führen.

23 Jahre lang wurde der Graf von führenden Wissenschaftlern seiner Zeit als Schwindler und Fälscher bezeichnet, ohne daß diese die Höhlen selbst besichtigt hätten. Als endlich einer der Hauptankläger seinen Irrtum erkannte und dies vor aller Welt tief betroffen zugab, war Don Marcelino bereits tot.

Im Laufe der Zeit wurden fast überall auf der Welt Höhlenmalereien und Steingravuren bekannt, die den künstlerischen Geist, aber auch den Mut der Cro-Magnon-Menschen zum Ausdruck bringen. Sie zeigen die Jagd auf große und gefährliche Tiere. Selbst das riesige Mammut, den gigantischen nordischen Elefanten, haben sie mit Schleuderspeeren erlegt. Der berühmte Fund einer Steinzeitspeerspitze in Neu-Mexiko zwischen den Rippen eines Bisons, dessen Art schon vor 10000 Jahren in Nordamerika ausgestorben war, beweist eindeutig, daß Jäger schon während der letzten Eiszeit auf diesem Kontinent umherzogen. Dieser Fund war eine Sensation, weil noch in den zwanziger Jahren bei führenden Wissenschaftlern Amerikas die Ansicht verbreitet war, die ersten Indianer hätten amerikanischen Boden frühestens vor 4000 Jahren betreten.

Ähnlich wie in Europa kam es auch unter den amerikanischen Archäologen zu beträchtlichen Meinungsverschiedenheiten. Es gab Autoritäten, die sich schwer von ihren vorgefaßten Meinungen trennen konnten. Als besonders eigensinnig galt Ales Hrdlicka, der dem Bureau of Ethnology vorstand. Selbst als bereits eindeutige Funde auf viel frühere Einwanderung hinwiesen, bestand er kategorisch auf der Alleingültigkeit seiner Theorie. Er war sogar dafür bekannt, junge Forscher in ihrem Weiterkommen erheblich zu behindern, wenn sie von seiner Meinung abweichende eigene Theorien auch nur im Ansatz entwickelten. Daß es auch in Amerika einige Außenseiter gab, die sehr erfolgreich - manche geradezu besessen - archäologische Erkenntnisse sammelten, geht aus dem Buch von C.W. Ceram »Der erste Amerikaner« deutlich hervor.

Aber auch die Wissenschaft, die in ihren Anfängen wenig offizielle Unterstützung fand, konnte in einem geradezu unvorstellbaren Maß tätig und fündig werden. Heute wird an über hundert Universitäten in Nordamerika Archäologie gelehrt, und in über fünfhundert Museen gibt es ständige völkerkundliche Sammlungen mit prähistorischen Ausgrabungen. In der Titelkartei des Laboratory of Anthropology in Santa Fé sind über 10000 Publikationen registriert. Heute helfen über 50 Wissenschaften ergänzend und stützend der Archäologie. Auch wenn die mühsame Arbeit mit dem Spaten noch immmer einen wesentlichen Teil der Forschungsarbeiten darstellt, so werden die Erkenntnisse aus den Funden immer mehr durch chemische und physikalische Analysen im Labor präzisiert.

Die ZDF-Fernsehserie »TERRA X«[5] und das zur Vertiefung der Thematik verfaßte Buch beschäftigen sich mit einigen der neuesten archäologischen Forschungsergebnisse.

Erst jüngst ist die Diskussion über die Besiedlungstheorien Amerikas wieder neu in Bewegung geraten. Wurde bis vor kurzem geradezu einhellig die »Beringstraße« im Nordwesten Alaskas als allein mögliche Einwanderungsbrücke der frühen Jäger aus dem asiatischen Raum angesehen, so stellt der Sprachforscher Richard Fester in seinem Buch »Die Eiszeit war ganz anders«[6] (das Geheimnis der versunkenen Brücke nach Amerika) eine neue, recht einleuchtende Theorie auf: Innerhalb des Vorwortes zu diesem Buch schreibt Professor Dr. Joachim Illies:

»So gelingt es Richard Fester auf dem Gebiet der Paläolinguistik nachzuweisen, daß in der Eiszeit auf dem sich damals anbietenden Weg der »weißen Brücke« frühe Menschengruppen von Eurasien nach Nordamerika hinübergelangten und sich dort langsam nach Süden verbreiteten. Die Ortsnamen am Wege markieren

Rechte Seite: »Im Eis erstarrtes Flußlabyrinth des Yukon in Alaska«
In dieser Einsamkeit folgten die ersten Jäger dem Wild und drangen in die Weite des amerikanischen Kontinents vor.

Abbildung Seite 18 oben: »Namenlose Berge im Norden Amerikas«
Durch den ganzen Kontinent zieht wie ein gewaltiges Rückgrat die längste Gebirgskette der Welt. Fels- und Eisbarrieren mußten von den vordringenden Menschen überwunden werden.

Abbildung Seite 18 unten: »Wüstenlandschaft im Südwesten Nordamerikas«
In verschiedenen Teilen Amerikas gibt es nahezu wasserlose Wüstengebiete. Kleine Oasen und Flußläufe schufen die Voraussetzungen für das Leben.

Abbildung Seite 19 oben: »Inselwelt an der Nordwestküste Amerikas«
Der Fischreichtum an der Pazifikküste erlaubte den Indianern sowohl im Norden als auch weit im Süden des Kontinents, ohne Nahrungsnot zu leben.

Abbildung Seite 19 unten: »Das große Eisfeld in Patagonien«
Fast ununterbrochene Stürme toben im Süden des Kontinents in Patagonien und Feuerland. Eine menschenfeindliche Welt, bis an deren Rand schon die frühen Menschen gezogen waren.

diese Wanderungsgeschichte. Zugleich erweist sich als Ergebnis seiner Untersuchung die Verwandschaft der indianischen Sprache, von der Alexander Humboldt schon vor hundert Jahren überzeugt war, die aber die philologische Linguistik bis heute nicht nachweisen konnte. Das Faszinierende an diesem Buch ist die Schlüssigkeit und das einleuchtende seiner Argumente und das zugleich sensationell Neue seiner Ergebnisse...«

Soweit Professor Illies. Noch 1965 wurde bei einem archäologischen Kongress mit dem Thema »Die Beringlandbrücke« an dem 27 Autoren aus sechs Nationen teilnahmen, über die Frage, ob die ersten Amerikaner aus Sibirien gekommen sind, gar nicht mehr diskutiert - es wurde als absolut sicher angenommen.

Alle anderen Theorien dagegen waren als falsch oder unsinnig bereits abgelegt. Zu Ähnlichkeiten indianischer Sprachen mit denen der Alten Welt erklärte Gordon Willey, einer der bekanntesten Archäologen Nordamerikas, 1966: »Bisher sind keine solche Verwandtschaften jemals befriedigend dargestellt worden«.

Festers »weiße Brücke«, deren Pfeiler Norwegen, Island, Grönland und der Norden Kanadas waren - dazwischen spannte sich eine massive Eisfläche -, mußte an ihrem Nord- und Südrand durch Reichtum an organischem Leben aus dem Meer relativ leicht von Jagdgruppen zu begehen gewesen sein.

Veränderte Gletscherbildungen im Vergleich zum heutigen Weltbild waren durch eine offensichtliche Polverschiebung entstanden. Diese erdgeschichtlichen Vorgänge waren es auch, die vor 20000 bis 40000 Jahren eine Landverbindung zwischen Asien und Amerika im heutigen Gebiet der Beringstraße auftauchen ließen. Richtiger gesagt, hatte die Bindung von riesigen Wassermengen zu Eis den Meeresspiegel um ca. hundert Meter abgesenkt und neue Landteile hervortreten lassen. Dieser Vorgang spielte sich in den letzten Millionen Jahren viermal ab.

Für die Jäger der Frühzeit dürften die Anstrengungen einer Wanderung über die Eisbrücke direkt von Europa oder von Asien über die Beringstraße nach Amerika ähnlich groß gewesen sein. Das Leben in Schnee und Eis hat für viele Menschen keinen Schrecken. Noch heute gibt es Eskimofamilien, die, nur um Verwandte zu besuchen, oft viele hundert Kilometer mit Hundeschlitten in größter Kälte zurücklegen. Bei der Beurteilung von frühen

Linke Seite: »Tropenwald«
Die größten zusammenhängenden tropischen Waldgebiete der Erde finden wir im Amazonasbecken. Hier im Schatten der Wälder leben die letzten Indianer auf der Steinzeitstufe.

Völkern - beziehungsweise Stammeswanderungen können wir davon ausgehen, daß Entfernungen bei der angeborenen Ausdauer und Leistungsfähigkeit dieser Menschen so gut wie keine Rolle spielten, solange der Lebensunterhalt auf dem Weg bestritten werden konnte. Wenn wir die Spuren suchen, die zur Besiedlung der Erde führten, dürfen wir nicht unsere heutigen Maßstäbe anlegen, sondern müssen vielmehr an die Eigenschaften von Naturvölkern unter Berücksichtigung der jeweiligen geographischen Bedingungen denken. Dabei ist zu beachten, daß die Sonne in Polnähe während einiger Sommermonate gar nicht oder nur kurz untergeht. Die Gruppen brauchten zwischen Frühling und Herbst täglich nur 30 bis 40 Kilometer zurückzulegen, dann hatten sie in beiden Fällen den neuen Kontinent erreicht.

In seinem Buch »Durch Nacht und Eis«[7] beschreibt der norwegische Polarforscher Nansen, wie er und sein Begleiter Johannsen über zwei Jahre lang, ganz auf sich allein gestellt, Tag um Tag weite Strecken überwanden, und dabei nur von der Jagd lebten. Auch der dänische Eskimoforscher Knud Rassmusen legte mit einem Hundeschlittengespann Strecken zwischen Grönland, Kanada und Alaska zurück, die der »weißen Brücke« entsprachen. Er schreibt in seinem Buch »Die große Schlittenreise«[8]:

»Wie lange haben unsere Schlittenreisen gedauert - unser Weg zum Ziel, unsere Jagdzüge im Land und auf eisbedecktem Meer, bald auf Wild bald auf Menschen? 20000 Kilometer, eine Strecke vom halben Umfang der Erde. Wie gleichgültig ist das für uns - denn die Entfernungen bedeuten uns nichts. ..«

Die Anpassungsfähigkeit der frühen Jäger muß in vieler Hinsicht erstaunlich groß gewesen sein, denn auf ihrem Weg vom eisigen Nordland nach Süden lagen vielerlei Hindernisse. Es gab, soweit dies noch aus Gletscherablagerungen zu erkennen ist, einige eisfreie Urstromtäler, die als Wege in Frage kamen. Wie schnell dieser Zug und damit die Anpassung an die verschiedenen Klimate tatsächlich war, kann niemand sagen. Mit größter Wahrscheinlichkeit handelte es sich um verschiedene Einwanderungswellen, die schon besetzte Jagdreviere meiden mußten und sich ein eigenes Territorium suchten. Das wäre eine Erklärung für eine Art »Nischentheorie«, denn wir finden auch heute noch auf dem Doppelkontinent Amerika, oft in nahe beieinanderliegenden Gebieten, sehr unterschiedlich aussehende Eingeborenengruppen.

Nachdem im Süden Patagoniens vor nicht langer Zeit ein Grab der Steinzeit gefunden wurde, das man auf 9000 Jahre geschätzt hat, wurde erneut die Frage nach dem Weg des Indianers aufgeworfen. Alaska liegt von diesem Punkt etwa 25000 Kilometer entfernt. Ob das Grab von Palli Aike die früheste Begräbnisstätte am Südende Amerikas darstellt, ist fraglich. Und

Zeichnungen aus dem südamerikanischen Reisetagebuch Martin Schliesslers von Keramiken altamerikanischer Grabbeigaben verschiedener Küstenkulturen Perus; Paracas, Nazca und Mochica 400n.Chr. – 1000n.Chr. Chimu und Inka 1250-1450n.Chr.

Indianerstamm am oberen Amazonas. Die Tanzmasken ähneln frappierend jenen der Nordwestküstenindianer Amerikas. Geister- und Dämonenbeschwörungen mit Maskentänzen gibt es auch noch heute bei den Nordwestindianern. Siehe auch Abb. Seite 26.

wann tatsächlich der erste Jäger amerikanischen Boden im Norden betreten hat, ist ebenso ungewiß.

Die Funde von steinernen Speerspitzen in längst ausgestorbenen Tieren; die an mehreren Orten nachgewiesen wurden, lassen den Schluß zu, daß es schon mindestens vor 30000 Jahren Menschen in Amerika gab. Sollten die Datierungsergebnisse der bei San Diego gefundenen Schädel das Alter von 40000 Jahren bestätigen, müßten sogar schon vor rund 80000 Jahren Menschen nach Amerika gekommen sein. Zwischenzeitlich gab es an der Beringstraße keine Landbrücke, und die Vergletscherung zu einer »weißen Brücke« nach Europa reichte auch nicht aus.

Inwieweit ein zufälliger Fund im Stone Creek 1977 nahe Edmonton in der kanadischen Provinz Alberta einen noch »älteren Amerikaner«, eine Art Neandertaler, darstellt, bedarf wohl trotz einiger beachtenswerter Indizien noch der endgültigen Bestätigung. Tatsächlich würde das eine archäologische beziehungsweise frühgeschichtliche Sensation bedeuten.

Noch ist mit Sicherheit nicht das letzte Wort über die Herkunft der indianischen Rasse gesprochen. Die zweifelsfreie Verschiedenartigkeit der Indianerstämme gibt weiterhin viele Rätsel auf. Kein Wunder, daß sich immer neue Theorien und Legenden entwickeln. Sie füllen in der Zwischenzeit Bibliotheken. Der Grund dafür liegt im wesentlichen in der Vielfältigkeit der Menschen, ihrer Sprachen und Lebensbedingungen, ihrer Kunst und Architektur, die immer wieder Paralellen mit anderen Kulturkreisen aufweisen. Die Pyramidenkultur Ägyptens und die Pyramiden Mittelamerikas sind eines der oft genannten Beispiele, wobei die geschichtliche Einordnung der weniger bekannten zahllosen Lehm- und Steinpyramiden Nord- und Südamerikas schon viele Forscher beschäftigt hat. Der in China vor 2000 Jahren vorhandene religiöse Jaguar-Kult taucht um die gleiche Zeit sowohl in Mittel-Amerika bei den Olmeken als auch an der südamerikanischen West-

küste in Motiven der Chavin-Kultur auf. Daß die Schlangen und Drachenköpfe in der religiösen Kunst der Maya in Mexiko auf Einflüsse der Wikinger, aber auch auf ostasiatische Vorbilder schließen lassen können, ist augenscheinlich der Grund für vielerlei Spekulationen. Drachenköpfe fand ich aber auch bei den Nordwestindianern an der kanadischen Küste. Hier sah ich auch riesige Holzplastiken, die an toltekische Steinfiguren in Mexiko, an solche der San Augustin Kultur in Kolumbien und an die Monumente von Tiahuanaco im heutigen Bolivien erinnern. Auch Paralellen zu den steinernen Götterfiguren der Inselwelt Melanesiens sind nicht von der Hand zu weisen. Die gewaltigen Einbäume der Küstenindianer Nordamerikas waren, als die ersten Europäer davon berichteten, bereits hochseetüchtig. In einem solchen Einbaum fuhr ein Kanadier erst vor kurzem mit einfachen Segeln bis nach Hawaii. Die Maskentänze der Nordwestindianer sind den tibetischen Klostertänzen sehr ähnlich. Bei Kirchenfesten in Peru und Bolivien um den Titicacasee sah ich jedoch auch sehr verwandt wirkende Tanzmasken. In Zeichnungen von Martius und Spix von Amazonas-Indianern sind ebenfalls solche Masken zu sehen.

Auf den ersten Blick gibt es außer den Verbindungstheorien kaum eine Erklärung dafür, wie plötzlich von sogenannten primitiven Jäger- und Sammlerstämmen in Mittel- und Südamerika künstlerische und bautechnische Hochleistungen erreicht werden konnten, für die ausgereifte handwerkliche Fähigkeiten und mathematische Kenntnisse notwendig waren. Wenn wir an die weltweiten Erfindungen der letzten zweihundert Jahre denken, läßt sich jedoch durchaus vermuten, daß es paralelle, geradezu explosive Entwicklungssprünge auf verschiedenen Kontinenten auch früher gegeben haben kann. Die Voraussetzungen zu großen Gemeinschaftsleistungen verlangten immer schon starke Führerpersönlichkeiten.
Die ersten Hochkulturen entstanden in Gebieten der Welt, in denen die Natur den Menschen besondere Widerstände entgegensetzte und wo der einzelne auf sich allein gestellt nicht hätte überleben können. Die Abhängigkeit von Regen und Sonne und anderen Naturkräften führte zu genauen Beobachtungen, aber auch zu mythischen Religionen. Die Angst vor unberechenbaren Gewalten hat in der ganzen Welt das Gebet zu höheren Mächten entstehen lassen, aber auch das Opferbringen in vielen Formen. Je stärker der Einfluß der Führungskräfte auf das Volk war, und ihr Anspruch, Gott

zu vertreten, um so eindrucksvoller wurden die Bauten und die Werke symbolischer Kunst. Insoweit konnten ähnliche Voraussetzungen zu ähnlichen Kunstformen und Staatsorganisationen letztlich auf allen Kontinenten führen (wie die vielen Sonnenkulte es deutlich machen).
Trotz dieser so logisch klingenden Erklärung der Entstehung von Hochkulturen fasziniert uns immer wieder der Gedanke, daß schon vor tausenden von Jahren geistige Befruchtung über Ozeane und Kontinente hinweg stattgefunden haben können. Die Suche nach den kulturellen Ursprüngen in Amerika wird erschwert durch das nahezu völlige Fehlen lesbarer Schriften, wie sie uns andere Frühkulturen - besonders die Reiche Kleinasiens, Vorderasiens und Ägypten - hinterlassen haben. Was aus Keilschriften und Hieroglyphen relativ einfach zu entziffern war, mußte in Amerika aus mündlichen Überlieferungen in unendlich mühsamer Arbeit und im Verbund mit Ausgrabungen zu frühgeschichtlichen Bildern zusammmengefügt werden.

Eine gewisse Ausnahme bilden die Schrifttafeln der Maya aus Mittelamerika, die jedoch von den spanischen Eroberern bis auf wenige Reste vernichtet wurden. Die Deutung dieser Bildlegenden bedurfte sorgfältiger Nachprüfungen und Vergleiche und ist auch heute noch nicht gänzlich erforscht. Jeder neue Fund ist ein kleiner Mosaikstein zum noch lange nicht vollständigen Bild amerikanischer Frühkulturen.

Alles, was frühere Kulturen hinterlassen hatten, wurde als Leistung der unmittelbaren inkaischen Vorfahren bezeichnet. So auch die gigantische Mauer von Sacsayhuaman und Tiahuanaco. Obwohl den ersten Spaniern gesagt worden war, Sacsayhuaman wäre erst kurz zuvor vollendet worden, spricht manches dafür, daß die Mauerwerke aus vorinkaischer Zeit stammen. Bei den Burgruinen von Ollantaitambo wird besonders deutlich, daß die Kultur, in der die Riesensteine bearbeitet wurden, plötzlich abbrach. Auf den Monumentalmauern waren, mit weit weniger Sorgfalt und in völlig anderem Stil die Festungswände mit kleinen Steinen weitergeführt worden. Bei genauer Beobachtung können wir ähnliches auch in Machu Picchu und an anderen Plätzen Perus erkennen.

Vieles erschien mir damals und erscheint mir auch heute noch voller Rätsel: Woher kam das Herrschergeschlecht der Inkakönige, die sich Söhne der Sonne nannten und anders ausgesehen haben sollen als ihre Untertanen?

Wer waren die Astronomen, die genaue Kalender errechnen konnten, nach denen Felder bestellt und geerntet wurden? Wer hat in der Wüste von Nazca an der Küste Perus die kilometerlangen schnurgeraden Linien von verschiedener Stärke gezogen, die gigantischen Zeichen erfunden, die erst hoch aus der Luft als Bahnen, Trapeze, Dreiecke, stilisierte Vögel und Pflanzen erkennbar wurden?

Die riesigen Felsen der zentralen Bauwerke in der Urwaldfestung Machù Picchu sind ebenso fein behauen wie jene von Sacsayhùaman oder Ollantaitambo.

Heilige Höhle in Macchù Picchu, die zum großen Teil aus dem harten Granit herausgemeiselt ist.

Das Dreifensterhaus in Macchù Picchu, das aus riesigen, unsymmetrischen Quadern errichtet ist, läßt viele Fragen offen, z.B. die, ob die Geschichte der Inka hier ihren Ursprung genommen hat?

Unsere Bewunderung gilt immer wieder den genau behauenen Riesensteinen von Sacsayhùaman.

Wie entstand die Idee, auf künstlich bewässerten Terrassen Kulturpflanzen durch Selektionsverfahren zu züchten, über die Biogenetiker nur staunen können? Es handelte sich um Kulturpflanzen, von denen wir heute leben: nämlich Kartoffeln, Mais, Tomaten, Bohnen und einige mehr.

Woher kamen die Anstöße zu den vielfältigen Kulturen, die der Inkakultur vorangingen? Zum Teil folgten sie einander, zum Teil gingen sie ineinander über und sind heute unter dem Namen ihrer Fundorte Chavin, Mochica, Paracas, Nazca, Tiahuananco und Chimu bekannt.

Es gab raffinierte Bewässerungsanlagen, Tempelpyramiden, fantastische Keramiken und Textilien. Nach der spanischen Eroberung blieb davon aufgrund der Goldgier und der Zerstörung von Kultstätten durch religiösen Fanatismus wenig übrig. Dennoch hat die Wüste mit ihrem trockenen Klima in Gräbern einiges erhalten, was uns die Welt jener Zeit lebensnah erscheinen läßt. An tausendfachen Nuancen finden wir in Zeichnungen und Gravuren auf Keramiken und in Geweben das Dasein beschrieben: Bilder vom Krieg, vom Handwerk, von medizinischen Eingriffen bis hin zur Gehirnoperation, sexuelle Szenen, Fabelwesen, Götter und Geister. Auch hier drängen sich immer wieder Vergleiche mit anderen Hochkulturen der Welt auf: Indien, China, Ägypten, Mesopotanien, Skandinavien, die Inseln des Mittelmeers und auch Polynesien.

Viele Gelehrte nehmen heute an, die Inselwelt des Pazifik sei vom asiatischen Festland übers Meer besiedelt worden und die genialen Schiffsbauer, die bereits in ihren großen Auslegerbooten gegen die Strömung und gegen den Wind segelten und mindestens so seetüchtig waren wie die Schiffe der europäischen Entdecker, könnten möglicherweiser auch Südamerika erreicht haben. Dagegen stellt Thor Heyerdahl seine Theorie, daß eine wesentliche Befruchtung von Südamerika westwärts stattgefundern habe. Er war einer der Forscher, die nicht nur theoretische Schlußfolgerungen bei Ausgrabungen oder am Schreibtisch zogen, sondern auch bereit waren, durch Nachvollzug ihre Theorie zu fundieren. Was nicht immer bedeutete, daß ein solcher Beweis auch später anerkannt wurde. Es gelang Thor Heyerdahl mit einem Balsafloß, wie es noch die Spanier an der Küste von Peru bei ihrem Vordringen ins Inkareich gesehen haben, die Inselwelt Polynesiens von Peru aus zu erreichen. Einige Jahre später konnte er mit einer nicht weniger Aufsehen erregenden Fahrt in einem Papyrusboot, das nach altägyptischer Vorlage gebaut war, von der Westküste Marokkos aus den Atlantik überqueren und nach Amerika fahren.

Weniger bekannt wurde die Fahrt des Engländers Timothy Severin. Er baute nach historischen Beschreibungen irischer Mönche ein mit Ochsenhaut bespanntes Boot und erreichte, indem er in alten irischen Handschrif-

An der Küste Ecuadors wurden wiederholt bei Ausgrabungen Keramiken ans Tageslicht gebracht, die an Einflüsse aus China denken lassen.

Fragment aus dem Ruinenfeld von Tiahuanaco am Titicacasee, 500-800 n.Chr.

ten aus dem 6. Jahrhundert beschriebenen Routen folgte, über die Faröer Inseln, Island, Grönland, Peckford Island bei Neufundland. Die Strecke von 3500 Seemeilen wurde in 50 Tagen bewältigt. Diese sehr unterschiedlichen Unternehmen waren schon deshalb ein Erfolg, weil sie bewiesen, daß es theoretisch möglich war, mit den Seepraktiken vor Kolumbus die Weltmeere zu überwinden.

Jim Woodman erbrachte einen anderen bemerkenswerten Beweis. Er baute einen Inkaballon nach, um zu zeigen, daß die Indianer von Nazca bereits in der Lage waren, sich in die Luft zu erheben. Als dieses sensationelle Experiment gelungen war, gab Jim Woodman folgende Erklärung ab:

»Ich glaube, daß folgendes geschehen ist: Nazca ist kein uralter Landeplatz, es war genau das Gegenteil. Die Linien, Brenngruben und Rollbahnen waren einmal Startplätze in einer Religion, die die Sonne verehrte. Unser Flug war eine moderne Demonstration einer uralten religiösen Zeremonie. Mit dem, was wir gelernt hatten, könnten wir leicht einen großen Ballon aus Nazcatextilien bauen und schwarz färben. Dann würde die Solarverstärkung einen Menschen - oder eine Leiche - hinauf und außer Sicht tragen zu einer scheinbaren Reise zur Sonne.

Nach unserem Flug über diese große rituelle Bühne hege ich jetzt hohe Bewunderung für die frühen Menschen. Es wird Zeit, daß wir diese kühnen und scharfsinnigen Menschen ehren, die an der Grenze unserer Zivilisation gelebt haben. Ihre gewaltigen Leistungen dadurch zu bestreiten, daß man sie Wesen von anderen Planeten zuschreibt, ist geradezu Lästerung.«

Vereinfachte Darstellung einer jener rätselhaften Zeichnungen auf dem Boden der Nazca-Wüste in Peru, wobei die Linien, die hier Schwarz auf weißem Grund stehen in Wirklichkeit hell aus dem dunkleren Wüstenboden herausgearbeitet sind.

Mancher fleißige Forscher mußte mit ansehen, wie Außenseiter fündig wurden und Berühmtheit erlangten. Das beste Beispiel sind hierfür Heinrich Schliemann, der Troja aufspürte, Arthur Evans, der den Palast des Minos auf Kreta fand, und auch Bingham, der Machu Picchu unter dem Urwald entdeckte - alle »unglaublichen« Sagen folgend.

Auch archäologische Schatzsucher auf literarischem Gebiet konnten mit ihren fantasievollen Beschreibungen oft ein breiteres Publikum erreichen als bedächtig arbeitende Wissenschaftler. Es liest sich ausgesprochen spannend, wie Raumschiffe mit menschenähnlichen Wesen an Bord auf dem Hochland der Anden in Südamerika landeten, bestaunt von primitiven Erdenbürgern, von denen sie als Götter verehrt wurden; wie sie versuchten, außerirdische Technologien auf der Erde zu verbreiten und damit die Erklärung für manches Unerklärliche lieferten. Wieweit die Leser an solchen Versionen amerikanischer Frühgeschichte glauben, ist sicher nicht allgemein zu sagen. Ich finde, auch ohne die Befruchtung von außerirdischen Astronauten ist die Geschichte Amerikas gerade wegen der noch ungelösten Geheimnisse aufregend genug.

So gelang es meinem Freund und Expeditionsleiter unserer Karakorum-Expedition Professor Mathias Rebitsch, nach unendlichen Mühen in der nahezu leblosen Wüste von Atacama auf dem Gipfel des 6000 Meter hohen Cerro Gallan in einer Ringmauer unter dem Schutt handgroße silberne Götterfiguren auszugraben: Opfergaben für den Sonnengott.

Rebitschs Begleiter hatte den Aufstieg in der dünnen Luft wegen der Höhenkrankheit aufgeben müssen und war zum Zeltlager zurückgekehrt. Mathias Rebitsch, einer der besten Bergsteiger seiner Zeit, verbrachte mehrere Tage ganz allein am Gipfel. Er beschreibt das Erlebnis in seinem Buch »Die silbernen Götter«[9]:

»Ich habe fast ein schlechtes Gewissen. Am liebsten würde ich die Steinklötze wieder aufrichten, die silbernen Götter hineinstellen, der Sonne am nächsten - und ihnen die Ruhe wieder geben. Aber man würde mich auslachen, einen Scharlatan heißen und mir vorwerfen, ich hätte ein silbernes Märchen erfunden. Andere würden kommen. Und es geht auch um archäologisch neue Erkenntnisse. Vielleicht bring' ich die Götter wieder zurück.

Ich träume noch immer im Schacht auf dem Gipfel des Cerro Gallan, weltvergessen. Ich sollte aber graben, nur graben! Die kurze Spanne Zeit, die mir für die Lösung der Aufgabe gegeben war, ist fast abgelaufen. Kaum mehr eine halbe Stunde bleibt mir noch, und ich habe immer noch die letzten Ecken zu untersuchen. Ich darf keine Minute mehr verlieren. Ich muß graben! Nur graben...

Aber eigenartig, ich krieche zurück - ich muß einfach die letze Götterskulptur noch einmal draußen genau betrachten. Sie ist so merkwürdig. Rote Muscheln waren ein Tribut für Könige. Ich krieche zurück, hinaus aus dem Schacht, handle gegen das Diktat des Verstandes wie unter einem höheren Zwang, wie auf inneren Befehl! Nun stehe ich draußen und nehme die Statue in die Hand, verärgert, es erscheint mir widersinnig, daß ich Gefühlsduseleien nachgegeben habe. Was erinnert noch an Tiahuanaco? Schade um die verträumte Zeit. Ich will schon wieder in den Kriechtunnel zurück. Kniee davor, senke den Kopf. Ein dumpfer, kurzer Knall, ein Bersten, das zusammengefrorene Gewölbe ist zerbrochen, die zentnerschwere Decke des Tunnels eingestürzt. Ich stehe etwas benommen davor. In welches magische Kräftespiel bin ich geraten - das kleine Götterabbild hat mir das Leben gerettet, als Schicksalsmächte darum würfelten...«

Mathias Rebitsch war am Ende seiner Kräfte, als er zu seinen Freunden zurückkehrte. Doch ihm war der Nachweis gelungen, daß sich einst am Südende des Inkareiches auf hohen Gipfeln von über 6000 Meter Feuerstellen befunden hatten und Göttern Opfer dargebracht wurden. Mit großer Wahrscheinlichkeit gab es dort ständig besetzte Signalanlagen, die durch Rauch und Feuerzeichen Nachrichten weiterzugeben hatten.

Als Pizarro 1532 mit seiner kleinen Truppe das Inkareich in Südamerika betrat, konnte er nicht ahnen, daß er es in mancher Hinsicht mit dem bestorganisierten Staatsgebilde der damaligen Welt zu tun hatte, aber auch gleichzeitig mit einem der verwundbarsten. Der gottähnliche Inkakönig behielt sich die letzte Entscheidung für alles vor. In seiner Person lag der Schlüssel zur Macht über das ganze riesige Reich, das zur Zeit der Konquista eine Ausdehnung von über 4000 Kilometern mit einem Straßennetz von 11000 Kilometern zum Verschieben des Heeres und Materials besaß. Besonders trainierte Staffettenläufer konnten Nachrichten erstaunlich schnell in entlegene Landesteile bringen.

Auch Humboldt hat sich intensiv mit dem Phänomen der Inkastraßen beschäftigt und zitiert Sarmiento:
»Wie ein Volk ohne Gebrauch des Eisens in hohen Felsgegenden prachtvolle Werke von Cuzco nach Quito und von Cuzco nach der Küste von Chile haben vollenden können«. »Kaiser Karl« setzt er hinzu »würde mit aller seiner Macht nicht einen Teil dessen schaffen, was das wohleingerichtete Regiment der Inka über die gehorchenden Volksstämme vermochte.« »Hernando Pizarro, der gebildeste der drei Brüder, der für seine Untaten eine zwanzigjährige Gefangenschaft zu Medina del Campo verbüßte und hundertjährig im Geruch der Heiligkeit starb, ruft aus: »In der ganzen Christenheit sind so herrliche Wege nirgends zu sehen als die, welche wir hier bewundern.«

Die beiden wichtigsten Residenzstädte der Inka, Cuzco und Quito, sind in gerader Linie (SSO - NNW), ohne die vielen Krümmungen des Weges zu berücksichtigen, 1670 Kilometer voneinander entfernt, mit den Krümmungen rechnen Garcilaso de la Vega und andere Konquistadoren 3392 Kilometer. Trotz dieser Länge des Weges ließ Huayna Capac, dessen Vater Quito erobert hatte, nach dem sehr glaubhaften Zeugnis des Lizentiaten Polo de Ondegardo für die fürstlichen Bauten in Quito gewisse Baumaterialien aus Cuzco kommen. Ich habe selbst noch an dem ersteren Ort diese Sage unter den Eingeborenen verbreitet gefunden.«
Wenn es auch im Land des Sonnengottes keine für uns lesbare Schrift gab, so verwandten sie vielfarbige Knotenschnüre - Quipu - in einem genau durchdachten System, um Zahlen zu speichern. Dies war eine zusätzliche Grundlage für die Ordnung und Regierbarkeit des Volkes, dem alles vorbestimmt wurde.

Intuitiv hatte Pizarro diese Charakteristik seines Gegners erkannt. Durch blitzschnelles Handeln gelang es ihm, des Inka Atahualpa habhaft zu werden und damit allen Widerstand zu lähmen.
Eine der seltenen Duplizitäten der Weltgeschichte spielte sich einige Jahre zuvor bei der Eroberung von Mexiko ab. Auch Cortez gelang es als erstes den Herrscher der Azteken Montezuma durch die Kombination von diplomatischem Geschick und Waffengewalt gefangen zu setzen, bevor er das Reich im ersten Anlauf unterwerfen konnte - ein Reich, in dem auf riesigen Pyramiden Tausende von Menschen geopfert wurden, in dem Priester die Herzen der Opfer bei lebendigem Leib herausrissen, um die Götter wohlwollend zu stimmen.

Gleichzeitig hatte dieses Reich auch unermeßliche Kunstschätze und einen Kalender, der hohes astronomisches Wissen voraussetzte.

Fanatische Geistliche im Heerzug von Cortez und Pizarro verbrannten alle Bildschriften der Azteken und Maya in Mexiko und die Knotenschnüre der Inka in Peru, deren sie habhaft werden konnten, und ersetzten die Werke des Teufels, wie sie sie nannten, durch die Bibel. Die christliche Heilslehre wurde den Völkern der neuen Welt mit Schwert und Feuer überbracht. Voll Furcht und Schrecken starrten die Eingeborenen auf die »Weißen Götter«, deren Wiederkunft in Legenden vorausgesagt war, und auf die bärtigen Männer in glänzenden Rüstungen mit schnaubenden Rössern und ihren feuerspeienden Kanonen und Musketen. Sie glaubten an ein schreckliches Gericht der Götter, das ihnen bevorstünde, und ergaben sich in ihr Schicksal. Die Spanier, die von ihrer Mission und dem Recht zum Herrschen überzeugt waren, erreichten auf diese Weise den Sieg über eine hundertfache, ja in letzter Konsequenz tausendfache Übermacht.

Einer besonderen moralischen Rechtfertigung bedurfte es nicht. Zur Zeit der Inquisition waren auch in Europa Folterung und Todesstrafe erlaubt, wenn es darum ging, Menschen von Aberglaube, Unmoral und falschem Götzendienst zu befreien. Nichts anderes fanden die Spanier in ihren Augen in Amerika vor. Die Indianerherrscher hatten als Dogma ihre Nachkommen mit den eigenen Schwestern zu zeugen, das einfache Volk begattete sich ohne Scham vor anderen, Jungfernschaft vor der Ehe war das Gegenteil von Tugend, in den Tempeln vereinigten sich Männer mit Knaben, Menschen wurden auf grausame Art zu Ehren der Götter geopfert.
Die Spanier führten ihren klar umrissenen Auftrag durch: das Christentum zu verbreiten, die Schätze zu mehren - wenn möglich mit friedlichen Mitteln, wenn notwendig mit Waffengewalt.

Pizarros überlieferte Ansprache an seine 106 Fußsoldaten und 62 Reiter, die dem Heer von vielen Tausend Inkakriegern gegenüberstanden, war für die visionäre Grundhaltung der Spanier typisch:

»Denkt daran, daß wir in dieses Land gekommen sind, den christlichen Glauben zu bringen. Unsere gute Sache und unsere geistige und körperliche Überlegenheit gibt uns das Vertrauen in den Sieg.«

Am nächsten Tag ließ er mit List und Waffengewalt den Inka Atuahalpa gefangennehmen, das Inkaheer war besiegt. Atuahalpa wurde später nach einem formellen Gerichtsverfahren zum Tode verurteilt. Nachdem er sich taufen ließ, wurde er jedoch begnadigt - zum Tode durch den Strang, anstelle eines Feuertodes.

Die Berichte über die Konfrontation zwischen der neuen und der alten Welt, zwischen mächtigen Herrschaftssystemen, die zuvor weder Berührung noch Kenntnis voneinander hatten, spiegeln sich in unterschiedlichen Darstellungen der Chronisten wider.

Der zeitgenössische Historiker Sarmiento schreibt:

»Die Inkakönige erheben sich als wahrhaftige Herren der amerikanischen Welt. Sie schreiten auf dem Hauptplatz von Cusco über die Leiber der Besiegten, sie sind stolz, mächtig und gewalttätig, sie kennen kein Mitleid, nicht Liebe noch Furcht, ihre Moral ist die von Herrschern und Siegern.«

Hingegen äußert sich der spanische Geistliche Bartolomé de Las Casas, der für die Menschenrechte der Indianer leidenschaftlich kämpfte, folgendermaßen:

»In diesem glücklichen und ruhmvollen Königreiche der Inka hat kein Indianersoldat gewagt, ein Huhn wegzunehmen oder auch nur ein Maiskorn, und wenn sie wahnsinnig gewesen wären vor Hunger!«

Ein heutiger Historiker, Siegfried Huber, schreibt:

»Diese Inka unterhielten immerhin ein Schädelmuseum mit den aufgereihten Köpfen ihrer besiegten Feinde. Der letzte Inka trank sein Maisbier aus der goldgefüllten Schädelschale seines Bruders, den er im Kampf gefangengenommen hatte und grausam töten ließ.«

Noch in der Gefangenschaft hat der selbstherrliche Inka zu den Spaniern gesagt:

»Ohne meinen Willen rührt sich in meinem Land kein Blatt, und kein Vogel fliegt. Wenn ich für meine Untertanen nichts zu tun hätte, würde ich sie einen Berg von einer Seite des Tales auf die andere Seite tragen lassen.«

Wie sich die Reiche der Inka und Azteken ohne die Eroberung durch die Spanier entwickelt hätten, ist kaum zu sagen. Beide Kulturen hatten zweifellos einen Höhepunkt mit einer Vielzahl auch dekadenter Erscheinungen erreicht, die sich sowohl in weltlichen Orgien als auch in religiösen Perversitäten äußerten. Und es gab auch haßerfüllte Bruderkriege.

Wenn die Theorie richtig ist, daß die amerikanischen Hochkulturen selbstständig, also ohne äußere Anstöße zu dem geworden sind, was die europäischen Eroberer vorfanden, nämlich totalitäre Königreiche mit Prunk, mit Adeligen, Beamten und Bauern, Handwerkern, Händlern und Priestern, Sterndeutern und Soldaten, mit Stammeskämpfen und Bruderkriegen, Mord, List, Verrat und Kerker, dann wäre dies ein Beweis dafür, daß der Mensch überall auf der Welt genetisch vorbestimmte Evolutionsphasen durchläuft.

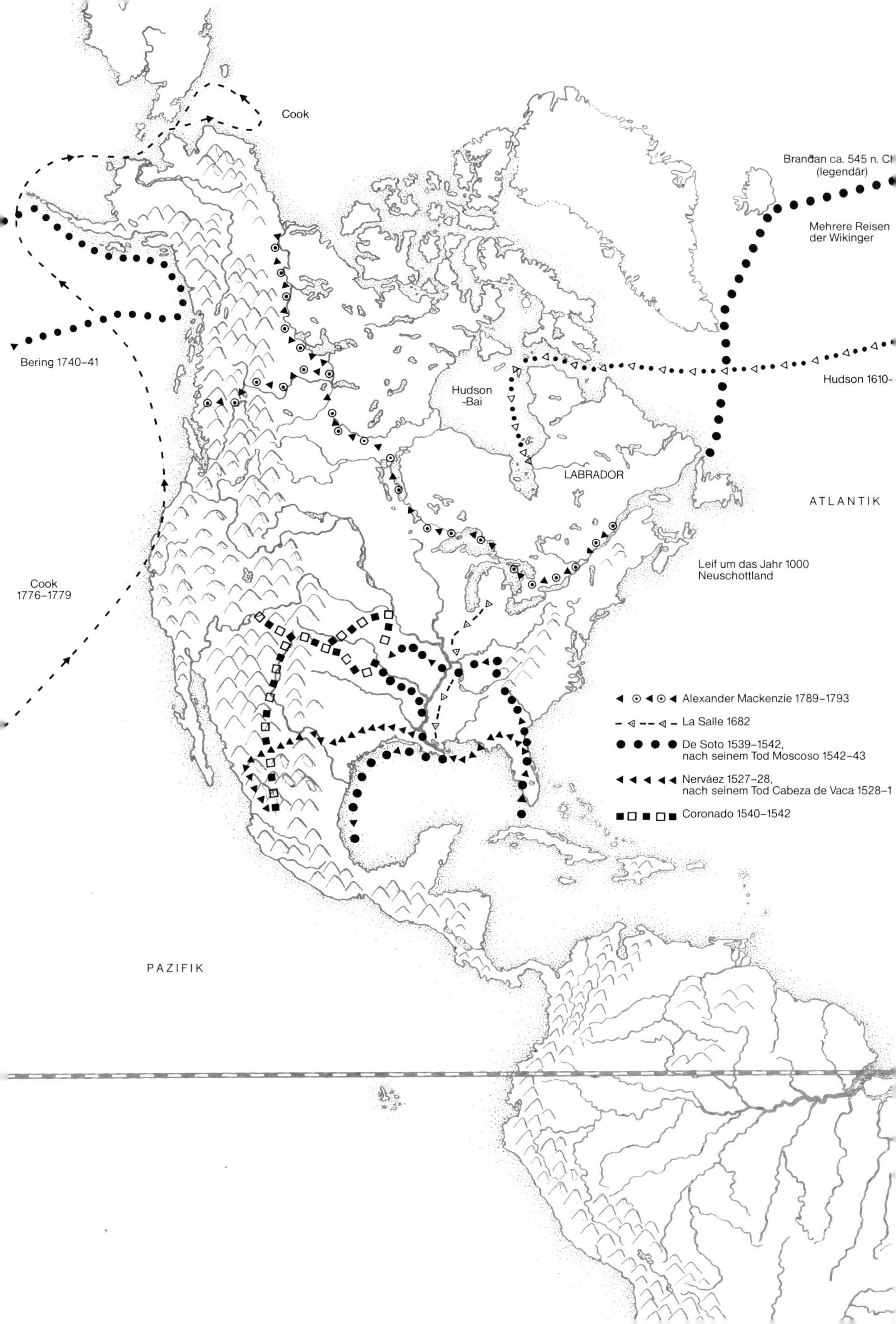
Cook
Brandan ca. 545 n. C
(legendär)
Mehrere Reisen
der Wikinger
Bering 1740–41
Hudson
-Bai
Hudson 1610–
LABRADOR
ATLANTIK
Leif um das Jahr 1000
Neuschottland
Cook
1776–1779
Alexander Mackenzie 1789–1793
La Salle 1682
De Soto 1539–1542,
nach seinem Tod Moscoso 1542–43
Nerváez 1527–28,
nach seinem Tod Cabeza de Vaca 1528–1
Coronado 1540–1542
PAZIFIK

Im Zeitalter der Konquista

Bevor man die Vorgänge einer Epoche beurteilt und moralisch richtet, sollte man sich die Zusammenhänge dieser Zeit vor Augen führen, weil wir gern dazu neigen, das Geschehen nur aus unserem Blickwinkel zu sehen.

Das Ereignis der Entdeckung neuer Ufer durch Kolumbus und anderer großer Seefahrer fiel mit dem Auftakt der Hochrenaissance zusammen, jener spannungsgeladenen Zeit, in der der europäische Mensch in vielfältiger Form ein neues Selbstbewußtsein suchte. Die Araber waren nach langem Kampf aus Spanien vertrieben worden, der Islam vom Christentum nach Afrika zurückgedrängt. Die Überheblichkeit europäischer Herrscher steigerte sich.

Grundlegende Verträge regelten die Rechtsverhältnisse der beiden damals zunächst allein führenden Entdeckernationen Europas:

1479 schlossen Spanien und Portugal den Vertrag von Algacobas, der den Portugiesen die Schiffahrt südlich der Kanaren »bis hinunter nach Guinea« freigab und Spanien damit die Möglichkeit einer Westfahrt nicht versperrte.

Nach der Entdeckung des Kolumbus beantragten die katholischen Könige (Isabella von Kastilien und Ferdinand von Aragonien) in einem in der Madrider Kanzlei ausgearbeitetem Text, den die apostolische Kammer in Rom ausfertigte, die geistliche Beglaubigung und völkerrechtliche Sanktionierung ihres Besitzanspruches durch den Papst. *Dieser teilte demnach die Welt nicht, mischte sich von sich aus auch gar nicht ein,* sondern stimmte lediglich der Errichtung eines Kirchenlehens im damals üblichen Sinn zu. Im Sinne des spanischen Textes zog die Bulle von 1493 übrigens auf Anregung des Kolumbus eine Meridianlinie 100 Meilen westlich der Azoren und Kapverden.

Portugal war mit dieser Lösung nicht einverstanden und verhandelte deshalb in Barcelona mit Spanien. Auf seinen Wunsch wurde der Meridian 370 Meilen weiter westlich der Kapverden vorgeschoben. Dies wurde 1494 im Vertrag von Tordesillas, an dem der Papst überhaupt nicht beteiligt war, von beiden Mächten besiegelt. Niemand ahnte damals, daß dieser neue Vertrag einmal zum Anspruch Portugals auf Brasilien führen könnte. Schon 1500 war es infolge der Fahrt Cabrals soweit.

In einer solch weltweiten Regelung mag durchaus auch Hochmut erkannt werden, der das nun folgende Kolonialzeitalter überhaupt charakterisierte. Keine der folgenden Entdeckernationen (Holländer, Engländer und Franzosen) hat je diese spanisch-portugiesischen Verträge anerkannt. Alle glaubten mit neuen Entdeckungen gleichsam neues Recht setzen zu können.

Das Gesetz des Stärkeren galt überall. Um so erstaunlicher bleibt die Kraftentfaltung, zu der die beiden Länder der Iberischen Halbinsel fähig waren.

Als der Genuese Christoph Kolumbus im Auftrag der weitsichtigen Königin Isabella nach Westen ins Ungewisse fuhr, um einen neuen Seeweg nach Indien zu finden und den christlichen Einflußbereich zu erweitern, kaufte sich Alexander VI aus der berüchtigten Familie der Borgia die Papstwürde. Er erlangte den heißbegehrten Thron Christi auf Erden, um von hier aus, unter Mithilfe seines illegitimen Sohnes Cesare Borgia, seine Macht auszuüben. Während sich die weltlichen und kirchlichen Fürsten in einem immer prunkvolleren Lebensstil und vor allem in gewaltigen Bauwerken überboten, rief der Mönch Savonarola die Christen in zündenden Bußpredigten zu besitzloser Bescheidenheit und restloser Demut auf. Er prophezeite dem Volk den nahe bevorstehenden Weltuntergang mit Fegfeuer und Höllenqualen.

Reumütige Sünder warfen ihre schönsten Kleider, Bilder und Bücher auf den Scheiterhaufen. Ein Taumel religiösen Eifers überfiel große Teile der Bevölkerung von Florenz und griff auch über die Grenzen. Es gelang dem asketischen Mönch, die Macht der Medici zeitweise zu brechen, und er beherrschte drei Jahre lang das große Florenz. Doch das Aufbäumen Savonarolas gegen die Sittenlosigkeit verlor seine anfängliche Überzeugungskraft, und das sich nach weltlichen Freuden sehnende Volk versagte ihm die Gefolgschaft. In Florenz wurde er nach einem Ketzerprozeß auf einem großen Platz gehängt und öffentlich verbrannt.

Wenige Jahre später beginnt der deutsche katholische Mönch und Hochschullehrer Martin Luther, die Machtausübung des Vatikans mit neuen Argumenten und Thesen anzugreifen. Der Bannstrahl des Papstes, der ihn trifft, wird zum dramatischen Auftakt einer mächtigen Reformbewegung, die zur Spaltung der Kirche führt, das Abendland nachhaltig erschüttert und zu nichtendenwollenden Religionskriegen über Europa führt.

Doch während der Hochrenaissance, in der die europäischen Fürstenfamilien in blutigen Kämpfen um Macht und Einfluß ringen, entstehen eine große Zahl von Kunstwerken, die zu den genialsten der Weltgeschichte gehören. In dieser Zeit entwirft Michelangelo die Kuppel des Petersdomes, er malt in unermüdlicher Leidenschaft biblische Szenen. Mit der Kraft eines

Besessenen arbeitet er an den Fresken der Sixtinischen Kapelle, und unter seinen Händen entsteht das Grabmahl der Medici mit den berühmten Marmorfiguren von zeitloser Schönheit und Ausdruckskraft. Auch Raffael, Lucas Cranach, Tizian, Dürer, Holbein, Grünwald, Altdorfer und Riemenschneider, um nur einige zu nennen, prägen diese Menschheitsepoche mit, die im universellen Genie Leonardo da Vinci ihren krönenden Höhepunkt findet.

Die Spannweite seines Geistes und seiner Gedanken war gigantisch. Leonardo gelang es, das unergründliche Lächeln einer Mona Lisa im Bild festzuhalten und daneben, trotz strengem Verbot, Leichen zu sezieren und ein Buch der Anatomie zu zeichnen. Ihn interessierten alle Erscheinungen der Natur, deren Gesetze er zu ergründen hoffte, gleichgültig, ob es sich um den unermeßlichen Raum des Universums handelte oder um Phänomene, die für das menschliche Auge nicht sichtbar sind. Er beobachtete leidenschaftlich das Wirken der Elemente Feuer, Luft und Wasser. Er konstruierte neue Waffen und Festungsanlagen, er entwarf weitvorausschauend zahllose Geräte bis ins Detail, er beschäftigte sich intensiv mit der Möglichkeit des Fliegens.

1492 schafft Martin Beheim den ersten Globus. Der Domkapitular und Astronom Kopernikus beobachtete die Sterne und erkannte betroffen, daß die Erde nur ein Planet unter anderen ist und sich um die Sonne dreht.

Während in Europa ein neues Weltbild entsteht, dringen die Entdecker in Amerika vor. Zur gleichen Zeit wie Kolumbus hatte Vasco Da Gama Afrika umsegelt und Indien erreicht. Die großen Seefahrer schufen hierfür die Voraussetzung. Am stärksten von allen bemerkenswerten Kapitänen, die ins Unbekannte fuhren, fasziniert mich Magellan.

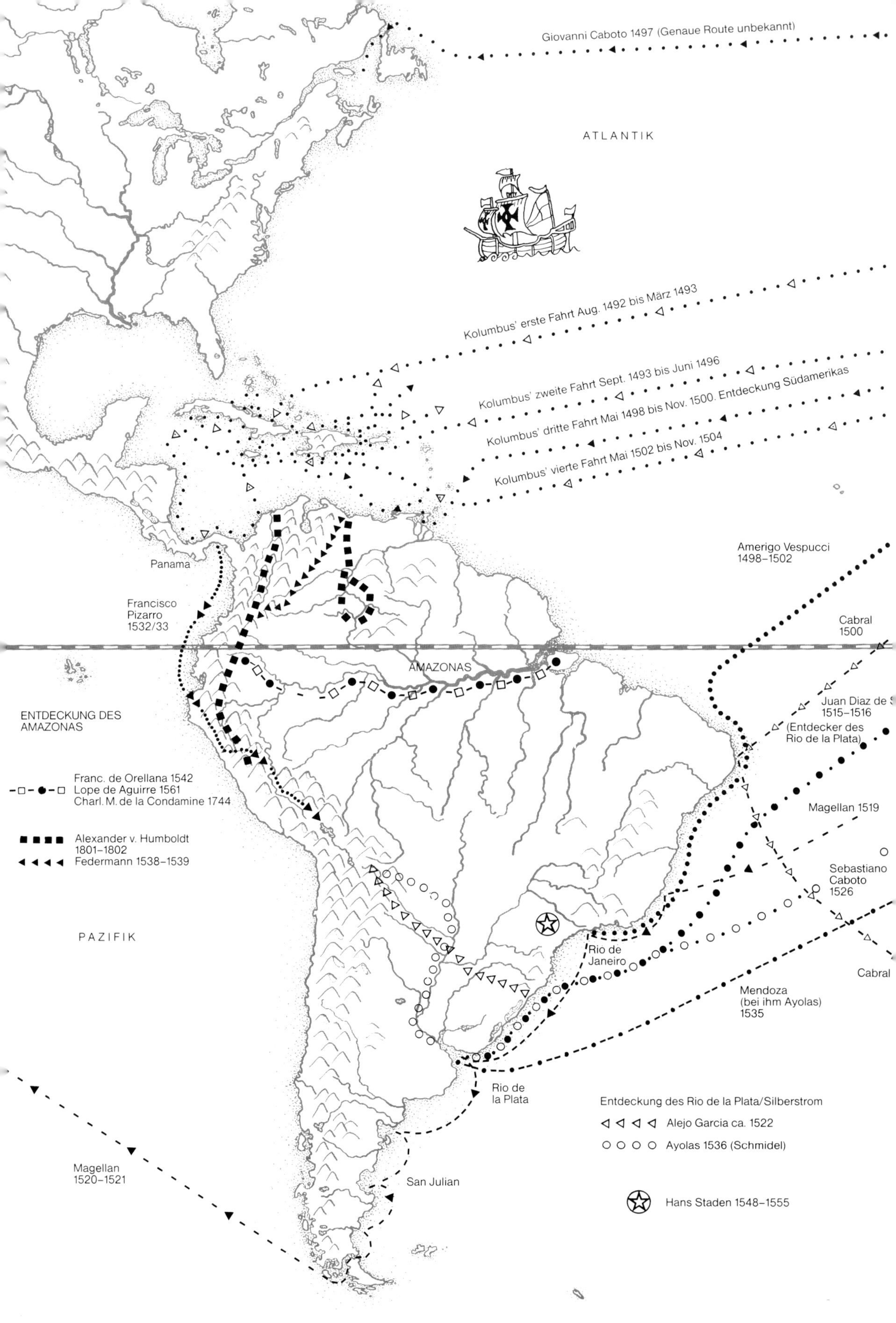
Giovanni Caboto 1497 (Genaue Route unbekannt)
ATLANTIK
Kolumbus' erste Fahrt Aug. 1492 bis März 1493
Kolumbus' zweite Fahrt Sept. 1493 bis Juni 1496
Kolumbus' dritte Fahrt Mai 1498 bis Nov. 1500. Entdeckung Südamerikas
Kolumbus' vierte Fahrt Mai 1502 bis Nov. 1504
Panama
Francisco
Pizarro
1532/33
Amerigo Vespucci
1498–1502
Cabral
1500
AMAZONAS
Juan Diaz de
1515–1516
(Entdecker des
Rio de la Plata)
ENTDECKUNG DES
AMAZONAS
Franc. de Orellana 1542
Lope de Aguirre 1561
Charl. M. de la Condamine 1744
Alexander v. Humboldt
1801–1802
Federmann 1538–1539
Magellan 1519
Sebastiano
Caboto
1526
PAZIFIK
Rio de
Janeiro
Cabral
Mendoza
(bei ihm Ayolas)
1535
Rio de
la Plata
Entdeckung des Rio de la Plata/Silberstrom
Alejo Garcia ca. 1522
Ayolas 1536 (Schmidel)
Magellan
1520–1521
San Julian
Hans Staden 1548–1555

In der Nähe von Kap Horn

Fernando Magellan 1480-1521. Zeichnung aus der Porträtsammlung des Erzherzogs von Tirol.

Als ich das erste Mal der düsteren Berg- und Gletscherwelt der Magellanstraße begegnete und zum wolkenverhangenen Feuerland schaute, dachte ich mehr als je zuvor an die kühnen zähen Seefahrer, die vor fast 500 Jahren in diese unbekannte Welt vorgedrungen waren. Orte, an denen Entdecker oder Forscher vor schweren Aufgaben standen, die über Sein oder Nichtsein, über Erfolg oder Untergang des Unternehmens entschieden, sind immer erregend. Ich hatte das Buch von Stefan Zweig über Magellan gelesen. Kein anderer Schriftsteller hat mir die Stimmung der Landschaft und das dramatische Geschehen einer der frühen Expeditionen besser vermittelt. Er schrieb am Ende der Einleitung:

»Immer haftet den großen Heldentaten der Menschheit, weil sie sich so hoch über das mittlere irdische Maß erheben, etwas Unbegreifliches an; aber immer gewinnt nur an dem Unglaubhaften, das sie geleistet, die Menschheit den Glauben an sich selbst zurück.«

Die Fahrt Magellans, »die weiteste Entdeckungsfahrt, das kühnste Unternehmen der Geschichte«, wie Stefan Zweig sie nennt, hat Magellan selbst nicht bis zum triumphalen Ende überlebt. Von den 265 Männern, die auf fünf Schiffen ausgelaufen waren, erreichten 18 auf nur einem Schiff nach fast genau drei Jahren wieder Sevilla. Das erste Mal war die Welt umsegelt worden.

Auf dieser Fahrt gab es unzählige dramatische Höhepunkte, die keine Fantasie so grauenhaft erfinden könnte. In den winzigen, oft von Stürmen hin und hergeworfenen Schiffen, bei monatelangem Zusammengepferchtsein auf engstem Raum, bei Hunger, Hitze, Durst und Kälte kamen immer wieder unberechenbare Reaktionen zum Ausbruch, die Magellan als Admiral der Flotte unter Kontrolle halten mußte. Nicht weit von der östlichen Einfahrt in die Magellanstraße, in der Bucht von San Julian, kam es zu einer dramatischen Meuterei dreier Kapitäne. Diese hatten das von Magellan vorgesehene Überwintern und die geplante Weiterfahrt in eine stürmische Ungewißheit nicht kritiklos hinnehmen wollen. Zuvor hatten sie in einem Schreiben vernünftige Argumente zur Umkehr vorgebracht. Aber Magellan blieb keine Wahl. Wenn er eine neue Route nach Westen zu den Molukken, den Gewürzinseln in der Südsee finden wollte, durfte er nicht umkehren. Außerdem hatte er vermutlich insgeheim das Ziel, die Welt zu umsegeln.

Für Stefan Zweig dürfte es nicht einfach gewesen sein, das dramatische Geschehen objektiv darzustellen. Die ihm zur Verfügung stehenden Quellen waren einseitig, je nachdem, auf wessen Seite der jeweilige Chronist stand. Wir folgen der Darstellung Stefan Zweigs, der alle Unterlagen sorgfältig geprüft hat. Immer wieder kommt in seiner Beschreibung Magellans überlegene Haltung auch in kritischen Augenblicken zum Ausdruck. Dies zeigt sich zum Beispiel darin, wie er auf das ultimative Schreiben seiner Gegner reagierte, die gerade zuvor mit List und Mord die Befehlsgewalt über drei Schiffe an sich gerissen hatten. Genau nach der Zeitspanne, die man braucht, um einige Argumente in einem Brief zu diktieren, schickte er ein kleines Boot mit sechs seiner treuesten Männer mit versteckten, scharfgeschliffenen Dolchen auf den Weg. Sie hatten den präzisen mündlichen Befehl, den Brief dem Kapitän zu übergeben, ihn beim Lesen der Zeilen zu beobachten und im richtigen Moment zu erdolchen. Dann sollten sie den Überraschungseffekt nutzen und die Gewalt über das Schiff an sich reißen.

Als Kapitän Louis de Mendoza nach der Lektüre des Briefes, in dem Magellan ihn lediglich aufforderte, unverzüglich auf sein Admiralschiff zu kommen, auflachte und erklärte, daß er gar nicht daran dächte, schnitt ihm Alguacil blitzschnell die Kehle durch.

Die sechs Vertrauten Magellans nutzten den Schock der Besatzung. Sie lenkten die Aufmerksamkeit auf sich, indem sie laut Befehle im Namen des Admirals riefen und die wenigen Minuten überbrückten, die notwendig waren, bis fünfzehn Magellan treu ergebene, gutbewaffnete Matrosen unbemerkt an Bord geklettert waren und in Sekunden alle wichtigen Posten besetzt hatten. Daß es Magellan gelungen war, die abtrünnigen drei Kapitäne und drei Schiffe samt Besatzungen in weniger als einer Stunde wieder in seine Befehlsgewalt zu bringen und die Widersacher in Ketten zu legen, war nur seiner Kaltblütigkeit und blitzschnellem Umsetzen einer List in die Tat zu verdanken. Gewohnt, nahezu alle großen Entscheidungen für andere hinter einem unbewegten Gesicht zu verbergen, konnte er sich so beherrschen, daß kein Zucken seiner dunklen Augen je seine Stimmung oder Absicht verraten hätte. Mit der für ihn typischen Undurchsichtigkeit und Härte löst Magellan dann die noch viel schwierigere Aufgabe, den Widerstand einer aufgehetzten Mehrheit zu brechen.

Wenn ihm auch als Admiral die oberste Gerichtsbarkeit zustand, so war er später doch dem Kaiser volle Rechenschaft schuldig. Schließlich ging es darum, daß ihm als gebürtigem Portugiesen von Kaiser Karl V. drei spanische Offiziere beigegeben worden waren, die er nun nach dem allgemeinen Seerecht mit dem Tode zu bestrafen hatte. Nachdem Mendoza schon das Schicksal ereilt hatte, ging es noch um Cartagena, um Quesada und weitere Rebellen.

Stefan Zweig schreibt: *»Mesquita eröffnet als Vorsitzender mitten im Niemandsland das Verfahren wegen Mord und Aufruhr wider Caspar Quesada, vormals Kapitän der Armanda. Und Magellan fällt den Spruch. Caspar Quesadas wird zum Tode verurteilt, und die einzige Gnade, die der Admiral dem spanischen Edelmann zuerkennt, ist, daß die Hinrichtung nicht durch die »garotta«, den Strick, sondern durch das Schwert vollzogen werden soll. Wer aber soll der Henker sein? Schwer wird irgendeiner der Mannschaft sich freiwillig bereitfinden. Endlich treibt man einen Henker auf, und zwar zum grausamen Preis. Auch der Diener Quesadas hat mit handangelegt bei diesem Überfall auf Eloriaga, auch er ist des Todes schuldig erklärt worden. Nun bietet man ihm Begnadigung an, falls er die Enthauptung Quesadas vollziehen wolle. Die Alternative, selbst hingerichtet zu werden oder lieber seinen Herrn hinrichten, mag für Luis de Molino, den Diener Quesadas, bitterer Gewissenskampf gewesen sein. Aber schließlich erklärt er sich bereit.*

Mit einem Schlag säbelt er seinem Herrn das Haupt ab und rettet damit das eigene. Nach dem so gräßlichen Brauch der Zeit werden der Leichnam Quesadas und ebenso die Leiche Mendozas gevierteilt, die verstümmelten Stücke an Pfählen aufgesteckt und so die schauerliche Sitte des Tower und der anderen Hinrichtungsstätten Europas zum erstenmal in die patagonische Welt verpflanzt.«

Nachdem die beiden Kapitäne hingerichtet waren, mußte Magellan das Urteil gegen Cartagena fällen, der ihm vom Kaiser selbst als Vertrauensmann der Krone mit dem Auftrag, die Expedition zu überwachen, mitgegeben worden war, und gegen einen Geistlichen, der sich eindeutig mitschuldig gemacht hatte. Magellan konnte sich nicht dazu durchringen, die beiden der Straftat überführten umgehend töten zu lassen. Die Strafe, die er statt dessen verhängte, war vielleicht noch grausamer. Die beiden Rebellen wurden an der nahezu vegetationslosen Küste mit nur wenig Nahrung versehen ausgesetzt und dem Urteil Gottes überlassen.

Nachdem in dieser Bucht zuvor einige Indianer von der Mannschaft gefangengenommen und aufs Schiff verschleppt worden waren, kann man sich das Schicksal der beiden Verurteilten vorstellen.

Als die Schiffe wieder in Richtung Süden aufbrachen, mußte jedem Mitglied der Besatzung klar sein, daß es kein Zurück mehr gab. Magellan hatte sein beweglichstes Schiff zur Erkundung vorausgeschickt. Es war jedoch im Sturm an der Küste gestrandet und zerborsten. Die meisten Matrosen konnten gerettet werden. Doch in diesem Moment bedeutete das Schiff mehr als die Menschenleben. Aufgrund der Ereignisse mußte es Magellan so scheinen, als ob das Schicksal sich gegen ihn verschworen habe. Wohl deshalb ließ er schon zwei Tage nach der Abfahrt und ganz entgegen seinen sonstigen Gepflogenheiten erneut in einer Bucht die Anker werfen, um einen Wetterwechsel abzuwarten. Wäre er noch zwei Tage länger nach Süden weitergesegelt, hätte er das Kanalsystem gefunden, das den Atlantik mit dem Pazifik verbindet, noch bevor am sturmumtosten Kap Horn die beiden Ozeane ineinanderfließen!

Noch einmal liegt Magellan zwei Monate an einer der trostlosesten Stellen der Küste tatenlos fest, umgeben von Menschen, die den Glauben an ihn so gut wie verloren hatten.

Am 18. Oktober 1520 verläßt er endlich sein Winterquartier und erreicht bereits am 21. Oktober die später nach ihm benannte Magellanstraße. Antonia Pigafetta, der das eher nüchterne Tagebuch der Reise schrieb, erlebte die Einfahrt so:

»In der Nacht überfiel uns ein furchtbarer Sturm, der 36 Stunden dauerte und uns zwang, die Ankertaue zu kappen und die Schiffe der Willkür der Fluten und des Sturmes zu überlassen. Auch den beiden ausgesandten Schiffen erging es nicht besser als uns. Der Sturm machte es ihnen unmöglich, um das Kap herum zurückzukehren, und so mußten sie sich hilflos gegen das Innere der Gegend treiben lassen, das sie für eine Bucht hielten, gewärtig, jeden Augenblick zu scheitern. Gerade als sie sich für verloren ansahen, erblickten sie eine Öffnung, in die sie einlaufen konnten. Sie merkten, daß dieser Kanal nicht verschlossen war, und änderten ihre Richtung nicht. Dadurch gelangten sie in eine zweite Bucht in der sie, sobald sich das Unwetter beruhigt hatte, weitersegelten, bis sie wiederum in eine Bucht gelangten, die größer als die beiden anderen war. Nun hielten sie es für notwendig, umzukehren, um dem Generalkapitän Nachricht von ihrer Entdeckung zu geben.«

Mit äußerster Umsicht tastete sich Magellan in die geisterhafte Wasserlandschaft vor. Nachdem es ihm gelungen war, die Schiffe trotz peitschenden Regens und böigem Sturm gegen unberechenbare Strömungen durch die düsteren Fjorde zu navigieren - durch jenes Labyrinth, in dem später noch so viele Schiffe spurlos verschwinden sollten - desertierte die »San Antonio«. Damit verliert er das zweite Schiff der Flotte, das größte und am besten ausgerüstete. Man schreibt den 8. November 1520. Mit nur noch drei Schiffen, bereits sehr knapp an Proviant, segelt Magellan weiter hinaus in den Pazifischen Ozean. Oft werden sich seine Matrosen an seine prophetischen Worte erinnert haben: *»Wir werden das Meer bezwingen, und wenn wir das Leder, mit dem die Segelstangen beschlagen sind, verschlingen müssen.«*

Mehr als drei Monate segelten sie auf dem Stillen Ozean, begleitet von Hunger, Durst, Hitze und einer tödlichen Einsamkeit.

Pigafettas Tagebuch läßt uns die Situation auf dem Totenschiff ahnen:

»Einer entdeckte im Schiffsraum der »Trinidad« Ratten. Niemand wußte, wie sie dorthin gekommen waren und wie lange sie schon dort hausten. Nun begann eine wilde Jagd auf die schrecklichen Tiere, und jeder, dem es gelang, eines von ihnen zu erlegen, konnte seinem Bauch die abscheuliche Nahrung zuführen. Die meisten hatten nicht die Geduld, die Tiere auf einem Kohlefeuer zu braten, sie schlangen sie roh hinunter und übergaben sich gleich hinterher. Die Ratten waren mager, da sie selbst keine Nahrung finden konnten, dennoch beneideten die auf den anderen Schiffen die Glücklichen auf der »Trinidad«. Zwei Bootsmänner gerieten wegen einer erlegten Ratte in Streit, und der eine von ihnen erschlug den anderen mit der Axt, mit der er die Ratte getötet hatte. Magellan ließ den Übeltäter auf unser Schiff bringen und verurteilte ihn zum Tode.
Der Bootsmann sollte gevierteilt werden, aber niemand besaß die Kraft, das Urteil zu vollstrecken. So wurde er erdrosselt und der Leichnam ins Meer geworfen.«

Neunzehn Seeleute starben unter Qualen. Zweimal hatten sie geglaubt, fruchtbare Inseln zu sehen, die sich beim Näherkommen nur als totes, felsiges Wüstenland entpuppten. Endlich, nach über hundert Tagen, fanden sie halbverhungert und dem Verdursten nahe einige grüne Inseln, die von Menschen besiedelt waren. Die naiven Eingeborenen schienen den Begriff Besitz nicht zu kennen, sie »stahlen« was sie konnten. Die Seeleute, die am Rande ihrer Nervenkraft waren, reagierten mit Vergeltung: Hütten wurden niedergebrannt, die ersten Pfeile trafen Menschen, die Krieg und Kampf nicht gewohnt waren. Endlich konnten sich die Halbverhungerten wieder sattessen und - noch wichtiger - ihren Durst an klaren Quellen stillen.

Cerro Torre - Turm der Türme in Patagonien

Wenige Wochen später kam Magellan auf der Insel Mactan bei Kampfhandlungen mit Eingeborenen ums Leben. Es war ihm versagt, das Ende der Weltumsegelung mitzuerleben.

Was hatten wir auf unserer kleinen Expedition in der Nähe der Magellanstraße erlebt und geleistet im Vergleich zu dem, was Magellan und seine Begleiter über Jahre erduldeten! Nur eines konnten wir bis zu einem gewissen Grad nacherleben - die Stürme Patagoniens.[10]

Aus meinem Bericht über die Expedition:

»Die Grasebenen, die braungelben verdörrten Pampas, haben wir hinter uns gelassen. Sturmwolken ziehen in bizarren Wellen über den Fitz Roy, einem unwirklich schönen Berg, dessen glatte Granitwände gigantisch emporwachsen, wie Pfeiler einer Gralsburg. Es gibt wenige Gipfel auf der Welt, die den Felstürmen Patagoniens an Wucht ebenbürtig sind. Von einigen, die aus dem Inlandeis emporragen, existieren Flugaufnahmen, die Günther Plüschow, ein deutscher Pilot, vor über fünfzig Jahren auf einer Expedition

Fitz Roy, einer der markantesten Granitberge der Welt (Patagonien)

unter ständiger Lebensgefahr aus einem kleinen Wasserflugzeug eingefangen hatte, bevor er in der einsamen Gletscherwelt Feuerlands für immer verschollen blieb.

Etwa acht Stunden hatten wir unsere ca. 80 Pfund schweren Rucksäcke an steilen Wänden hoch über einem Gletscher entlanggetragen. Das Hauptlager, das wir noch mit Tragtieren erreichen konnten, lag nun viele hundert Meter unter uns am Ende eines weiten Tales. Jetzt mußten wir alles selbst tragen, was wir für die nächsten 14 Tage auf dem Inlandeis, von allen Menschen durch wild zerrissene Gletscher abgeschnitten, brauchten: Nahrungsmittel, Kocher, Brennmaterial, Zelt, Schlafsäcke, Fels- und Eishaken, Reservekleidung, Überhose, Anorak, Ski, Stöcke, Steigeisen und Eispickel. Ich hatte zudem noch meine Fotoausrüstung und ein Stativ dabei und eine 16 mm Filmkamera einsatzbereit umgehängt. Das Filmmaterial war auf die vier Rucksäcke verteilt.

Mein langjähriger Freund Günther Sturm war für den bergsteigerischen Teil des Unternehmens verantwortlich. Zwei Argentinier, Georg Aikes und Dr. Eduard Rodrigues, begleiteten uns.

Die ungewohnten Lasten machten uns schwer zu schaffen. Recht erschöpft erreichten wir den Passo Viento, den Paß der Winde. Bei glasklarem Wetter scheint die Sonne auf braune Felsen und weiße Schneeberge. Kein Hauch war zu spüren. Es wurde uns unheimlich, weil wir gerade Windstille nach allen Beschreibungen nicht erwartet hatten. Vor und unter uns, soweit das Auge reichte, lag das noch immer weitgehend unbekannte Gletschergebiet von granitenen Bergketten flankiert. Die Nacht war ruhig. Nur selten rüttelte ein kurzer Windstoß am Zelt. Am frühen Morgen wankten wir auf lockerem Gestein über eine riesige Geröllmoräne von etwa 350 Meter Höhe hinunter auf den Gletscher aus hartem blauschwarzem Eis, bedeckt mit Bergen von Granitschutt. Die Sonne scheint von einem wolkenlosen Himmel. An diesem Tag glaubten wir manchmal keinen Ausweg aus dem Labyrinth der Gletscherspalten zu finden.

Jeder Blick hinunter in die düstere Tiefe des Eises machte uns den Ernst des Unternehmens bewußt. Auf einem wenige Quadratmeter großen, fast ebenen Platz auf dem Gletscher, zwischen zwei kirchturmtiefen Spalten, verspannten wir das Zelt an Eisschrauben und verbringen eine ruhige Nacht. Nur der ganze Körper schmerzt von der Schinderei der letzten beiden Tage, und es fällt am Morgen schwer, wieder die zentnerschwere Last auf

dem Rücken weiterzuschleppen. Der mitgeführte zusammensteckbare Schlitten nützt uns im Spaltengewirr nichts. Wieder vergehen Stunde um Stunde unter dem dumpfen Druck der einschneidenden Rucksackgurte. Und immer noch hält das schöne Wetter an. Nur im Westen erinnert eine düstere Wolkenwalze, daß wir jeden Moment mit dem Einbruch schlechten Wetters rechnen müssen. Am Abend errichten wir vorsorglich um das Zelt eine Schneemauer als Wind- oder Schneeschutz, aber noch hält die Natur den Atem an. Selbst den folgenden Tag schneit es nicht ein einziges Mal, während wir einen völlig ebenen und nahezu spaltenfreien Teil des Gletschers, diesmal wie Zugtiere vor unseren Schlitten gespannt, überqueren und bis an den Fuß der Morenokette kommen. Hier ist von Menschen unbetretenes Neuland.

Zwei Tage später greifen wir von zwei Seiten den Berg an. Günther Sturm mit Georges Aikes über einen sehr steilen, mehr als 1800 Meter hohen Fels- und Eispfeiler; ich suche mit Eduard Rodriguez einen Weg durch einen von tiefen Spalten zerrissenen Gletscherbruch, um von einem Sattel aus den Gipfel über die Rückseite zu erreichen. Während des Aufstieges verschlechtert sich das Wetter zusehends. Nebel ziehen um die mit meterdickem Rauhreif überzogenen Felsen. Leichter Wind von Westen läßt den Wettersturz fürchten. Wir haben den Gipfelaufbau erreicht. Eine steile Firnwand, von Spalten und eigenartigen Eistürmen durchsetzt, leitet zum Gipfel, den wir nur noch ab und zu zwischen schnell ziehenden Wolken sehen können. Im Wettlauf mit dem immer schlechter werdenden Wetter und einige Stunden später mit der hereinbrechenden Dämmerung versuchen wir, den Gipfel noch zu erreichen und, wenn irgend möglich, mit unserer zweiten Seilschaft Verbindung aufzunehmen. In unmittelbarer Nähe des Gipfels legt sich der Steilhang plötzlich zurück. Es beginnt zu schneien. Nach wenigen Metern verliert sich die Schneefläche im Grau des düsteren Nebels.

Auf dem patagonischen Inlandeis. Expedition zur Erstbesteigung des Moreno-Süd.

Langsam taste ich mich vorwärts und sondiere mit dem Eispickel. Bei jedem Schritt fürchte ich, über eine Wächte ins Bodenlose zu stürzen. Meine Rufe verhallen im Wind und in den Flanken des Berges. Mühsam suchen wir unsere Aufstiegsspuren, um zurückzufinden. Nur wenige Hundert Meter unter dem Gipfel überfällt uns die Nacht. Mit dem Eispickel und dem Kochgeschirr kratzen und schaufeln wir uns eine Mulde in den Schnee und bauen eine Mauer gegen Wind und Sturm. Wir haben nur ein dünnes Biwakzelt dabei. Daunenjacken und Hosen geben zunächst einen guten Kälteschutz, dann aber passiert etwas Unvorhergesehenes. Plötzlich kommt eine Wärmewelle, und es beginnt feucht zu schneien, so daß der Schnee unter uns zu schmelzen beginnt und die Kleidung naß wird. In den langen, ungewissen, stürmischen Stunden der Nacht durchweicht die Kleidung völlig. Zitternd erwarten wir den Morgen.

Von den Freunden kein Lebenszeichen. Wir steigen ab. Böig springt uns der Wind an. Es schneit naß und heftig. Dann und wann fegen uns auch Graupelschauer ins Gesicht. Wir kommen auf dem oberen Teil des Gletschers in einen so dichten Nebel, daß wir im Kreis laufen und wieder zurück an die Eiswand gelangen.

Günther hat unseren Kompaß dabei. Ich erinnere mich an eine ähnliche Situation am Montblanc auf dem Plateau unterhalb der Aiguille du Midi, wo wir auch nach einer Stunde verwundert wieder vor unseren eigenen Spuren standen. Da der Sturm stetig von Westen kommt, laufe ich mit dem Gesicht dagegen, so daß ich den Aufprallwinkel der Eisgraupeln spüre und die vorgesehene Richtung vom Gipfelaufbau aus einhalten kann. Tatsächlich finden wir den richtigen Einstieg in das Gletscherlabyrinth. Es stürmt heftig und der Schnee geht in Regen über.

Rechte Seite: »Navajoindianerin«
Woher kamen die Indianer, denen wir in so vielen Stämmen begegnen?

Abbildung Seite 54 und 55: Allgemein nimmt die Wissenschaft an, die ersten Siedler auf amerikanischem Boden kamen über die Beringstraße aus dem asiatischen Raum. Es gibt auch noch andere Theorien.

Abbildung Seite 54 links oben: Kind aus dem Hunzatal im Karakorumgebirge (Asien).

Abbildung Seite 54 rechts oben und unten: Indianerkinder aus Peru.

Abbildung Seite 54 links unten: Waikaindianerin am oberen Orinoko in Südamerika.

Abbildung Seite 55 links oben: Mann aus Swat, Karakorumgebirge (Asien).

Abbildung Seite 55 rechts oben: Indianerin aus Ecuador.

Abbildung Seite 55 links unten: Indianerin aus Peru.

Abbildung Seite 55 rechts unten: Hochlandindianer aus Bolivien.

Wir sind tropfnaß, als wir am Mittag das im Sturm flatternde, zusammengebrochene Zelt erreichen. Im Innern steht das Wasser handtief. Unsere Reservekleider und die Schlafsäcke sind völlig durchweicht. Der Sturm erreicht Orkanstärke, wir kämpfen mit dem flatternden Zeltgewebe, damit es nicht ganz zerfetzt und über den Gletscher fortgerissen wird. Mit dem Seil knoten wir die aufgeblähten Stoffbahnen zusammen und legen uns mit dem ganzen Körpergewicht auf den wirren Seilhaufen. Wir frieren erbärmlich. Ich denke an Nansens Bericht über seinen langen Marsch in Nacht und Eis, an Yogaübungen, an tibetische Mönche, die durch Selbstsuggestion soviel Eigenwärme entwickeln, daß sie sich mit nassen Kleidern auf's Eis setzen können und diese dabei trocknen.

Meine Isoliermatte hält, obwohl sie naß ist, die Bodenkälte ab. Auf mir liegt der tropfnasse schwere Schlafsack und ein Plastikregenmantel. Ein paar wasserdichte Fausthandschuhe, das einzige, was trocken blieb, benütze ich abwechselnd für Hände und Füße. Die Nacht ist unendlich lang, und auch den nächsten Tag hält der Sturm ununterbrochen und unvermindert an. Kochen war unmöglich. Wir kauen ein paar Kekse aus einer Büchse und trinken Wasser, das sich am Boden immer wieder sammelt und das wir von Zeit zu Zeit durch ein Loch nach außen schütten.

Der Vergleich mit einem untergehenden Segelschiff liegt nahe. Das Heulen des Sturmes, das knallende Peitschen im Stoff - Wochen und Monate begleitete es Magellan und seine Seeleute. Mir ging auch das Tagebuch von Scott durch den Kopf, wie er selbst noch mit erfrorenen Fingern bis zur letzten Stunde schrieb. Das war wohl einer der Gründe, weshalb ich mich trotz der ausweglos erscheinenden Situation überwinde, die Kamera zum Laufen zu bringen und zu filmen, wie Eduard sichtlich erschöpft mit verkrampften Händen versucht, das Zelt zu halten. Es gibt in Patagonien und Feuerland Stürme, die wochenlang andauern.

Am frühen Morgen, nach zweiundfünfzig Stunden und der schlimmen Nacht, wird es still und bitterkalt. An den Zeltwänden bilden sich Eiskristalle und Rauhreif. Völlig steifgefroren, kriechen wir aus dem zusammengebrochenen Zelt. Über uns ein tiefblauer Himmel. Nicht weit entfernt hat die Sonne eine kleine Felseninsel erreicht. Wie Schiffbrüchige taumeln wir aus dem Schatten in die wärmenden Strahlen. Nie zuvor hatte ich sie so herbeigesehnt.

Linke Seite oben: Sherpakinder aus Nepal (Asien).

Linke Seite unten: Mutter und Kinder aus dem Hochland in Peru.

Bei der Ersteigung des Moreno-Süd, Patagonien

Aber wo waren die Freunde? Hatten sie den Wettersturz oben am Berg überlebt? Was sollen wir tun, wenn sie nicht kommen? Wie lange wird es dauern, bis uns die Kräfte verlassen? Der Rückmarsch über das Gletschereis ist noch endlos weit. Und kein Mensch kann uns helfen. Da sehe ich zwei winzige Punkte im Gletscherbruch. Sie bewegen sich auf unserer Abstiegsspur langsam herunter. Unsere Freude ist nicht zu beschreiben. Die Gesichter sagen mehr als alle Worte. Die Freunde hatten die längste Zeit nahe des Gipfels in einer engen feuchten Schneehöhle verbracht, deren Eingang sie nicht vor dem Sturm verschließen konnten. In einem riskanten Wettlauf mit dem aufziehenden Wetter war ihnen die erste Ersteigung des Moreno-Ostpfeilers, eines enorm steilen bizarren Eisgrates, gelungen.

Erschöpft schlafen wir einige Stunden. Es ist windstill und sternenklar. Beim ersten Tageslicht brechen wir auf. Die Rucksäcke sind leichter, wir haben so gut wie keine Nahrungsmittel und kaum mehr Brennmaterial. Der Gletscher ist vom Sturm und gefrorenem Regen glattgefegt. Die Sonne spiegelt sich im gleißenden Eis. Wie in einem Trancezustand laufen wir Stunde um Stunde, abgestumpft gegen Schmerzen und Müdigkeit über die weiße

Fläche und weiter über eine Mittelmoräne aus zusammengeschobenem Geröll, immer am Horizont einen auffallenden Einschnitt in der Gebirgskette im Auge, den Passo Viento, das Tor der Welt, in der wir weiterleben können. Wir finden für den Rückweg durch den Gletscher eine weit bessere Route. So gelingt es uns, in vierzehn Stunden die Strecke hinter uns zu bringen, für die wir beim Anmarsch drei Tage brauchten. Nachdem wir gerade noch fürchteten, zwischen riesigen, locker aufeinandergetürmten Steinhaufen die Nacht verbringen zu müssen, stoßen wir in der Dämmerung auf eine winzige grüne Wiese mit einem idyllischen kleinen Bach am Rande der Moräne unmittelbar unter dem Viento Paß. Sie erscheint uns wie ein Paradies. Wir rollen uns in die Schlafsäcke, schauen in einen glitzernden Sternhimmel und schlafen beruhigt ein.
Sturmböen wecken uns plötzlich. Über uns ein blutroter Himmel. In den folgenden Stunden kämpfen wir uns weiter, in peitschendem Regen und Hagel, tiefgebeugt gegen den Orkan, manchmal auf allen Vieren, verkrallt zwischen Felsbrocken. Von Zeit zu Zeit beschleicht uns das Gefühl, daß wir es vielleicht nicht mehr schaffen. Eduard Rodriguez ist so erschöpft, daß er seinen Rucksack einfach liegen läßt und sich auch nur aufrecht halten kann, wenn Günther und Georg ihn stützen, bis ihn dann eine Sturmböe wieder in die Knie zwingt. Ich brauche große Überwindung und meinen ganzen Willen, um hier noch ein paar Filmaufnahmen zu machen, bevor die Kamera endgültig aufgibt. Der wolkenbruchartige Regen hat uns völlig durchnäßt. Wir haben keinen trockenen Faden mehr am Leib. Im Rucksack und auch in der Filmtasche steht das Wasser. Der Sturm treibt uns wie Blätter im Wind über den Paß. Wir taumeln abwärts und müssen durch Wasserfälle und über steile glitschige Hänge, die zu einem Gletscher haltlos abbrechen. Wenn wir in diesem Zustand eine weitere Nacht verbringen, werden wahrscheinlich nicht alle überleben. Wir quälen uns weiter und erreichen, als es schon finster ist, das Hauptlager am Rande des Waldes.
Es ist windstill geworden. Welch ein Glück. Wir bauen die vom Sturm niedergerissenen Zelte wieder auf. Nach mühsamen Versuchen gelingt es uns, mit dem nassen Holz Feuer zu machen. Die Flammen beleuchten grauweiße abgestorbene Bäume, deren bizarren Äste von West nach Ost gewunden sind von jenem Sturm, der Kap Horn berühmt und berüchtigt gemacht hat, in dem so viele Schiffe scheiterten und der auch Magellan fast zur Aufgabe gezwungen hätte.

Entdecker, Forscher und Missionare

Im Gegensatz zur Eroberung Mexikos und Perus, wo die Träume von Goldschätzen in Erfüllung gingen, fand die Geschichte der Inbesitznahme der süd-östlichen Teile Amerikas entlang des La-Plata-Strom-Systems nur wenig Beachtung. In diesem Gebiet war so gut wie kein Gold zu finden, und auch der La Plata, was Silberstrom bedeutet, hielt nicht, was sein Name versprach. Die Geschichte ist so verworren, daß man sie am besten anhand der Karte nachvollziehen kann.

Schon vier Jahre vor Magellan war unter der Führung des hervorragenden Kapitäns Juan Diaz de Solis eine Flotte mit drei winzigen Schiffen und nur sechzig Mann Besatzung, ausgerüstet mit Nahrung für dreißig Monate an der brasilianischen Küste entlang nach Süden gefahren und in der La Plata-Mündung gelandet. Solis hatte den Auftrag, der Ostküste Südamerikas so weit zu folgen, bis er eine von Geographen vermutete Durchfahrt in den Pazifik fände. Danach sollte er entlang der Westküste des Kontinents nach Norden bis Panama segeln.

Aus „Wahrhaftige Historia" von Hans Staden, gedruckt zu Marburg 1557

Das Flußgebiet des Parana und Paraguay. Zeichnungen aus Schmidels Reisebeschreibung

Die Schiffe kamen jedoch nur bis zur La-Plata-Mündung. Dort ging Solis mit einem Teil seiner Mannschaft an Land. Sie wurden von friedfertig wirkenden Indianern ermordet und ihre Leichen vor den Augen der übrigen Besatzung von den Indianern verzehrt. Alle erfaßte panische Angst, und die Schiffe verließen schnellstens die Bucht. Eines strandete bald danach an der Küste. Vier Überlebende wählten den Portugiesen Aljecho Garcia als Anführer. Diesem gelang es, mit einem Indianerstamm der Guarani Freundschaft zu schließen. Als die Indianer sich entschlossen, einen Kriegszug nach Westen zu den »Silberbergen« zu unternehmen, wurde Garcia zum Führer erkoren. Dem Heerzug gelang es, die Grasebenen, Sümpfe, Flüsse und mit Urwald verfilzten Gebirgstäler zu überwinden und von Osten in das Hochland des Inkareiches einzudringen. Sie erbeuteten dort Schätze, bevor Pizarro von Westen her ins «Reich der Sonne« vorstieß. Garcia blieb bei dem sich nur langsam zurückbewegenden Indianerheer, schickte aber zwei seiner weißen Begleiter mit Gold und Silber voraus zur Ostküste. Die beiden Boten waren die einzigen, die das Unternehmen überlebten.

Garcia und das ganze Indianerheer wurden auf dem Rückmarsch bis auf den letzten Mann von einem Indianerstamm umgebracht. Das aus dem Inkaland stammende Gold und Silber wurde zu einem Fluch. Es geriet in die Hände des Kapitäns Cabot, der sich auf der Route Magellans auf dem Weg zum Pazifik befand. Auch er ankerte in der La-Plata-Mündung. Ursprünglich hatte er nur Wasser aufnehmen wollen. Dann wurde er vom Gold so geblendet, daß er entgegen seinem Auftrag den La-Plata in der Hoffnung hinauffuhr, ein zweites Mexiko mit vielen Schätze zu finden. Die Expedition scheiterte nach unsäglichen Mühen und Entbehrungen in den endlos weiten Überschwemmungsgebieten im Oberlauf des Parana-Flußsystems. Nur wenige Männer kehrten Jahre später nach Spanien zurück.

Ulrich Schmidel.

Doch die Kunde von einem unermeßlich reichen Land im Westen hielt sich. Die Anziehungskraft war so stark, daß eine der größten Expeditionen in der Eroberungsgeschichte Spaniens zusammengestellt wurde. Selbst Cabot, dem das Vertrauen entzogen worden war, wurde wieder bei der Ausrüstung der Flotte zur Beratung hinzugebeten. Von diesem ebenfalls unglücklich verlaufenden Vorstoß von Osten ins Innere Südamerikas gibt es einen spannenden Augenzeugenbericht in deutscher Sprache. Ulrich Schmidel, ein Landsknecht aus dem bayerischen Ort Straubing, war einer der wenigen, die das große Abenteuer überlebten. Er nennt seine tagebuchartigen Aufzeichnungen »Wahrhaftige und liebliche Beschreibung - Abenteuer in Südamerika«. Schon wenige Ausschnitte geben ein interessantes Zeitbild, das uns die »andere Seite« Südamerikas vor Augen führt, abseits der Hochkulturen.

Indianer auf Steinzeitstufe

»So sind wir durch Gottes Segen in Rio de La Plata angekommen. Anno 1535. Da haben wir einen indianischen Flecken gefunden, darin waren ungefähr 2000 Mannsbilder. Diese hießen Zechuruas - diese haben nichts anderes zu essen als Fisch und Fleisch.

Diese hatten, als wir kamen, den Flecken verlassen und die Flucht ergriffen mit ihren Weibern und Kindern, so daß wir sie nicht finden konnten.

Das indianische Volk geht gar nackt und bloß; denn ihre Weiber haben ihre Scham nur mit einem kleinen baumwollenen Tüchlein vom Nabel bis zum Knie bedeckt. Nun befiehlt der Oberst Ton Pietro Manthossa, daß man das Volk wiederum an Schiff bringen und auf die andere Seite des Wassers Parnau fahren sollte, dort wo es nicht weniger als acht Meilen Wegs ist. Da haben wir eine Stadt gebaut, die hat geheißen Bonas Ayers, das ist auf deutsch: Guter Wind. Wir haben auch zweiundsiebzig Pferde und Stuten aus Spanien auf den vierzehn Schiffen mitgebracht.

Auf diesem Land haben wir auch einen Flecken gefunden mit indianischem Volk, Carenndis geheißen - ungefähr an die 2000 Mann, samt ihren Weibern und Kindern. Diese sind auch wie die Zechuruas, vom Nabel bis zu den Knien bekleidet. Sie haben uns Fisch und Fleisch zu essen gebracht. Die Carenndis haben keine eigene Wohnung, sondern ziehen im Lande umher wie bei uns die Zigeuner, und wenn sie zur Sommerszeit reisen, ziehen sie manchmal dreißig Meilen auf trockenem Lande umher, ehe sie einen Tropfen Wasser zu trinken finden.

Und wenn sie einen Hirsch oder ein anderes Wild erlegen, so trinken sie dessen Blut. Auch finden sie etwa eine Pflanze, die heißt Cardes (Distel), die essen sie gegen den Durst. Daß sie Blut trinken, geschieht aber nur, weil sie gar kein Wasser noch anderes haben, da sie sonst vielleicht vor Durst sterben müßten.

Diese Carenndis haben uns täglich ihre Armseligkeiten an Fisch und Fleisch wohl vierzehn Tage ins Lager gebracht und uns davon mitgeteilt. Sie blieben nur einen Tag aus, daß sie nicht zu uns kamen, da schickte alsbald Ton Pietro Manthossa, unser Oberst, einen Richter Johann Pabon genannt, zu ihnen. Und er kam mit zwei Knechten zu den Carenndis, die ungefähr vier Meilen von unserem Lager lagen. Und da sie zu diesem kamen, betrugen sie sich derartig, daß sie alle drei wohl verbleut wurden. Alsdann schickten sie sie wieder heim in unser Lager. Als das Ton Pietro Manthossa, unser Hauptmann, inneward, nach Meldung des Richters, der einen solchen Aufruhr im Lager angefangen hatte, schickte er seinen leiblichen Bruder Diego Manthossa mit 300 Landsknechten und 30 wohlgerüsteten Pferden, darunter auch ich gewesen, und befahl uns, wir sollten diese besagten Carenndis alle totschlagen (oder fangen) und ihren Flecken einnehmen. Und wie wir zu ihnen kamen, waren ihrer 4000 Mann versammelt, denn sie hatten ihre Freunde zusammengerufen. Und als wir sie angreifen wollten, setzten sie sich dermaßen zur Wehr, daß wir an diesem Tage genug mit ihnen zu schaffen hatten. Sie brachten auch unseren Hauptmann Diego Manthossa samt sechs Edelleuten zu Roß und viele Fußknechte um. Alles in allem sind ungefähr auf unserem Teil an die zwanzig totgeschlagen worden. Und auf ihrer Seite an 1000 ungefähr umgekommen. Sie haben sich also tapfer gegen uns gewehrt, was wir wohl empfunden haben...

Und als wir wieder in unser Lager kamen, teilte man das Volk voneinander: was zum Kriege tauglich oder zur Arbeit, dahin wurde jeder gebracht. Und man baute selbst eine Stadt und einen erdenen Wall von der Höhe eines halben Spießes darum, und darinnen ein starkes Haus für unseren Oberst. Die Stadtmauer war drei Schuhe breit, und was man heute gebaut hatte, fiel morgen wieder ein. Denn das Volk hatte nichts zu essen, starb vor Hunger und lebte also in großer Armseligkeit. Auch kam es zuletzt so weit, daß die Pferde nicht mehr kleckten oder zulangten. Ja, es verlängerte sich Not und Jammer des Hungers so sehr, daß weder Ratten noch Mäuse, Schlangen noch genügend anderes Ungeziefer vorhanden war zur Sättigung des großen, jämmerlichen Hungers und der unaussprechlichen Armut. Auch Schuh und Leder mußte alles gegessen werden.

Es begab sich aber, daß drei Spanier ein Roß entführten und daselbe heimlich aßen. Und als man es von ihnen innewurde, wurden sie gefangen und unter schweren Foltern befragt, bis daß sie solches bekannten. Dann wurden sie zum

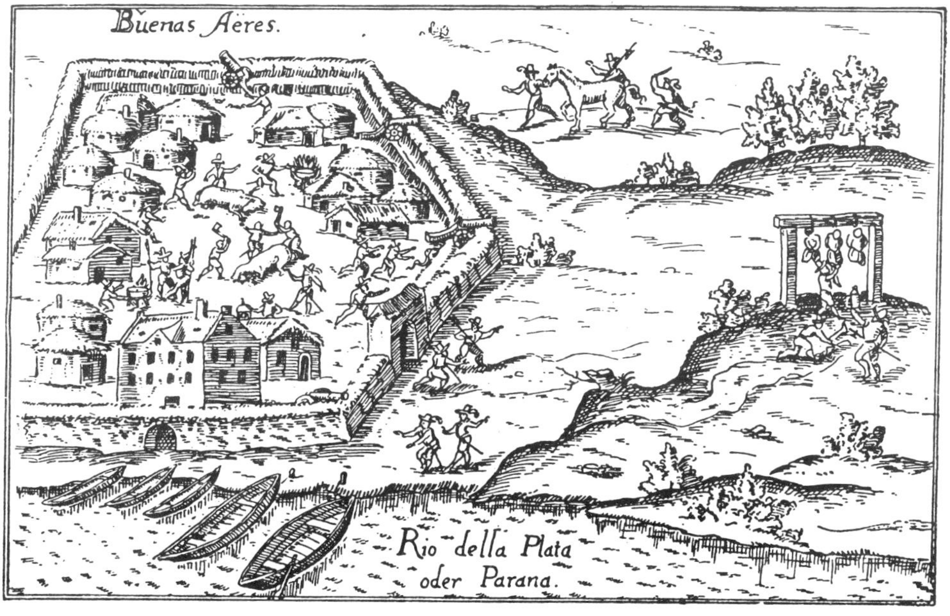

Galgen verurteilt, und man henkte sie alle drei. Zur Nacht sind aber andere Spanier zu diesen drei Gehenkten zum Galgen gegangen und haben ihnen die Schenkel abgehauen und Fleischstücke ausgeschnitten zur Sättigung ihres Hungers. Item aß ein Spanier seinen Bruder, der da gestorben war in der Stadt Bonas Ayers. Nun sah unser oberster Hauptmann Ton Pietro Manthossa, daß er sein Volk nicht länger halten konnte. Da ordinierte und kommandierte er mit seinen Hauptleuten, daß man aufs förderlichste vier kleine Schifflein bauen sollte, außerdem drei noch kleinere.

Und als sieben derartige Schiffe verfertigt und ausgerüstet waren, ließ unser Hauptmann das Volk zusamenrufen und schickte Jerg Lichtenstein mit 350 Gerüsteten den Fluß Paranau hinauf, um die Indianer zu suchen, damit wir Speise und Proviant bekämen. Als aber die Indianer uns gewahr geworden, konnten sie uns keine größere Büberei antun, als daß sie Speise und Proviant verbrannten und zerstörten und alle davonflohen. Somit hatten wir noch nichts zu essen. Auf dieser Reise starb der halbe Teil des Volkes vor unaussprechlichem Hunger. Wir mußten deshalb wieder umkehren in die Stadt Bonas Ayers. Da kamen die Indianer mit großer Macht und Gewalt über uns. Aber Gott der Allmächtige, dem Lob und Preis sei immer und ewiglich, hat noch einen Teil von uns erhalten«.

Von den 2500 Mann, die wenige Monate zuvor die Stadt gegründet hatten, waren noch 560 am Leben. 160 ließ Don Pedro Mendoza (Ton Pietro Manthossa) in drei Schiffen mit Kanonen zurück. Die übrigen 400 fuhren den Parana hinauf, bis sie nach zwei Monaten zu Indianern kamen, denen sie sich durch Geschenke friedlich nähern konnten. Endlich bekamen sie auch genug zu essen. Schmidel schreibt:

»Aber wenn die Schiffsreise noch zehn Tage länger gedauert hätte, hätten wir alle vor Hunger sterben müssen, und es sind von den 400   50 gestorben. In diesem Flecken blieben wir drei Jahre lang. Aber unser aller oberster Hauptmann Ton Pietro Manthossa, der vor Schwäche weder Hände noch Füße rühren konnte und auf dieser Reise 400 Dukaten in barem Gelde verbraucht hatte, mochte nicht länger bei uns in diesem Flecken bleiben und fuhr wieder mit zwei Parkhadineß nach Bonas Ayers zu den vier großen Schiffen und nahm dort zwei große Schiffe und 50 Mann und fuhr nach Spanien. Aber da er ungefähr auf halbem Wege war, da griff ihn Gott, der Allmächtige an, so daß er armselig starb. Gott sei ihm gnädig«.

Nachdem die Männer Nachschub aus Spanien erhalten hatten, ging die Suche nach Gold- und Silberschätzen in Richtung Westen weiter. Schmidels Beschreibungen der immer neuen Kämpfe und Leiden sind selbst für den

Leser ermüdend, weil es kaum vorstellbar ist, daß Menschen so lange Zeit körperliche Belastungen ertragen können:

»Die Indianer hatten uns darauf aufmerksam gemacht, daß das Land um diese Zeit voller Wasser wäre, aber wir wollten es nicht glauben, und so gaben sie uns Indianer mit, um uns den Weg zu zeigen. Während acht Tagen gingen wir für und für im Wasser - Tag und Nacht.

Wenn wir Feuer machen wollten, so legten wir große Hölzer aufeinander und machten es daraus. Manchmal begab es sich, daß der Topf, worin wir unsere Speisen hatten, samt dem Feuer ins Wasser fiel, und wir alle dann ohne Essen blieben. Auch hatten wir keine Ruhe vor den kleinen Fliegen, vor denen wir nicht schlafen konnten. Da fragten wir unsere Siberis-Indianer, ob wir noch länger Wasser hätten. Sie sagten darauf, wir müßten noch viele Tage im Wasser gehen, dann kämen wir zu einem Stamm, der Ortuessen geheißen. Also gingen wir noch sieben Tage im Wasser. Dieses Wasser aber war so warm, als ob es beim Feuer gestanden hätte. Wir mußten es auch trinken, dieweil wir nichts anderes hatten. Man könnte aber vielleicht denken, dies wäre ein fließendes Wasser gewesen. Dies war es aber nicht, sondern es hatte so sehr geregnet, daß das Land voller Wasser gewesen.

Danach kamen wir am neunten Tag zu dem Flecken der Ortuessen. Es war aber gerade zu dieser Zeit ein großes Sterben unter den Indianern vor lauter Hun-

ger, denn das Ungeziefer hatte ihnen zweimal das Korn und die Frucht von den Bäumen bis zum Grund abgefressen und verdorben. Als wir Christen solches vernahmen und sahen, erschraken wir sehr und konnten nicht lange im Lande bleiben; denn wir hatten auch nicht viel mehr zu essen. Als wir zu den Jerillos kamen, waren wir todkrank infolge des Wassers und der Entbehrungen, denn wir sind dreißig Tage und Nächte hintereinander im Wasser gewesen«.

Erstaunlich ist, wie genau Schmidel versucht jeden Indianerstamm in seiner Eigenart zu beschreiben. Seine Beobachtungsgabe stumpft selbst bei größten Anstrengungen, körperlichen Leiden und Krankheiten nicht ab.

»Hierauf mußten wir die Aygas verlassen und kamen zu einer anderen Nation, die heißt Carios. Sie liegen fünfzig Meilen Wegs von den Aygas. Da gab Gott, der Allmächtige, seinen göttlichen Segen, daß wir bei diesen Carios türkisches Korn fanden oder Mais und Manteochade, Padades, Mandepoore, Manduriß, Vachkekhu, auch Fisch, Fleisch, Hirsch und Wildschwein, Strauß, indianische Schafe, Kaninchen, Hühner und Gänse. Auch haben sie Honig, daraus man Wein macht, überaus genug, item gar viele Baumwolle im Lande. Diese Carios haben ein großes Land, ungefähr 300 Meilen Weges weit und breit. Es sind kurze und dicke Leute, können wohl etwas für andere erleiden. Item haben die Manns-

bilder in den Lippen ein kleines Löchlein, worin sie ein gelbes Kristall stecken, Parabol in ihrer Sprache genannt, von zwei Spannen Länge und der Dicke eines Federkiels. Dieses Volk, Mann und Weib, jung und alt, geht nackt wie aus dem Mutterleibe, wie sie Gott erschaffen hat. Bei diesen Indianern verkauft der Vater seine Tochter, item der Mann sein Weib, wenn es ihm nicht gefällt, auch verkauft oder vertauscht der Bruder seine Schwester. Die Cairos essen auch Menschenfleisch, wenn sie es haben können. Wenn sie nämlich Krieg führen und in diesem einen Feind fangen, Weib oder Mann. Und wie man in Deutschland Schweine mästet, so mästen sie die Gefangenen. Wenn aber das Weibsbild etwas jung und schön ist, so behält er es ein oder mehrere Jahre. Und so es etwa in dieser Zeit nicht nach seinem Gefallen lebt, so schlägt er es tot und ißt es und hält damit ein großes Festbankett ab oder eine Feier, wie hier draußen eine Hochzeit gehalten wird.«.

Schmidels Beschreibung der »Menschenfresser« deckt sich erstaunlich genau mit späteren Berichten bis in die Neuzeit.

Ulrich Schmidel kämpfte rund zehn Jahre in den sumpfigen Urwäldern zwischen dem La Plata- und dem Parana-Flußsystem und in den Gebirgsausläufen und Tälern der Kordillere.

Einer Zeichnung, die ihn auf einem Lama reitend zeigt, ist zu entnehmen, daß Schmidel auch das Hochland erreichte; denn diese Tiere gibt es nur in den Höhen der südamerikanischen Gebirgslandschaft. Als Schmidel von Osten nach Peru gelangte, war das Land von Westen durch die Spanier erobert. Nach dieser furchtbaren Enttäuschung stiegen die Männer wieder ab, zurück in den Urwald. Es grenzt an ein Wunder, daß Schmidel den ständigen Hunger, die Tropenkrankheiten und die vergifteten Pfeile der sie dauernd umschleichenden Indianer überlebt hat und die Heimat wiedersah. Was ihn über den Durchschnitt eines Landsknechtes erhob, waren seine wertvollen völkerkundlichen Aufzeichnungen, die vielleicht nur von der Reisebeschreibung Hans Stadens aus dem Jahre 1543 bis 1555 überboten wurden.

Hans Staden erreichte schon 1548 bei einer ersten Fahrt von Portugal aus die Ostspitze Brasiliens. Nach einer erneuten stürmischen Seereise von Portugal aus wurde er bei einem Schiffbruch nicht weit vom heutigen Rio de Janeiro an Land gespült. An der Küste ging seine Odyssee weiter. Er und seine Begleiter fanden Sao Finjende, einen portugiesischen Stützpunkt, wo er die Aufgabe erhielt, als Büchsenschütze den Ort gegen Eingeborene zu verteidigen. Bei einem Rundgang wurde er von den Wilden gefangengenommen. Seine dramatischen Darstellungen sind auch völkerkundliche Dokumente, vor allem seine Beschreibung.

Abenteuer unter Menschenfressern

»Als ich nun so durch den Wald ging, erhob sich auf beiden Seiten des Weges ein großes Geschrei, wie es bei den Wilden üblich ist. Die Leute liefen auf mich zu, und ich erkannte, daß es Wilde waren. Sie umzingelten mich, legten mit Bogen und Pfeilen auf mich an und schossen auf mich. Da rief ich: »Nun helfe Gott meiner Seele«. Kaum hatte ich das Wort ausgesprochen, da schlugen sie mich auch schon zu Boden und schossen und stachen auf mich ein. Sie verwundeten mich - gottlob - nur an einem Bein, rissen mir aber die Kleider vom Leib. Unterdessen schlugen die übrigen mich mit dem Bogen, und schließlich hoben mich zwei von der Erde auf, wo ich ganz nackt lag. Einer faßte mich an einem Arm, der zweite am anderen, und einige vor mir, einige hinter mir, so liefen sie schnell mit mir durch den Wald nach dem Meere zu, wo ihre Boote lagen.

Als sie mich an den Strand brachten, sah ich in einer Entfernung von ein bis zwei Steinwürfen ihre Boote liegen, die sie ans Land und unter ein Gebüsch gezogen hatten. Nahe dabei war noch eine große Menge von Wilden, die mir alle entgegenliefen, sobald sie sahen, wie ich dahingebracht wurde. Sie waren, wie es bei ihnen üblich ist, mit Federn geschmückt und bissen sich in die Arme, um mir drohend zu bedeuten, daß sie mich aufessen würden. Vor mir her ging ein Häuptling mit einer Keule, wie sie zum Totschlagen der Gefangenen gebraucht werden. Der redete und erzählte ihnen, daß sie in mir einen Peró, so nennen sie die Portugiesen, gefangen und zum Sklaven gemacht hätten und daß sie nun den Tod ihrer Freunde an mir rächen wollten. Bei den Booten schlugen mich einige mit der Faust. Dann beeilten sie sich, die Boote ins Wasser zu schieben, denn sie fürchteten, daß in Bertioga Alarm geschlagen würde, was auch geschah. Ehe sie aber die Boote ins Wasser brachten, banden sie mir die Hände zusammen. Sie waren aus verschiedenen Dörfern, und einige ärgerten sich, daß sie ohne Beute heimfahren sollten. Sie zankten deshalb mit denen, die mich behielten. Einige sagten, sie wären ebenso nah bei mir gewesen wie die anderen, sie wollten darum auch einen Teil von mir haben und mich auf der Stelle totschlagen. Ich stand da und betete und sah mich um, weil ich den Schlag erwartete. Schließlich nahm der Häuptling, der mich behalten wollte, das Wort und sagte, sie wollten mich lebendig nach Hause bringen, damit auch ihre Frauen mich lebend sähen und ihr Vergnügen an mir hätten. Dann wollten sie mich cauim pepica töten, das heißt Getränke herrichten, sich versammeln, ein Fest veranstalten und mich gemeinsam aufessen.

Ich sang mit Tränen in den Augen aus tiefstem Herzen den Psalm »Aus tiefer Not schrei ich zu Dir«. Da sagten die Wilden: »Seht, wie er schreit, jetzt hat ihn der Jammer gepackt«. Sie standen um mich herum und verspotteten mich und nannten mich in ihrer Sprache Jerimbamba indi, das heißt: Du bist mein gefangenes Tier. Sie zerrten mich, einige an den Armen und andere an den Stricken, die

Warhaftig

Historia vnd beschreibung eyner Landtschafft der Wilden/ Nacketen/ Grimmigen Menschfresser Leuthen/ in der Newenwelt America gelegen/ vor vnd nach Christi geburt im Land zu Hessen vnbekant/ biß vff dise ij. nechst vergangene jar/ Da sie Hans Staden von Homberg auß Hessen durch sein eygne erfarung erkant/ vnd yetzo durch den truck an tag gibt.

Dedicirt dem Durchleuchtigen Hochgebornen herrn/ H. Philipsen Landtgraff zu Hessen/ Graff zu Catzenelnbogen/ Dietz/ Ziegenhain vnd Nidda/ seinem G. H.

Mit eyner vorrede D. Joh. Dryandri/ genant Eychman/ Ordinarij Professoris Medici zu Marpurgk.

Inhalt des Büchlins volget nach den Vorreden.

Getruckt zu Marpurg/ im jar M. D. LVII.

Titelblatt des bereits 1557 in Marburg gedruckten Reisebuches von Hans Staden

mir um den Hals gebunden waren, so stark, daß ich kaum Atem holen konnte. Ich fragte, ob sie mich endlich töten würden, aber sie antworteten: »Noch nicht«.«

Hans Staden lebte viele Monate in höchster Todesangst. Er wurde in jeder Form gedemütigt, wie ein seltenes Tier am Strick von einem Dorf zum anderen geführt und mußte mit ansehen, wie die Indianer ihre Feinde auf die Schlachtbank führten und anschließend verspeisten.

»Cunhambebe sagte, sie sollten gegessen werden, und verboten mir, mit ihnen zu reden, denn er wäre sehr zornig auf sie. Sie hätten daheimbleiben und nicht mit seinen Feinden gegen ihn in den Krieg ziehen sollen. Als ich ihn bat, er sollte sie leben lassen und ihren Freunden gegen Lösegeld zurückgeben, wiederholte er, daß sie gegessen werden sollten. Cunhambebe hatte währenddessen einen großen Korb voll Menschenfleisch vor sich stehen. Er aß von einem Bein, hielt es mir vor den Mund und fragte, ob ich auch essen wollte. Ich antwortete: Ein unvernünftiges Tier frißt kaum das andere, und ein Mensch sollte einen anderen fressen?

Da biß er hinein und sagte: »Jauára ischê. Ich bin ein Tiger. Es schmeckt gut.« Damit ging ich von ihm. Am selben Abend befahl er, ein jeder sollte seine Gefangenen auf einen Platz bringen, der vor dem Wald am Wasser lag. Das geschah. Die Wilden versammelten sich und bildeten einen großen Kreis, in dem die Gefangenen standen. Diese mußten allesamt singen und mit den Abgöttern, den Maracás, rasseln. Danach redete einer nach dem anderen unerschrocken und sagte: Ja wir zogen aus, wie tapfere Männer es tun, um euch, unsere Feinde, zu fangen und zu essen. Nun habt ihr aber die Oberhand gewonnen und habt uns gefangen. Doch wir fragten nichts danach. Wehrhafte, tapfere Leute starben im Land ihrer Feinde. Und unser Land ist noch groß. Die Unseren werden uns an euch schon rächen. Da sagten die anderen: Ihr habt schon viele von den Unseren vertilgt. Das wollen wir auch an euch rächen. Als sie mit den Reden fertig waren, führte jeder seinen Gefangenen in seine Unterkunft zurück. Am dritten Tage kamen wir wieder in ihr Land. Sie nahmen die Gefangenen mit in die Heimatdörfer. Die von Ubatuba, bei denen ich lebte, hatten acht Wilde lebendig gefangen und außerdem drei Mamelucken, die Christen waren, nämlich den Diogo, dessen Bruder und einen dritten namens Antonio. Diesen hatte der Sohn meines Herrn gefangen. Das Fleisch von zwei weiteren Mamelucken, ebenfalls Christen, führten sie gebraten mit, um es zu Hause zu essen.

Meiner Hütte nahe gegenüber stand die Hütte des Häuptlings Tatámiri. Dieser hatte den einen gebratenen Christen bekommen und ließ nach den Gewohnheiten der Wilden ein Getränk herrichten. Viele Leute kamen zusammen, tranken, sangen und veranstalteten ein großes Fest. Am folgenden Tag, nach dem Trinkgelage, wärmten sie das gebratene Fleisch wieder auf und aßen es. Das Fleisch des anderen, des Jerônimo, hing aber in der Hütte, in der ich war, in einem Korb über dem Feuer im Rauch, wohl drei Wochen lang, bis es trocken war wie Holz. Daß es so lange unverzehrt über dem Feuer hing, hatte seinen Grund. Der Wilde, dem es gehörte, hieß Paraguá. Er war ausgezogen, um Wurzeln zur Zubereitung des Getränkes zu suchen, das man für das Gelage vor dem Essen braucht. Ich hatte aus dicken Stangen ein Kreuz gemacht und vor der Hütte, in der ich wohnte, aufgerichtet. Dort betete ich oft zum Herrn.

Den Wilden hatte ich empfohlen, es nicht auszureißen, denn es könnte ihnen ein Unglück daraus erwachsen. Sie achteten aber nicht auf mein Wort. Während ich mit ihnen einmal auf Fischfang aus war, riß eine Frau das Kreuz aus und gab es ihrem Mann. Der sollte ihr, da das Holz rund war, die Schalen von Seeschnekken darauf reiben, aus denen sie eine Art Rosenkranz herstellen. Das verdroß mich sehr. Bald darauf fing es heftig an zu regnen und regnete mehrere Tage fort. Da kamen sie in meine Hütte und verlangten, ich sollte mit meinem Gott dafür sorgen, daß der Regen aufhörte. Denn ihre Pflanzzeit war da, und wenn er nicht aufhörte, würden sie nicht pflanzen können.

Ich antwortete, es wäre ihre Schuld. Sie hätten meinen Gott erzürnt, indem sie das Holz ausgerissen hätten, bei dem ich mit ihm zu sprechen pflegte. Da sie nun glaubten, das sei die Ursache des Regens, half der Sohn meines Herrn mir, ein neues Kreuz aufzurichten. Das war, nach der Sonne zu schließen, ungefähr um ein Uhr nachmittags. Als es aufgerichtet war, wurde das Wetter von Stund an wieder schön, obgleich es am Vormittag sehr stürmisch gewesen war. Sie wunderten sich alle und glaubten, mein Gott täte, was ich wollte.

Ich stand mit Paraguá, einem der vornehmsten Wilden, der den Jerônimo gebraten hatte, und noch einem anderen beim Fischen. Zu Beginn der Abenddämmerung erhob sich ein heftiger Gewitterregen. Es regnete nicht weit von uns, und der Wind trug uns den Regen zu. Da baten die beiden Wilden mich, ich möchte mit meinem Gott reden, daß der Regen uns nicht behinderte. Dann würden wir vielleicht noch mehr Fische fangen. Denn ich wüßte wohl, daß wir in der Hütte nichts zu essen hätten.

Die Worte rührten mich, und ich bat den Herrn von ganzem Herzen,, seine Macht an mir zu erweisen, da die Wilden es von mir verlangten und damit sie sähen, wie mein Gott allezeit bei mir ist. Als ich das Gebet beendet hatte, kam der Wind mit dem Regen herangebraust, und es regnete ungefähr bis auf sechs Schritt von uns. Aber da, wo wir standen, blieb es trocken, so daß Paraguá sagte: »Nun sehe ich, daß Du mit Deinem Gott geredet hast.« Wir fingen dann auch einige Fische. Bei der Rückkehr in die Hütte erzählten beide, daß ich mit meinem Gott geredet und was sich daraufhin begeben hätte. Da wunderten sich die anderen Wilden.«

Hans Staden gelang es, sich bei den Eingeborenen eine gewisse magische Achtung zu verschaffen, die sie immer wieder daran hinderte, ihn umzubringen. Ja, er brachte es so weit, daß man ihm versprach, ihn freizulassen, falls ein fremdes Segelschiff vorbeikäme und man ihn gegen Gebrauchsgegenstände austauschen könne. Doch die erste Gelegenheit ging erfolglos vorüber:

»Mittlerweile war das französische Schiff, das etwa acht Meilen entfernt gelegen

hatte, wieder abgefahren. Als ich das hörte, wurde ich sehr traurig. Doch die Wilden sagten mir, die Franzosen pflegten alle Jahre wiederzukommen, und damit mußte ich zufrieden sein!«

Es würde hier zu weit führen, allen von Hans Staden niedergeschriebenen Erlebnissen zu folgen, bis er endlich durch die Besatzung eines französischen Schiffes gerettet wurde.

Doch die Zeit der Kannibalen war noch lange nicht zu Ende.

Zweihundertfünfzig Jahre später berichtet Alexander von Humboldt[11] in seinem wissenschaftlich exakten Reisewerk über die verbreitete Angewohnheit der Indianer, Menschen zu verspeisen:

»In Mandavaca fanden wir den guten alten Missionar, der bereits seine zwanzig Moskitojahre in den Bosques del Casiquiare zugebracht hatte und dessen Beine von den Stichen so gefleckt waren, daß man kaum sah, daß er eine weiße Haut hatte. Er sprach uns von seiner Verlassenheit, und wie er sich in der traurigen Notwendigkeit sehe, in den beiden Missionen Mandavaca und Vasiva häufig die abscheulichsten Verbrechen straflos zu lassen. Vor wenigen Jahren hatte im letzteren Ort ein indianischer Alkalde eines seiner Weiber verzehrt, die er in seinen Conuco hinausgenommen und gut genährt hatte, um sie fett zu machen.

Wenn die Völker in Guayana Menschenfleisch essen, so werden sie nie durch Mangel oder durch gottesdienstlichen Aberglauben dazu getrieben wie die Menschen auf den Südseeinseln; es beruht meist auf Rachsucht des Siegers und - wie die Missionare sagen - auf »Verirrung des Appetits«. Der Sieg über eine feindliche Horde wird durch ein Mahl gefeiert, wobei der Leichnam eines Gefangenen zum Teil verzehrt wird. Ein andermal überfällt man bei Nacht eine wehrlose Familie oder tötet einen Feind, auf den man zufällig im Wald stößt, mit einem vergifteten Pfeil. Der Leichnam wird zerstückelt und als Trophäe nach Hause getragen. Die Wilden verabscheuen alles, was nicht zu ihrer Familie oder ihrem Stamm gehört, und die Indianer einer benachbarten Völkerschaft, mit der sie im Kriege leben, jagen sie wie wir das Wild. Die Pflichten gegen Familie und Verwandtschaft sind ihnen wohl bekannt, keineswegs aber die Pflichten der Menschlichkeit. Keine Regung von Mitleid hält sie ab, Weiber oder Kinder eines feindlichen Stammes ums Leben zu bringen. Letztere werden bei den Mahlzeiten nach einem Gefecht oder einem Überfall vorzugsweise verzehrt.

Der Haß der Wilden gegen fast alle Menschen, die eine andere Sprache reden und ihnen als Barbaren von niedrigerer Rasse als sie erscheinen, bricht in den Missionen nicht selten wieder zutage, nachdem er lange geschlummert. Wenige Monate vor unserer Ankunft in Esmeralda war ein im Walde hinter dem Duida geborener Indianer allein unterwegs mit einem anderen, der von den Spaniern am Ventuario gefangengenommen worden war und ruhig im Dorf oder, wie man hier sagt, »unter der Glocke« lebte. Letzterer konnte nur langsam gehen, weil er an einem Fieber litt, wie es die Eingeborenen häufig befällt, wenn sie in die Missionen kommen und rasch ihre Lebensweise ändern. Sein Reisegefährte, ärgerlich über den Aufenthalt, schlug ihn tot und versteckte den Leichnam im dichten Gebüsch in der Nähe von Esmeralda.

Dieses Verbrechen, wie so manches dergleichen, was unter den Indianern vorfällt, wäre unentdeckt geblieben, hätte nicht der Mörder Anstalten gemacht, tags darauf eine Mahlzeit zu halten. Er wollte seine Kinder, die in der Mission geboren und Christen geworden waren, bereden, mit ihm einige Stücke des Leichnams zu holen. Mit Mühe brachten ihn die Kinder davon ab, und durch den Zank, zu dem die Sache in der Familie führte, erfuhr der Soldat, der in Esmeralda lag, was die Indianer ihm so gerne verborgen hätten.

»Sie machen sich keine Vorstellung davon«, sagte der alte Missionar in Mandavaca, »wie verdorben diese famiglia de Indios ist. Man nimmt Leute von einem neuen Stamm im Dorf auf, sie scheinen sanftmütig, redlich, gute Arbeiter, man erlaubt ihnen einen Streifzug mitzumachen, um Eingeborene einzubringen, und hat genug zu tun, zu verhindern, daß sie nicht alles, was ihnen in die Hände kommt, umbringen und Stücke der Leichname verstecken.«

Wir hatten in unserer Piroge einen Indianer, der von Rio Guaisia entlaufen war und sich in wenigen Wochen so weit zivilisiert hatte, daß er uns beim Aufstellen der Instrumente zu den nächtlichen Beobachtungen gute Dienste leisten konnte. Er schien so gutmütig als gescheit, und wir hatten nicht übel Lust, ihn in unseren Dienst zu nehmen. Wie groß war unser Verdruß, als wir im Gespräch mittels eines Dolmetschers von ihm hören mußten, »das Fleisch der Manimodaaffen sei allerdings schwärzer, er meine aber doch, es schmecke wie Menschenfleisch.« Er versicherte, »seine Verwandten (das heißt seine Stammesverwandten) äßen vom Menschen wie vom Bären die Handflächen am liebsten«. Und bei diesem Ausspruch äußerte er durch Gebärden seine rohe Lust. Wir ließen den sonst sehr ruhigen und bei den kleinen Diensten, die er uns leistete, sehr gefälligen jungen Mann fragen, ob er hie und da noch Lust verspüre, »Cheruvichahenafleisch zu essen.« Er erwiderte ganz unbefangen, in der Mission werde er nur essen, was er los padres essen sehe.

Den Eingeborenen wegen des abscheulichen Brauchs, von dem hier die Rede ist, Vorwürfe zu machen, hilft rein gar nichts. In den Augen des Indianers vom Rio Guaisia war der Cheruvichahena ein von ihm selbst völlig verschiedenes Wesen, ihn umzubringen war ihm kein größeres Unrecht, als die Jaguare im Wald umzubringen. Es war nur Gefühl für Anstand, wenn er, solange er in der Mission war, nur essen wollte, was los padres genossen. Entlaufen die Eingeborenen zu den Ihrigen oder treibt sie der Hunger, so werden sie alsbald wieder

Menschenfresser wie zuvor. So leicht die Indianer am Casiquiare in ihre barbarischen Gewohnheiten zurückfallen, so zeigen sie doch in den Missionen Verstand und einige Lust zur Arbeit, besonders aber große Fertigkeit, sich spanisch auszudrücken.«

Dies liegt nun schon über zweihundert Jahre zurück. Und obwohl der Mensch heute bereits auf den Mond fliegt, gibt es immer noch Stämme, die am Rande der Steinzeit leben. Ich selbst habe noch Bestattungsformen und andere Gebräuche gesehen, die nahtlos überblenden könnten auf Bilder der frühen Zeit. Bei einigen Indianern Südamerikas ist noch der Kult erhalten, nach der Verbrennung der Toten die übriggebliebenen Knochen sorgfältig zu zerstampfen, um sie dann in einem Getränk zu sich zu nehmen. Dies wird als Voraussetzung für ein späteres Weiterleben angesehen. Die bei Lebzeiten ausgesprochene Drohung, diese Zeremonie nicht durchzuführen, gilt als größte Strafe im Dasein dieser Naturmenschen, denn dies würde bedeuten, daß sie für immer tot wären.

So verschieden die Indianerstämme auch im einzelnen waren, alle hatten sie Angst vor Geistern und Dämonen, die ihr ganzes Leben mit ihrem unfaßbaren Einfluß bedrängten. Opfer zu bringen in den verschiedensten Formen war in ganz Amerika, von Alaska bis Feuerland, üblich, und je fantastischer die Religionen, um so ausgefallener waren die Kulthandlungen. Von den Blutorgien der Azteken bis zu dem Drogengebrauch der Medizinmänner und Zauberer gab es alle Formen.

Eines der Mittel, Kräfte gegen die bösen Geister zu erhalten, ist die Verwendung berauschender Stoffe. Heute noch wird bei den Waika-Indianern am Orinoko ein magisches Pulver in die Nase geblasen, wonach sich ein Zustand entwickelt, bei dem ein Krieger sich stark genug fühlt, mit den bösen Mächten und auch mit Krankheiten fertigzuwerden. Der Übergang in die Geisterwelt ist oft mit körperlichen Schmerzen verbunden, aber man nimmt es um der Wirkung willen in Kauf. Dieser Drogenrausch ist notwendig, um als Medizinmann tätig zu werden und Ausstrahlung und magische Hände zu bekommen.

Frau Dr. Inga Steinvorth Goetz konnte sich bei mehreren schwierigen Expeditionen wichtige Kenntnisse über die Waika-Indianer in den Urwäldern des oberen Orinoko aneignen. Sie gibt einen Bericht wieder, den sie von einem Laienbruder der Mission erhielt:[12]

»In einer weit entfernt liegenden Siedlung war ein Indianer schwer erkrankt. Der Grosse und Mächtige dort, der die bösen und guten Geister beherrscht, versuchte, die krankmachenden Geister aus dem Kranken herauszuziehen und zu

rufen. Er wußte, daß der Medizinmann der feindlich eingestellten Indianergruppe seinem Stammesbruder die die Krankheit verursachenden Geister zugeblasen hatte. Die Kräfte des feindlichen Schamanen waren stärker als die helfenden des eigenen Schamanen, so daß der Kranke starb.

Der Vetter des Toten machte sich sofort auf, um den Tod seines Verwandten zu rächen. Viele Stunden lief er, mit Pfeil, Bogen und Köcher bewaffnet, durch den Wald und sah dann zu seinem vermeintlichen Glück den Schuldigen mit ihm zugewandten Rücken in der Bananenpflanzung arbeiten. Er schoß den Pfeil ab, aber in dem Augenblick bückte sich das Opfer zur Bananenstaude hinab, und der Pfeil bohrte sich vor ihm in die Erde. Durch Zufall wurde dieser Vorfall vom Schwiegersohn des Medizinmannes beobachtet, der sofort zu seinen Waffen griff. Er schoß - und sein Pfeil traf den Angreifer. Er wußte, daß die Verletzung tödlich war und ließ den Verwundeten zu seinen Angehörigen fliehen. Sie würden ihn bestatten, um seine Seele vor Schaden und die lebenden Angehörigen vor Unheil zu bewahren.

Der Krieger, der das Lebern seines Schwiegervaters so erfolgreich verteidigt hatte, legte sich zu tagelangem Fasten nieder. Die Seele des Toten lagerte schwer auf seiner Brust. Wir sahen ihn einige Tage später, als er im Trancezustand, den Körper mit den Emblemen des Sieges bemalt und mit weißen Vogelfedern geschmückt, in seiner Hängematte ruhte. Jetzt wurde diskutiert, wer wohl der Rächer des Toten sein würde und welche Gemeinschaften fortan in Freundschaft oder in Feindschaft leben müßten.«

Diese Geschichte ereignete sich vor weniger als zwanzig Jahren.
Die von Schmidel und Staden beschriebenen Tragödien, das Beispiel aus der Zeit Humboldts und der Bericht in dem Buch von Frau Dr. Goetz über die grausigen Handlungen des Kannibalismus und der Blutrache schildern Ereignisse, die in Süd- und Nordamerika aber auch in anderen Teilen der Welt so verbreitet waren, daß über dieses düstere Kapitel noch einiges mehr zu sagen wäre. Ich glaube jedoch, man macht sich auch so ein Bild von den Gefahren, mit denen die Forscher und Missionare bei ihrem Vordringen in die neue Welt zu rechnen hatten.

Nach den zeitgenössischen Veröffentlichungen über die »gefährlichen Wilden« nimmt es nicht wunder, daß es in Europa noch eine ganze Weile dauerte, bis man sich dazu durchrang, die Indianer als Menschen mit einer Seele anzuerkennen und ihnen das Recht auf Leben und gewisse Freiheiten zuzugestehen. Im Widerspruch dazu stand die praktische Versklavung der Eingeborenen durch die neuen Machthaber, die das Land in Besitz nahmen und sie wie Arbeitstiere mißbrauchten.

Zwar gab es eine Anordnung der spanischen Regierung aus dem Jahre 1503, in der der Kolonialbehörde die Pflicht auferlegt wurde, die Indianer möglichst in Ortschaften zusammenzuführen und sie dort nach christlichen Lehren zu erziehen. Die Geschichte der Missionsarbeit am Rio de La Plata und seinen Nebenflüssen mit dem Ziel, ein geistiges Reich über ganz Amerika auszubreiten, ist ein eigenes Kapitel.

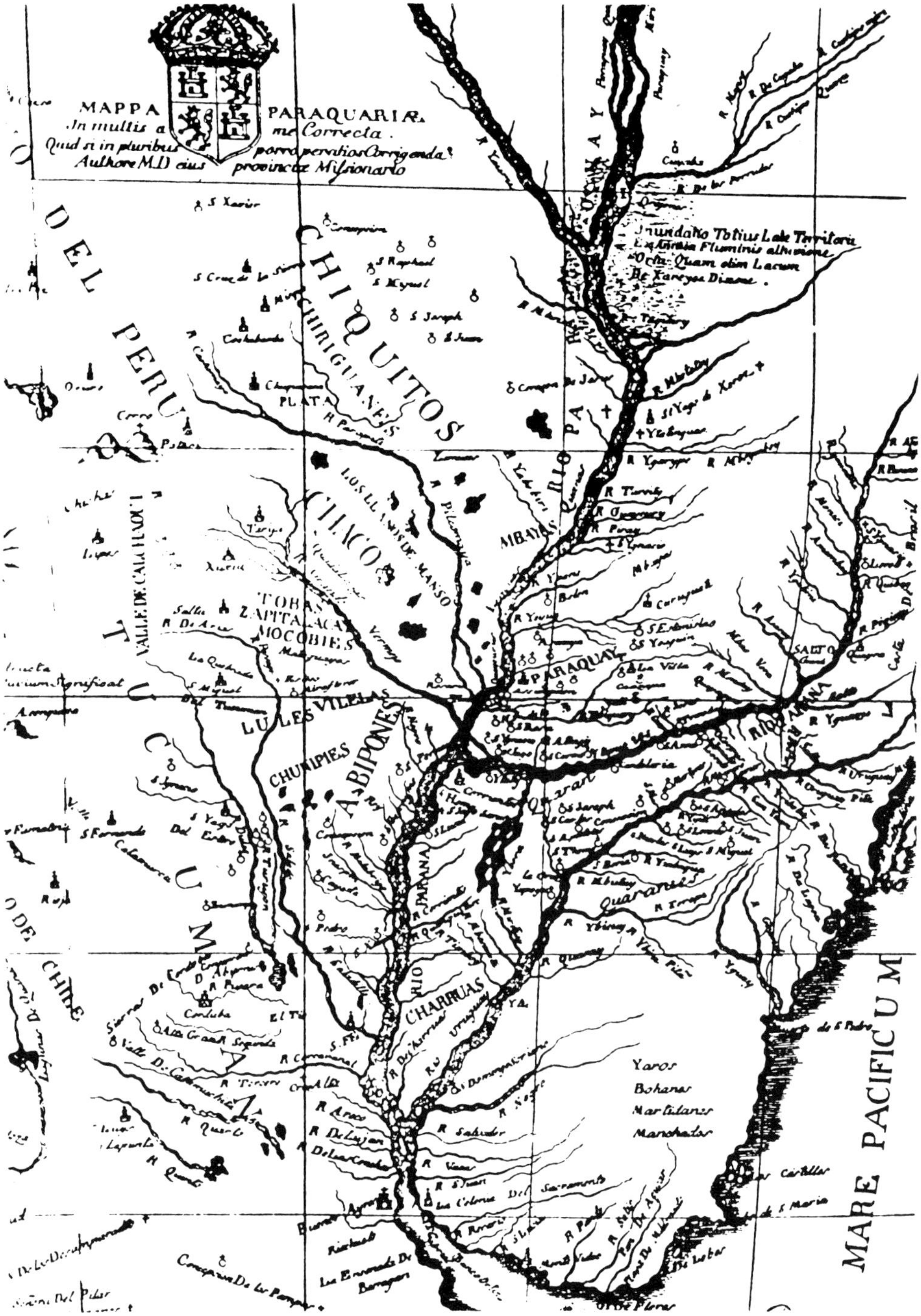
MAPPA PARAQUARIÆ
In multis a me Correcta.
CHIQUITOS
CHIRIGUANES
DEL PERU
CHACO
TOBAS
MOCOBIES
LULES VILELAS
ABIPONES
CHUNIPIES
PARAQUAY
CHARRUAS
TUCUMAN
VALLE DE CALCHAQUI
PARANA
URUGUAY
MBAYAS
SALTO
Yaros
Bohanes
Martidanes
Manchalar
MARE PACIFICUM

Mit Bibel, Kreuz und Kompass

Einer der bedeutendsten Jesuitenpater deutscher Sprache war Anton Sepp von Seppenburg aus Kaltern, Tirol

Linke Seite:
Die Karte des Kerngebietes der Jesuitenreduktionen und Missionen. Die christlichen Symbole zeigen jeweils Niederlassungen an.

Mit dieser Ausrüstung kamen einige todesmutige Missionare aus den Orden der Benediktiner, Franziskaner und Jesuiten in die unwegsamen Gebiete, in denen die Soldaten kurz zuvor ohne Hemmungen Dörfer niedergebrannt hatten und Indianer samt Frauen und Kinder umbrachten. Die Namen Cortez und Pizarro, deren Wege von Tod und Schrecken gesäumt waren, kennt heute so gut wie jeder. Die Gründer der friedlichen Werke, denen es gelang, dem Indianer in brüderlicher Hilfe eine neue Form der Menschenwürde zu lehren, sind nahezu alle vergessen.

Nachdem ich viel über die Missionen gehört und gelesen hatte, durch die Länder Argentinien, Chile, Bolivien, Peru und Ekuador gefahren war und einiges der Problematik kennenlernte, wollte ich das Kerngebiet des »heiligen Experiments« selbst erleben. Die Gelegenheit dazu ergab sich durch eine Einladung nach Parana im südlichen Brasilien. Dr. Johannes Schauff und seine Frau Karin gehören ohne Zweifel zu den interessantesten Persönlichkeiten unseres Freundeskreises und zu den besten Kennern des Landes. Sie nennen sich »Wanderer zwischen zwei Welten«, wie Karin Schauff in einem ihrer spannenden Büchern schreibt. Obwohl beide schon das 80. Lebensjahr überschritten haben, sind sie noch immer äußerst aktiv, nicht nur auf der dem Urwald abgerungenen Farm, sondern auch auf diplomatischen Missionen in Europa und in der ganzen Welt.

Von Johannes und Karin Schauff erhielt ich viele Anregungen für meine Arbeit in Südamerika. Die Dämmerstunden auf der Veranda ihrer Farm Santa Cruz bleiben mir unvergessen. Der Blick führt zwischen bizarren Bäumen auf die weiten Hügelketten Paranas hinaus. Ein großes wuchtiges Kreuz steht schwarz gegen einen leuchtend rotgoldenen Abendhimmel. Die Grundidee des »heiligen Experiments« wurde hier auf diesem Boden unter ganz anderen Voraussetzungen - unter der schweren Last der politischen Flucht aus Europa - Ende der 30er Jahre neu ins Leben gerufen. Viele Tausend entwurzelte Menschen fanden auf der vom Urwald wieder überwachsenen Erde der einstigen Jesuitenreduktionen eine neue Heimat. Das »heilige Experiment« wurde zu einem der größten Entwicklungswerke der modernen Zeit.

Obwohl Karin und Johannes Schauff auf dem Boden Südamerikas bei ihrer Aufgabe viel Schweres auferlegt wurde, gelang es ihnen, die harten Gesetze des Überlebens zu bejahen. Ich werde nicht vergessen, wie mir Johannes nach einer Fahrt von vielen Stunden über glühend heiße Straßen, die zum großen Teil aus staubigen Schlaglöchern bestanden, von einem Hügel herab den Grundriß einer jener versunkenen - besser gesagt dem Erdboden gleichgemachten - Missionsstätte erklärte. Es war so gut wie nichts mehr davon zu sehen. Wir gingen langsam über ein Baumwollfeld, auf dem einige Mestizen, mit großen Hüten gegen die sengende Sonne geschützt, die weißen Flocken der Baumwollfrucht in Körbe pflückten, wie es vor dreihundert Jahren die Indianer unter Anleitung der Padres getan hatten. Unter uns floß das rotbraune Wasser zweier Flüsse zusammen. An solchen Zusammenflüssen, den damaligen »Straßenkreuzungen«, lagen die Reduktionen. Johannes bückte sich zum steinigen Boden hinunter und holte ein paar Ziegelscherben aus der roten Erde, um mir das eingeprägte Siegel der einstigen Mission zu zeigen.

Wenige Tage später standen wir nach mühsamer Fahrt und Überquerung der Grenze nach Argentinien vor der glücklicherweise noch in Fragmenten erhaltene Mission San Ignacio. Die Fassade der im Kolonialbarock erbauten Kirche, an der auch die Indianer als Kunsthandwerker sichtbar mitgearbeitet hatten, war noch erhalten. Die Ruine der Anlage unter dem Himmel Südamerikas, zwischen tropischen Bäumen, deren Wurzeln sich ins Gemäuer winden und sie zum Bersten bringen, beeindruckte mich mehr als so manche Kathedrale in Europa. Was dieses Gefühl erzeugte, war für mich zunächst nicht faßbar und auch nicht rational zu erklären, bis ich zu spüren glaubte, was es war: Aus den verzierten Säulen, den steinernen Engeln, den an den Torbogen sich hinaufwindenden, von Künstlerhand herausgemeißelten stilisierten Traubenblättern - aus jedem Detail sprach die Hochachtung, die die Missionare vor dem einfachen Indianer hatten, ja die Vorstellung, daß es möglich ist, ihnen beizustehen und daß der Mensch, um Mensch zu sein, mehr benötigt als nur das tägliche Brot.

Daß es gelungen ist, dem Zerfall der Kirchen und Nebengebäude Einhalt zu gebieten und in beschränktem Umfang einige Restaurierungsarbeiten in die Wege zu leiten, ist in erster Linie einer Arbeitsgemeinschaft unter dem Namen »Paraquaria« zu verdanken. Sowohl die Unesco als auch eine ganze Reihe von Einzelpersonen haben daran Anteil, und nicht zuletzt hat das wachsende Interesse der christlichen Bevölkerung einen Beitrag dazu geleistet.

Über die Geschichte des »heiligen Experiments« von Johannes zu hören, war ergreifend. Während er die Formulierung eines ihm wichtigen Satzes überlegte, umspielte seinen Mund ein Lächeln, das mehr aussagte über seinen feinsinnigen Charakter als manche Worte. Und wenn Johannes über die fundamentalen Grundsätze einer erfolgreichen Mission und Kolonisation sprach und dabei auf die vom heiligen Benedikt vor 1500 Jahren aufgestellten Regel verwies, erhielt die kurze Formel *ora et labora* - bete und arbeite - einen tiefen Sinn.

Johannes sagte:

»Aus folgenden grundlegenden Leistungen des Menschen ist die Kultur des Abendlandes gewachsen: Erschließung der Wildnis zu fruchtbarem Land, Heimischwerden des Menschen in einer ursprünglich feindlichen Umwelt, Sicherung der Ernährung durch den Ertrag bebauten Landes, Aufzucht der Haustiere, die unentbehrlich für die Arbeit des Menschen sind. Erst nach Erlangung dieser Lebensgrundlagen war eine Entwicklung von Kunst und Handwerk möglich.«

Auch heute noch orientiert der Kolonisator, der Mann, der den Auftrag hat, neues Siedlungsgebiet für den heimatlosen Menschen unserer Zeit zu erschließen, sein Tun und Beginnen an den alten und erprobten Regeln St. Benedikts.

Dies waren auch die Regeln, nach denen die Padres die Missionen und in besonderem Maße die Reduktionen des »heiligen Experiments« in Angriff nahmen.

Bevor die sorgfältig ausgewählten Missionare ihre Arbeit in Südamerika antreten durften, wurden ihre Fähigkeiten genau ermittelt. In der Einleitung eines Buches über den bedeutenden Missionar der Jesuiten Pater Anton

Sepp von Seppenburg aus Südtirol ist die Rede davon, wie die damaligen »Entwicklungshelfer« vorbereitet wurden:

»Die Ordensmänner mußten ihr Herz und ihren Geist läutern im Feuer einer unaufhörlichen Prüfung und Selbstprüfung, einer unausgesetzten Selbstdemütigung, eines immer und immer wieder geübten Gehorsams. Sie mußten automatisch allen individuellen Egoismus und alle persönlichen Leidenschaften von sich abtun und dadurch alle Kräfte ihres Intellekts und ihres Willens freimachen für die große Aufgabe. Sogar die Pflege und Stärkung des Körpers war ihnen zur Pflicht gemacht, ein für diese Zeit ungeheures und kühnes Beginnen. So waren sie physisch, intellektuell und moralisch gerüstet, in die Welt hineinzugehen und in ihr den Kampf aufzunehmen. Weder konnten sie durch Terror abgeschreckt, durch Verführung abgelenkt, noch durch den Schmutz und das Laster hinabgezogen werden. So waren sie fähig, in der Alten Welt ihre Wunder zu wirken. So waren sie imstande, in der Neuen Welt das indianische Gottesreich zu gründen.!«

Vor allem sollten die Missionare ein echtes Interesse für die Lebensweise der Indianer aufbringen, auch wenn ihnen deren Handlungen oft unverständlich blieben. Aus diesem Grunde wurden viele von ihnen hervorragende Völkerkundler, denen wir aufgrund ihrer Aufzeichnungen viel Wissenswertes verdanken.

Nachdem die Padres die Eingeborenensprache erlernt hatten, versuchten sie predigend und taufend auf die Stämme christlichen Einfluß zu nehmen. Die Zuneigung und das Vertrauen der sehr sensiblen Indianer zu erwerben, war eine Frage der Güte, der Bildung am meisten aber der Geduld. Die Schwierigkeit bestand in erster Linie darin, die einfachen Naturkinder, die gewohnt waren, von einem Tag zum anderen zu leben, für Aufgaben zu interessieren, die einen längeren Zeitaufwand benötigten, und sie mit den neuen Werkzeugen vertraut zu machen. Eine der ersten neuen Hilfsmittel bestand aus der Stahlaxt, die der steinernen Axt weit überlegen war und sich bei den Indianern großer Beliebtheit erfreute, ganz besonders bei den Frauen, denen die Beschaffung des Feuerholzes oblag.

Beim Aufbau einer Mission galt es zunächst, die Indianer seßhaft zu machen, durch Rodung der Wälder Pflanzungen anzulegen und damit genug Nahrungsmittel und Vorräte zu beschaffen. Auch dies war in großem Umfang nur durch die neuen Metallwerkzeuge möglich.

Das Leben der Sammler und Jäger war mit viel Arbeit verbunden und erforderte auch große körperliche Gewandtheit. An einigen Erfindungen, die die Indianer schon entwickelt hatten, konnten die Missionare deren Intelli-

genz und die handwerklichen Fertigkeiten erkennen. So besaßen die Indianer beispielsweise ein Klettergerät, das aus drei von Lianen zusammengehaltenen Ästen bestand und ihnen erlaubte, relativ gefahrlos Bäume zu erklettern, deren Rinde mit langen, spitzen Stacheln gespickt war!

Zu den einheimischen Nutzpflanzen brachten die Missionare aus anderen Teilen der Erde neue hinzu. So wurde die aus Afrika stammende Banane ein wichtiger Bestandteil der Ernährung der Eingeborenen in Südamerika. Besonders erschwerend bei der Missionierung war, daß die Indianerstämme sehr unterschiedliche Lebensgewohnheiten hatten. So gab es schon vor dem Eintreffen der Spanier und Portugiesen seßhafte und relativ friedliche Eingeborene, wie die Guarini-Indianer, die zeitweise Pflanzungen unterhielten, und andere Stämme, die als kriegerische Nomaden durchs Land zogen und Schrecken verbreiteten.

Bald nach den ersten Anfangserfolgen mußten die Missionare ihr Werk nach vielen Seiten verteidigen: gegen die oft auf Krieg und Tapferkeit aufge baute Gesellschaftsordnung der zu missionierenden Indianer, gegen die Angriffe stolzer und todesmutiger, noch nicht unterworfener Indianerstämme, vor allem aber gegen die ausbeuterischen Interessen der spanisch-portugiesischen Kolonisten und Sklavenjäger.

So entstanden unter Zwang die ersten Reduktionen, das heißt von der Außenwelt unabhängige indianische Gemeinwesen unter dem Schutz der Geistlichen, in deren Obhut sie zu einer neuen, höheren Form des Lebens geführt werden sollten. Gleichzeitig wurden hier insbesondere auch für kranke und alte Menschen, unabhängig von ihrer Arbeitskraft, menschenwürdige Bedingungen geschaffen. Nach zunächst zögernden Erfolgen ging der Aufbau mit einer ganz erstaunlichen Dynamik weiter.

Aufzeichnungen berichten von Padres, die in ihren künstlerischen und handwerklichen Fähigkeiten als genial bezeichnet werden müssen. Sie hatten bereits eigene Erzgießereien und konnten alle möglichen Werkzeuge selbst herstellen, auch Musikinstrumente, die denen in Europa nicht nachstanden. Sie waren sogar in der Lage, Orgeln von erstaunlicher Tonqualität zu bauen.

Trotz der täglichen Mühen waren die Padres von einem nie versiegenden Forscherdrang beseelt, der sich in genauen Beobachtungen von Naturerscheinungen äußerte und deren Niederschrift auf vielen tausend Seiten die ersten wissenschaftlichen Werke über Südamerika darstellen. All dies erledigten sie neben einer Unzahl kleiner aber auch großer Aufgaben. Vor allem die medizinische Versorgung war eine besondere Belastung.

Im Tagebuch von Pater Sepp von Seppenburg heißt es:
»Den Kranken muß der Pater der Medicus und Apotheker sein. Und gar wir Patres selber haben keinen anderen Medicus als den lieben, vorsichtigen Gott. Fällt ein Missionarius in eine Krankheit und hilft ihm weder Gott noch seine gute Natur, so ist es um ihn geschehen. Der Pater muß den Patienten den Puls greifen, muß sie selbst zur Ader lassen, weil dies nur wenige Indianer können. Er muß ihnen das Brechmittel geben, muß sie fragen, ob sie Appetit zum Essen haben. Ist irgendeine Medizin vonnöten, so ist es der Pater, der das Pülverlein, der Pater, der das Tränklein, der Pater, der alles macht. Täte es der Pater nicht, so würde der Krankenwärter - jedes Dorf hat davon vier indianische - den Kranken bald zugrunderichten, indem er ihm alles durcheinander gäbe, also mehr schadete als nützte, denn dieses Volk hat kein Urteil, kein Maß oder Ziel.

Die Indianer haben nur wenige Krankheiten. Fast alle sterben an Würmern, die in ihrem Leibe wachsen, weil sie so schrecklich viel halbrohes Fleisch essen, mehr als der Magen verdauen kann. Weil sie so gefräßig sind, gehen die Mengen des Fleisches, die im Magen verbleiben, in Fäulnis über. Und wo faules Fleisch ist, da sind auch gleich die Würmer, wo aber Würmer überhand nehmen, kann der Magen nichts mehr behalten. Es läuft alles durch ihn hindurch. Alsdann stellt sich eine blutige Dissenterie ein, an welcher, wie gesagt, fast alle Indianer sterben, ganz besonders, wenn es einmal ein wenig kalt wird: denn gegen Kälte ist dieses Volk sehr empfindlich. Zudem sind sie sehr schlecht und nur zur Hälfte bekleidet, und das bringt bei dergleichen Erkältungen den Tod. Übrigens ist hier die schärfste Kälte im Juni nicht so scharf wie bei Euch im April.

Um unsere armen Indianer von diesem Durchlauf zu heilen, muß man den Würmern die Herberge kündigen. Dies zu bewirken gebe ich den Patienten ein Brechmittel aus Tabakblättern, die sehr bitter sind und die seine Gäste gar nicht leiden können; denn alles, was bitter ist, bringt den Würmern den Tod. Danach nehme ich ein wenig Kuhmilch, drücke eine saure Limone hinein, nehme Rauten und Minze, lauter bittere Sachen, presse den Saft heraus, mische das alles durcheinander und gebe es dem Kranken.

Seuchen sind hier unbekannt. Nur eine einzige Art von Pest pflegt die Armen zu beherrschen, das sind die Russeln, wie wir in Tirol sagen, die Flecken, wie man jene Krankheit anderswo nennt. Daran sind in diesem Dorf vor vier Jahren an die 2000 Leute draufgegangen. Große und Kleine, Junge und Alte, Weiber und Männer. Es scheint, daß der barmherzige Gott schon alles wohl geordnet hat, denn hätten die armen Indianer viele Krankheiten und verborgene innere Übel, so hätte Er ihnen auch die entsprechende Medizin zukommen lassen, die aber hier durchaus nicht zu finden und aufzutreiben sind, auch nicht in unseren Kollegien.«

Pater Anton Sepp von Seppenburg berichtet, wie ihm beim Aufbau seiner ersten Reduktion in der Mitte des 17. Jahrhunderts von den umliegenden Missionen geholfen wurde, indem man ihm 50 Arbeiter, 100 Pferde und 100 Ochsen sandte. Nachdem die Ernährung der Gemeinde durch verschiedene Nutztiere, durch Maisanbau und andere Feldfrüchte sowie durch Obst- und Gemüseanlagen gesichert war, konnten schon im dritten Jahr von 300000 Baumwollstauden ca. 4000 Zentner Baumwolle geerntet und zum Teil auch zu Endprodukten verarbeitet werden. Sobald für den Lebensunterhalt gesorgt war, wurde eine Schule, ein Krankenhaus und Werkstätten gebaut und als Krönung mit der Errichtung einer großzügigen Kirche begonnen, die möglichst kunstvoll ausgestattet wurde. Überhaupt waren zum Verständnis der neuen Religion für den Indianer symbolhafte Darstellungen notwendig; solche wurden von ihm unter großer Hingabe mitgestaltet.

Durch logisches Vorgehen der Missionare waren die Indianer wesentlich schwerer zu gewinnen als durch Beeinflussung ihres Unterbewußtseins. So war beispielsweise die Musik ein Mittel, um ihre Seele zu erreichen. Die Franziskaner und die Jesuiten fuhren in ihren Kanus durch unbekanntes Indianerland, indem sie Lieder sangen und auf Instrumenten spielten. François de Chateaubriand, der französische Schriftsteller, der 1781 Amerika bereiste, schreibt:

»Die Indianer stiegen von ihren Hügeln herab und kamen an das Flußufer, um die Zauberflöte zu hören. Achtlos ließen die Wilden Pfeil und Bogen aus ihren Händen gleiten, und ihre Seelen ahnten zum ersten Mal etwas von einer höheren Existenz.«

Das klingt, als hätten die Indianer selbst noch keinerlei Musik gemacht. Dem ist nicht so. Doch hier war für sie etwas Höherentwickeltes zu spüren.

So konnte ein Jesuitenpater jener Tage mit voller Überzeugung schreiben:

»Gebt mir ein Orchester, und ich werde alle diese Indianer für Christus gewinnen«.

Musik als Medium war der beste Weg in ganz Südamerika und letztlich auf dem ganzen Kontinent, mit den Eingeborenen friedlich in Verbindung zu treten.

Die Idee des umfassenden Missionsstaates, die im 16., 17. und 18. Jahrhundert Form annahm, ließ sich trotz allen Einsatzes nicht verwirklichen. Viele Reduktionen wurden immer wieder angegriffen oder später auch bei Raubzügen von hemmungslosen portugiesischen Banden und Truppen vernichtet. Doch die sich wiederholenden Angriffe haben die Missionare nicht mutlos werden lassen. Unter ihrer Führung wurden sie immer wieder mit leidenschaftlicher Kraft und Geduld neu aufgebaut und verteidigt, bis ein böses Intrigenspiel dem großartigen Werk ein jähes Ende bereitete. Man unterstellte den Jesuiten Untreue und sogar Verrat gegen das Königshaus, und im Dekret König Karl III. von 1767 wurden sie umgehend des Landes verwiesen.

Wenn wir heute über Gebiete fliegen, die zum einstigen »Jesuitenstaat« gehörten, ist so gut wie nichts mehr von ihm zu sehen. Die über siebzig blühenden Städte mit mehr als 150000 seßhaft gemachten Indianern, umgeben von reichen Landwirtschaften, überragt von mächtigen Kirchen, in denen sich das kulturelle Leben abspielte, sind nahezu vom Erdboden verschwunden.

Erst bei dem Flug bekamen wir eine Vorstellung von der Weltabgeschiedenheit, in der die Missionare ihr Werk vollbrachten. Wir flogen über weite Waldgebiete, über Flußlandschaften und auch über die Iguazú Wasserfälle, dem großen Naturschauspiel, den gewaltigsten Katarakt unserer Erde. Hier stoßen die riesigen Länder Brasilien, Argentinien und Paraguay zusammen. Nachdem ich zuvor die Victoria Fälle in Afrika und die Niagara Wasserfälle in Nordamerika sah, war ich, wie viele vor mir, von den Iguazú Wasserfällen am meisten beeindruckt. Bei einer solchen Beurteilung spielten natürlich die jahreszeitlich bedingte Wassermenge, die gerade herrschende Beleuchtung und vielleicht auch die eigene Stimmung eine Rolle. Angesichts des in unmittelbarer Nähe gelegenen größten Staudamms der Welt Itaipu blieb der Eindruck allerdings zwiespältig: Nach neuen Berechnungen wird auch auf lange Sicht nicht die ganze hier erzeugte Energie benötigt. Dennoch wurde dieses »Kraftwerk« zum Symbol des Fortschritts erhoben. Andererseits sind unter dem langsam steigenden Wasser des sich auffüllenden Stausees viele

Rechte Seite oben: »Die Riesenmauer des Sacsahuaman bei Cusco, Peru«
Wer hat die rätselhafte Zyklopenmauer gebaut mit ihren millimetergenauen Fugen?

Rechte Seite unten: »Inkaterrassen im Urubambatal, Peru«
Wie kam es zu den systematischen Züchtungen von Kulturpflanzen auf künstlich bewässerten Feldern? Als die Spanier das Inkaland eroberten, wurden 30 verschiedene Arten von eßbaren Pflanzen angebaut.

»Die Bergfestung Machu Picchu über der Urubambaschlucht, überragt vom heiligen Berg Wayna-Picchu.«

Wann wurde sie erbaut? Wann wurde sie verlassen? Wann wurde dort das letzte Mal dem Sonnengott geopfert?

tausend Bauernhöfe versunken. Die Menschen wurden gezwungen, den zuvor gerodeten und kultivierten Boden aufzugeben. Das Geld, das ihnen für die Enteignung zustand, war bei der Auszahlung wegen der permanent hohen Inflation nur noch einen Bruchteil des ursprünglichen Preises wert. Auch die Ruinen der Reduktionen, die im Stausee mit versanken, sind unersetzlich, von dem Naturwunder der Wasserfälle Sete Quedas ganz abgesehen. Auch hier werden erst spätere Generationen ein endgültiges Urteil über das Projekt sprechen. Noch ist der Schuldenberg nicht zu übersehen.

Im Auf und Ab der letzten fünfhundert Jahre haben die Menschen verschiedener Rassen den Kontinent Amerika als Lebensraum von Grund auf verändert. Aus winzigen Siedlungen entstanden riesige Städte mit Wolkenkratzern und Armensiedlungen; aus Urwäldern wurden endlos erscheinende Kulturlandschaften, reiches Agrar- und Weideland, das Millionen Menschen ernährt. Gigantische Wasserkräfte wurden gebändigt, um eine moderne Industrie entwickeln zu können. Für eine neue, bessere Epoche gründete man inmitten Brasiliens, in einer unbewohnten Feuchtsavanne eine Hauptstadt: Brasilia. Daß bei der Grundsteinlegung an einem schlichten Kreuz der Segen von einem allmächtigen Gott erbeten wurde, zeigt, wie an so vielen anderen Plätzen Amerikas, die ungebrochene Macht des christlichen Glaubens.

Trotz vieler Verfolgungen hat die Kirche kraft ihrer auch in amerikanischer Erde tief verwurzelten Tradition einen starken Einfluß erhalten. Seit dem Untergang des Inkareiches mit seinem Sonnengott beten die Indios im Hochland von Ekuador, Bolivien und Peru vor den christlichen Altären.

Von den Küsten und Inseln der Karibik bis zu den Pampas und eisbedeckten Bergen Feuerlands, wo früher die Shamanen Geister und Götzen beschworen, sind noch immer Patres unter den Ärmsten der Armen tätig. Sie arbeiten inmitten unübersehbarer Ungerechtigkeiten, die selbst die Kirchen zu zerbrechen drohen.

Ich erinnere mich eines Geistlichen, den ich in seiner Indianergemeinde erlebte und der mir erzählte, wie mühsam es ist, die Mentalität der Indianer zu verstehen.

Linke Seite: »Tonfragment aus Tiahuanaco.«

Luftaufnahme der Iquazùfälle in Missiones, der größten Wasserfälle Südamerikas

Er berichtete, wie eine Indianerin mit einem Kind an der Brust, einem anderen auf dem Rücken und einem dritten in der Hand zu ihm kam:
»Pater, ich möchte heiraten.«
»Ja, hast du auch einen Mann?« fragte der Pater.
»Ja,« antwortete die Indianerin.
»Ist er gut zu Dir?«
»Ja,« antwortete die Frau.
»Schlägt Dich Dein Mann zuweilen?«
»Ja«, antwortete die Frau.
»Bei welcher Gelegenheit schlägt er Dich?«
»Immer wenn er betrunken ist.«
»Wann ist er betrunken?«
»Bei jedem Kirchenfest.«
Der Pater hat viel Verständnis für seine Indianer. Er sagte mir, er sei aus Deutschland gekommen, um ihnen den Aberglauben zu nehmen. Er lächelte: »Und nun werde ich von Jahr zu Jahr abergläubischer.«

Itaipustaudamm am Parana in unmittelbarer Nähe der Iquazùfälle

Christoph Drexel bei der Ankunft in einer Missionsstation im Urwald von Ecuador

Es gibt nicht nur geistliche Missionare. Meine Gedanken gehen zurück zu einem meiner besten Freunde, Christoph Drexel. Er flog jahrelang fast täglich zu seinen Missionen in Ekuador, über die Gebirge und Urwälder zu einsamen Stationen der Menschen. Ich habe ihn manches Mal während zwei Jahrzehnte begleitet.

Oriente, 2. bis 3. Juli 1964, aus meinem Tagebuch:

Es war schon fast drei Uhr am Mittag, den ganzen Morgen sind wir am Flugplatz gesessen - einfach keine Flugbedingungen. Dann flogen wir doch, durch Wolken und Regenwände, vorbei an den hohen schneebedeckten Bergen und über wüstenhafte Schluchten. Immer wieder auch dünn besiedeltes Land. Dann ging es durch ein Tal hinunter in den östlichen Urwald; zwischen den großen Waldgebieten auch gerodete Flächen, alles in tiefem Grün. Schwarzgescheckes Vieh steht in feuchtem, mammuthohem Gras. Auf einem aufgeweichten Rollfeld sind wir gelandet, haben Post gebracht und geholt.

Nachdem wir schon wieder in der Luft sind, meint Christoph, es wäre doch besser, alle Tanks zu füllen, damit wir in Ruhe fliegen können. Er riskiert lieber noch eine Landung und einen Start im knöcheltiefen Schlamm. Dann fliegen wir in Wolkenfeldern, in großartigen Stimmungen. Christoph kennt hier jeden Wasserlauf, jede Flußschleife, jede kleinste Siedlung. Hier und da weiß er die Geschichte dieses oder jenes Mannes oder einer Frau, eines Missionars oder eines Kindes, mit dessen Schicksal er sich verbunden fühlt.

Wir landen auf dem Platz von Tena. Es ist halb sechs Uhr. Rührend, wie gleich die Kinder kommen und wie der Capitano voller Achtung begrüßt wird. In einem einfachen Haus ist das Quartier. Es regnet in Strömen. Schwül die Luft für uns, die wir seit Wochen im Hochland gelebt haben.

Der Ort Tena ist eine eigenartige Mischung aus einer frommen Missionsstadt und einer Siedlung der Goldrauschzeit um die Jahrhundertwende in Nordamerika.

Der Bischof hat die kleine Gemeinde von einigen hundert Seelen gut ausgebaut. Nicht nur eine große Kirche, auch eine Schule, ein Krankenhaus und ein Kinderdorf zeugen von seiner Initiative. Im Regen kommen wir beim Bischof an. Ein sensibler, doch kraftvoller Mann tritt uns entgegen, ohne das Getue, das einen oft an frommen Männern stört. Wir unterhalten uns, soweit es möglich ist. Christoph verspricht ihm, einen schweren Dieselmotor einzufliegen. Es regnet weiter in Strömen. Die ganze Nacht krähen die Hähne. Um sechs Uhr stehen wir wieder auf. Der Regen hat nachgelassen. Nach einem guten Frühstück gehen wir zum Flugplatz. Blaugrauer Himmel, dampfender Urwald, die Lehmpiste teilweise überflutet. Wir fliegen zu einem kleinen Ort, in dem sowohl die Protestanten als auch die Katholiken eine Missionsstation haben. Wieder filmen wir ein paar Szenen, und wieder der Eindruck von einer Insel im weiten grünen Meer, das seine Wellen in die Unendlichkeit sendet.

Anschließend geht es über das Gebiet der Auca-Indianer. Hier leben also diese ungezähmten, fast unsichtbaren Menschen. Das Wort Auca verbreitet hier noch immer Furcht. Viele Versuche ihnen näherzukommen, scheiterten und wurden mit dem Leben bezahlt. Erst vor ein paar Jahren wollten die evangelischen Missionare nach sorgfältiger Vorbereitung mit Geschenken erneut Kontakt zu ihnen aufnehmen. Sie landeten mit einem kleinen Flugzeug auf einer Sandbank. Als sie schon glaubten, sie wären freundlich aufgenommen, genügte eine falsche Geste - sie lehnten eine dargebotene Frau als Geschenk ab -, und schon lagen drei von ihnen von Lanzenstichen durchbohrt auf der Sandbank. Das Flugzeug wurde nur noch zerfetzt und zerstreut im Sand gefunden.

Eine zweite Maschine, die zur Beobachtung kreiste, konnte das Drama verfolgen. Militär beschützt nun die Missionsstationen am Randgebiet der Auca. Zu einer solchen Station flogen wir. Hier stoßen zwei Welten aufeinander. Auf der einen Seite des Flusses stehen Maschinen und laufen angezogene Menschen herum, auf der anderen Seite steht der große Wald, schweigend und voller Rätsel.

Wir filmen im Regen und unterhalten uns mit dem Pater. Gestern ist ein Missionsbruder im Fluß ertrunken, und es herrscht Trauer. Der Regen fließt weiter in gewaltigen Mengen. Es ist rührend, wie die Lehrer und Lehrerinnen hier am absoluten Ende der Zivilisation versuchen, ihre Überzeugung weiterzugeben und die Umwelt zu verändern. Ob es möglich ist, den Kampf gegen die Vergangenheit richtig zu führen?

Nie hätte ich geglaubt, daß man bei solchen Wetterbedingungen noch fliegen kann. Mit großer Ruhe zieht Drexel die schwere Maschine vom Platz und hinein in die Wolken. Nur durch dichte Schleier, und das nur dann und wann, ist der Fluß unter uns oder seitlich sichtbar.

Wir müssen noch eine schwerkranke Nonne abholen. Ich bin gespannt, wie Christoph den auf der Karte nur winzig klein eingetragenen Ort findet. Genau nach Kompaß und Stoppuhr kommen wir an. Ein Wolkenloch genügt, um durchzustoßen. Das Wasser und der aufgestaute Schlamm spritzen hoch auf. Die Nonne ist überglücklich, daß wir kommen. Sie hätte für die Strecke, die wir jetzt in dreißig Minuten fliegen, zwei Tage auf dem Kanu fahren müssen, was sie wohl kaum überstanden hätte.

Wir sitzen nun zu dritt auf dem hinteren Sitz und haben einen schweren Koffer auf dem Schoß. Man meint, die Maschine könne nicht vom Boden weg, aber Christoph lächelt nur.

Wir fliegen dicht über dem dampfenden Wald durch Ströme von Regen. Nach zwanzig Minuten erkennen wir unter uns einen Fluß und bald danach wieder den kleinen Missionsort Tena. Wieder das gleiche Bild von staunenden Menschen. Die Nonne bedankt sich noch einmal. Bleich und hohläugig trägt man sie ins Hospital.

Eigentlich wollten wir noch weiterfliegen, aber es sind keine Wetternachrichten zu bekommen. So hat es keinen Sinn, wir bleiben in Tena. Die Nacht ist kurz und voller Geräusche. Die Atmosphäre ist erfüllt von allen möglichen Lauten. Wieder krähten die Hähne fast die ganze Nacht, und dazwischen hört man das Quaken der Frösche, das Zirpen der Grillen und anderen Insekten. Um fünf Uhr bimmelt das Glöckchen der Mission, danach schlürfen Schritte durch das hellhörige Bretterhaus. Der Ort wacht auf.

Das Muhen einer Kuh, nah und fern bellen Hunde. Zuerst kaum hörbar, dann stärker, kräftiger und höher hallen der Gesang und die Gebete zu uns herüber. Eine kleine Prozession zieht singend am Haus vorbei; danach spielt irgend jemand eine Schnulze auf der Ziehharmonika. Und wieder betende, singende Menschen, begleitet vom Krähen der Hähne, vom Bellen der Hunde. Die Dämmerung ist gewichen. Nebelfetzen hängen in den Palmen. Es dampft und brodelt. Radiomusik tönt in einer Lautstärke, die man zu Hause als schwere Belästigung empfinden würde.

Das Wetter ist zum Fliegen wieder sehr schlecht, trotzdem sollten wir abreisen. Der Zustand einer Frau, die nach einem Unfall im Hospital liegt, hat sich derart verschlechtert, daß wir sie so schnell wie möglich nach Quito bringen müssen. Sie wird auf einer Bahre herangeschleift und liegt nun gegen den Regen geschützt unter der Tragfläche. Christoph geht zur Missionsstation, um dort über einen starken Sender und Empfänger Wetternachrichten zu bekommen. Ohne Erfolg kehrt er zurück und bereitet die Maschine zum Flug vor. Alle Sitze, außer dem Seinen werden herausgenommen und die Frau so sorgfältig wie möglich auf eine Matratze gelegt und versorgt. Trotzdem schreit sie vor Schmerz auf, wenn man sie nur anfaßt. Ich bleibe zurück, damit ein Arzt mitfliegen kann. Der Bischof verabschiedet die Frau am Flugplatz. Der Propeller dreht sich. Die Maschine rollt über den patschnassen Boden. Der Motor dreht schneller. Die Maschine hebt ab. Nach kurzer Zeit verschwindet sie in den Wolken, die zum großen Teil die dunklen Berge am Horizont verdecken.

Am 4. April 1982 starb Christoph Drexel im Urwald von Ekuador, sechsundvierzig Stunden nach seiner durch Motorausfall verursachten Notlandung, neben der ausgebrannten Maschine an seinen schweren Verletzungen. Die Rettungsbemühungen kamen aufgrund der schlechten Wetterbedingungen und des Fehlens von Medikamenten zu spät.

Am Oberlauf des Amazonas

Der Amazonas

Als Kind hatte mich mein Vater an einem Sonntagmorgen zu einer Filmvorstellung mitgenommen, in die »Grüne Hölle am Amazonas«, einen Expeditionsbericht mit anschaulichen Bildern: Stromschnellen, über die sich die Mannschaft mit Einbäumen unter Lebensgefahr hinaufkämpft, Begegnung mit nackten Wilden, mit Indianern, die ganz anders aussahen als jene in Wildwestbüchern beschriebenen adlernasigen Rothäute, die mit großem Federschmuck Tomahawk schwingend ihre Gegner am Marterpfahl umtanzten, bevor sie ihnen ohne Mitleid den Skalp vom Kopfe schnitten. Die Amazonasindianer dagegen wurden im Film als eher »edle Wilde« gezeigt, die mit großem Bogen und langen Pfeilen nur auf die Jagd nach Tieren gingen und beneidenswert genau treffen konnten, selbst Fische im Wasser. Manche Szene ist mir unauslöslich im Gedächtnis geblieben, wohl auch deshalb, weil ich den Film an drei Sonntagen hintereinander sehen durfte. Danach hatte ich mir fest vorgenommen, später einmal in die »Grüne Hölle« vorzustoßen, ins Schattenreich der letzten wilden Indianer irgendwo am Amazonas.

In meinem Tagebuch der Peruexpedition (1955) heißt es:
Wir schauen in die tiefe Schlucht des Apurimac, wo sich zwischen nahezu senkrechten Felswänden eine schwindelerregende Hängebrücke unwirklich spannt. Schon vor fast fünfhundert Jahren waren spanische Soldaten, angeführt von Pizarro, über solche Brücken in das Reich der Inka vorgestoßen und es gelang ihnen jene unglaubliche Eroberung in einem der wildesten Gebirge der Erde. Hoch über der glühendheißen rotbraunen Schlucht, an deren Felswänden sich nur spärlich goldgelbes Gras und mattgrüne Kakteen halten können, stehen im gleißenden Licht der Tropensonne die eisbedeckten Riesenberge der Kordilleren. Aus blauen grünschimmernden Gletschern kommt das Wasser, das sich über Jahrmillionen durch die Berge den Weg nach Osten gebahnt hat. Dies ist also einer der vielen Quellflüsse des Amazonas. Langsam überqueren unsere Packpferde einzeln die in der Luft schwankende Hängebrücke aus Bambus. Schon von weitem sah sie zum Fürchten aus. Plötzlich bricht eines unserer Packpferde zuerst mit den Hinterbeinen, gleich danach auch noch mit den Vorderhufen durch die Bambusstäbe. Einen Moment sieht es so aus, als ob das Tier mitsamt meinen Filmkisten verloren ist. Aber ein paar Bambusstäbe halten die ganze Last...«

Unsere Expedition überquert einen Paß in über 5000 Meter Höhe

Einige Tage später machte ich Bekanntschaft mit dem Altro madre de Dios, dessen Wasser ebenfalls den Amazonas speist.

»Wir fahren auf einem Floß durch die grünen Mauern des Urwaldes. Immer wieder müssen wir unsere schweren Lasten um Stromschnellen herumschleppen durch Schlamm und Hitze, zwischen goldblättrigen dornigen Schlingpflanzen und den bizarren Fächern filigraner Farne. Schimmernde Schmetterlinge gaukeln, Kolibris schwirren von Blüte zu Blüte. Im düsteren Urwald hängen Orchideen in traumhaft zarten Farben. Unsere eingeborenen Träger sind keine nackten stolzen Indianer. In ihren abgetragenen, zerschlissenen und von der Feuchtigkeit angeschimmelten Hosen und Hemden der Zivilisation machen sie einen eher armseligen Eindruck; als es aber darum geht, eine giftige Schlange totzuschlagen, werden sie plötzlich wieder zu leidenschaftlichen Jägern.

Die erste Nacht im tropischen Urwald ist ein fast schlafloses Dahindämmern: schwüle Hitze, Moskitos, das Rauschen des Flusses. Die unbekannten Stimmen der Tiere, das monotone Quaken der Frösche, übertönt vom schrillen an- und abschwellenden Geräusch der Zikaden, dann und wann ein Schrei irgendeiner Kreatur, wie in Todesangst...«

und kommt in von Urwald überwucherte Täler.

Mit dem Wort Amazonas verband ich damals wie viele Menschen die Vorstellung von einer düsteren, fiebergeschwängerten Tropenwelt, in der so mancher gefangen, krank dem Urwald, aus dem er kein Entrinnen mehr sah, völlig ausgeliefert war. Und doch gibt es wenige geographische Namen, durch die so viel Sehnsucht nach geheimnisvoller Ferne geweckt wird.

Der Amazonas läßt sich kaum mit anderen Flüssen vergleichen. Über die Länge sind sich die Experten nicht ganz einig, aber sicher sind es über 6000 Kilometer. Mehr als tausend Flüsse speisen den Strom, in dem große Teile allen Süßwassers der Erde sich bis zu seiner Mündung, die über 300 Kilometer breit ist, träge dahinwälzen. Daß der Strom pro Tag ca. 250000 Tonnen Schlamm ins Meer trägt - der Inhalt von 25000 Güterwagen -, ist ein weiteres von vielen Beispielen für seine kaum faßbaren Ausmaße.

Wenn man den heutigen Karten glauben darf, könnte man meinen, das Amazonasgebiet sei bis zu den kleinsten Quellbächen erforscht, doch beim Flug über die endlose Weite kommen einem erhebliche Zweifel, ob unter dem grünen Meer nicht doch noch so manches Geheimnis verborgen liegt, – versunkene Kulturen, nach denen schon seit vielen hundert Jahren gesucht wird. Viele überlieferte Sagen und Rätsel harren noch ihrer Lösung. So wie einst Schliemann zu den Schauplätzen der Ilias kam und dabei versunkene Städte wie Troja fand, so war auch der Engländer Bingham der Legende vom letzten Inka gefolgt und 1911 auf die von Antonio Raimondi allerdings längst kartierte grandiose Felsenfestung Machu Picchu hoch über der Urubambaschlucht, durch die einer der Quellflüsse des Amazonas fließt, gestoßen. Die Stadt war vom Urwald überwuchert, verlassen, längst schon tot, ausgeraubt. Nur Gräber von Frauen wurden gefunden, kein Gold. Wo waren die Männer hingezogen mit dem letzten Inka und den Schätzen, die sie vor den goldgierigen Spaniern verbergen wollten?

Am 79. Tag unserer Peru-Expedition kamen wir nach Machu Picchu.

»Zwischen Schlingpflanzen, Bromelien, Farnen und Orchideen suchen wir mühsam den Weg nach oben, hinauf zum Gipfel des Whaina Picchu, der schwer zugänglichen Kultstätte im Urwaldgebiet östlich von Cuzco.

Immer wieder scheinen sich die in Granit gemeißelten Stufen in dem Dschungel verfilzter Felsplatten zu verlieren. Ich fürchte mich vor den Korallenschlangen, deren Biß tödlich ist und die es hier häufig geben soll.

Tausend Meter unter uns rauscht der Urubamba, einer der vielen Quellflüsse des Amazonas, durch seine tiefe Schlucht. Wie in einem gigantischen Burggraben umfließt der reißende Strom in einer großen Schleife die einstige Indianerstadt Machu Picchu. Geheimnisvoll von Nebel durchwoben liegen die Mauern, Terrassen und Treppen unter uns. Wir haben uns vorgenommen, die Nacht auf dem Gipfel des Berges zu verbringen, der die Stadt hoch überragt, dort, wo einst der Sonne geopfert wurde. Obwohl wir nun schon viele Nächte unter dem Sternenhimmel oder hoch oben zwischen den Wolken erlebt hatten, ist dieser Abend anders. Es ist nicht allein die großartige Landschaft, da sind Ströme und Wellen, die wir zu spüren glauben. Noch leuchten die vereisten Berge im letzten Licht, doch die Dämmerung, schon eine Weile in den Schluchten gelegen, zieht nun mit dunklen Nebeln auch zu uns herauf. Es beginnt zu regnen, bald wird es finster sein. Unter höhlenartigen Felsplatten suchen wir mit dem schwachen Strahl einer Taschenlampe Unterschlupf. Ein Hauch von Moder dringt aus der Erde. Was liegt unter der Oberfläche alles verborgen? Wann stand hier das erste Mal ein Mensch? Wann wurden die Kultstätten erbaut? Wann das letzte Mal Opfer gebracht? Die vielen Eindrücke vermischen sich mit der Welt der Träume.

Erstes Tageslicht dringt in die Höhle. Noch ist nichts zu erkennen. Dicht hat der Nebel alles verhüllt. Vom Schluchtgrund hallt dumpf der Donner brechender Wassermassen herauf. Die Atmosphäre ist voller Spannung, wie durch Elektrizität geladen. Ein leichter, kaum spürbarer Wind, und plötzlich ist alles in grelles Licht getaucht, die Sonne hat die kalte Finsternis überwunden.«

Alle überwachsenen Wege über die Höhenzüge der nördlichen Kordilleren führten in die Urwälder des Amazonas. Wie viele Menschen vom Traum nach Abenteuer und Gold in Hitze und Morast zugrundegegangen waren - wir wissen es nicht. Daß sich dennoch viele nicht abschrecken ließen, ist ein Phänomen, besonders eindrucksvoll am Beispiel der spanisch-portugiesischen Entdeckung Südamerikas zu erkennen.

Man sollte sich immer wieder vor Augen halten, mit welcher Dynamik das Geschehen ablief: Nachdem der erste Spanier Ende des 15. Jahrhunderts seinen Fuß auf den Boden Südamerikas gesetzt hatte, dauerte es kaum 50 Jahre, bis das neue, unermeßlich große Land entdeckt, erobert und zum Teil auch schon im Ansatz von Siedlern genutzt wurde. Balboa hatte die Landenge von Panama überschritten und den Pazifik erreicht, Cortez hatte Mexiko erobert, Pizarro war an der Westküste Südamerikas entlanggefahren und hatte von dort aus das Inkareich besiegt. Almagro drang bis Chile vor. Auch auf dem Silberstrom, dem Rio de La Plata, waren die Spanier bis zu den Anden gekommen. Magellan hatte die Weltumseglung gegen alle Widerstände möglich gemacht.

Welche Expedition der Conquista nun tatsächlich die grauenvollste und welche die erfolgreichste war, darin sind sich die Historiker nicht ganz einig. Sicher aber ist, daß der Vorstoß des Gonzalo Pizarro, welcher auf Wunsch seines großen Bruders Franzisco Pizarro von Quito aus über die Kordillerenberge nach Osten in den Urwald vordrang, um dort Gewürzwälder, vor allem Zimt zu finden, aber auch das Goldland Eldorado, von dem immer wieder in Legenden die Rede war, eines der fürchterlichsten Unternehmen war, welches je von Chile bis zum Mississippi, vom Atlantik bis zum Pazifik von den Spaniern in Angriff genommen wurde.

Die Expedition des Gonzalo Pizarro begann mit erstaunlich umsichtigen Vorbereitungen. Neben Waffen und Ausrüstung wurden Geräte für die ersten Siedler, sogar Saatgut mitgenommen. Auch an die Möglichkeit eines Schiffbaues hatte Gonzalo vorsorglich gedacht, indem er von der Küste Zimmerleute anforderte und Werkzeug für die Expedition ins Hochland schaffen ließ.

Wenn man mit einigen Packpferden durch die Anden reitet, in denen sich bis zum heutigen Tag so gut wie nichts verändert hat, durch einsame Hochtäler an Felswänden entlang und über nur aus Lianen und Bambus geknüpfte Hängebrücken, dann hält man es kaum für möglich, wie eine frühere Reiterexpedition mit 200 Pferden, 150 Fußsoldaten und 4000 Indianern das Gebirge überwinden konnte. Dabei führten sie noch etwa 3000 Tiere mit:

Lamas, Alpakas, Schweine und Hunde. Welche Dramen mögen sich damals bei der Überwindung der Schluchten abgespielt haben? Einen Eindruck davon hatten wir schon bekommen, als unsere eigene Filmexpedition schon zu Beginn fast an einer solchen Hängebrücke gescheitert wäre:

Bei der Expedition des Gonzalo Pizarro glaubten die Indios, alle Götter hätten sich gegen sie verschworen. Ein gewaltiges Erdbeben, verbunden mit Lawinen und Steinschlägen, ein Wettersturz mit Kälte und Schnee, ließen sie apathisch werden oder verschreckt zurück in die Täler flüchten. Auch erfroren die ersten auf den Schneefeldern des Cotopaxi. Endlos erscheint der Weg über den vergletscherten Paß. Und dann taucht die Expedition in die ungewohnte, stickige, feuchtheiße Tropenwelt mit so ganz anderen Gefahren ein. Fast ununterbrochen rauscht der Regen in die Baumkronen des Dschungels und tropft und trieft auf die verängstigten Menschen aus dem Hochland. Die Kleider zerfetzen in den Dornen und vermodern langsam am Leib. Die eisernen Waffen und Rüstungen verrosten. Auch die Flußufer des Coca- und Napoflusses bringen keine Erleichterungen. Jeder Versuch, am Wasser schneller vorwärts zu kommen, scheitert an den großen Steinblöcken. Unendlich langsam kriecht die immer kleiner werdende Expedition in die immer feindlichere Tropenwelt. Aus dem Dunkel des Urwalds treffen sie vergiftete Pfeile und Holznadeln aus den Blasrohren der Wilden.

Bei Flußübergängen ertrinken Soldaten in ihren Rüstungen, die sie in die Tiefe ziehen. Von Tag zu Tag neue Enttäuschungen. Keine Wege, keine Brücken, rauschende Wasserfälle, Stromschnellen und Sümpfe. Gespenstische Schreie von unsichtbaren Tieren oder Menschen, die die Stimmen nachahmen. Das Geschwirre von Milliarden Insekten. Und immer fühlen sie sich von Indianern bedroht. Die wenigen Waldindianer, die sie fassen können, führen sie in die Irre. Die Pferde, die in anderen Teilen Südamerikas zu manchem leichten Sieg verholfen hatten, waren hier nur eine schwere Belastung. Für die erschöpften, oft kranken Tiere mußten Wege durch den Urwald geschlagen werden. Die Hochlandindianer, die das Klima des Urwalds nicht ertrugen, starben nur so dahin. Und es starben auch die Lamas und Schweine. Die wenigen Pferde, die überlebten, wurden bei immer schlimmer werdendem Hunger verzehrt, danach alles hinuntergewürgt, was halbwegs nahrhaft erschien: Schlangen, Krokodile, Molche, Vögel aller Art, Wurzeln, Früchte und Blätter. Einige starben mit furchtbaren Schmerzen nach dem Verzehr giftiger Pflanzen.

Nur die spanischen Conquistadoren, die weder in der glühenden Sonne der Wüste, noch in den eisigen Winden der Gletscherberge aufgegeben hatten, waren noch stark genug, den Entschluß zu fassen, weiterzugehen, nicht einfach den Tod zu erwarten.

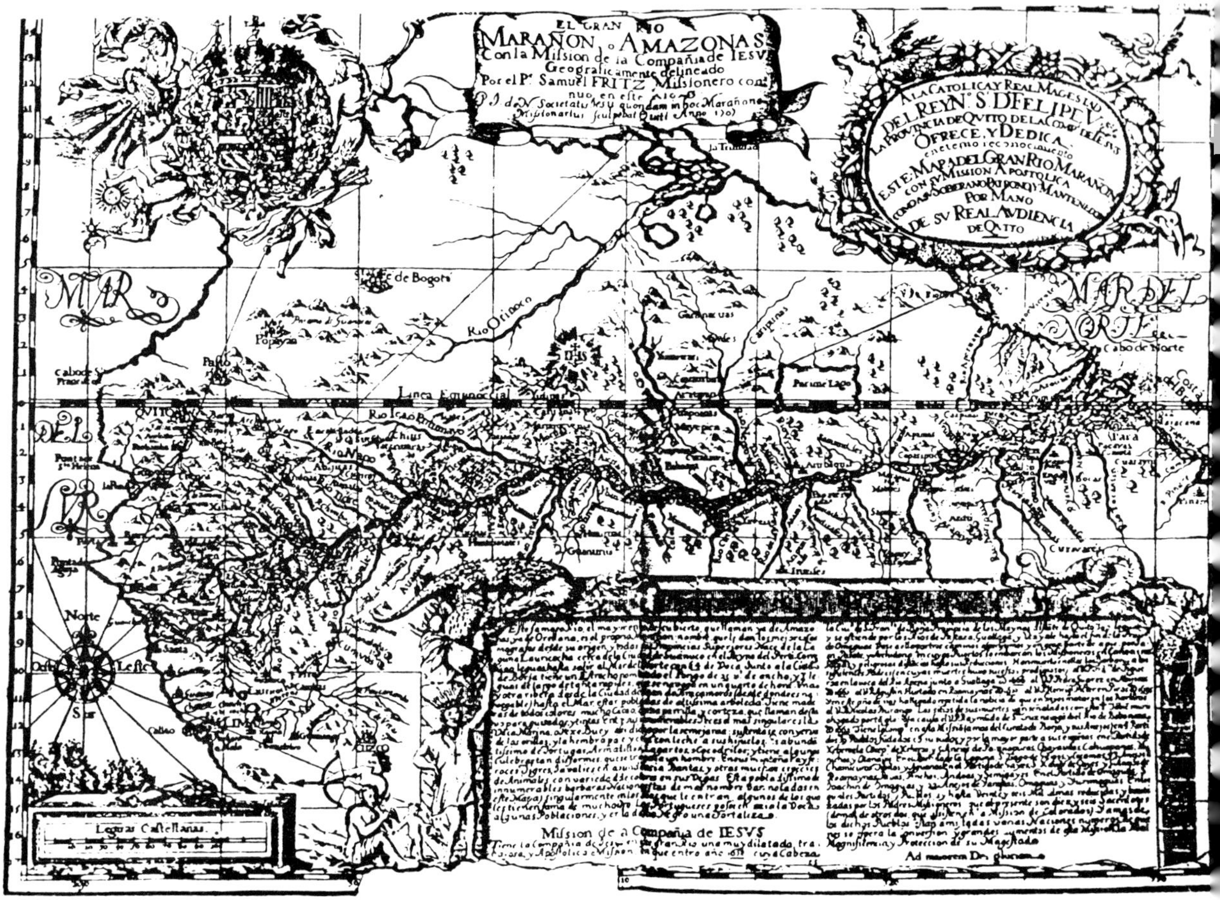

Karte von Pater Fritz aus dem Jahre 1690

Als schon alle nahezu am Verzweifeln waren, lichteten sich die Wälder zu Savannen. Wieder schöpften die Spanier Hoffnung, Hoffnung, dem Eldorado, dem Goldland, näher zu sein und es nach all den Mühen doch noch zu finden. Viele der Männer waren vor Hunger so schwach, daß sie sich nur noch mit letzter Kraft vorwärts schleppen konnten. Da ließ Gonzalo Pizarro mitten in diesem Elend ein Schiff bauen; schließlich hatte er Orellana mitgebracht, der sich auf den Bau und auf die Führung eines Schiffes verstand. Die Hufeisen der umgekommenen Pferde, die Steigbügel und Rüstungen der gefallenen Soldaten wurden eingeschmolzen und zu Nägeln verarbeitet. Eine flache Brigantine entstand. Die undichten Fugen wurden mit Palmbast und dem Saft des Gummibaumes abgedichtet. Die Führereigenschaften des noch so jungen Gonzalo entfalteten sich immer stärker. Er war ein Vorbild unermüdlicher Arbeit und Bedürfnislosigkeit. Nach Vollendung des Schiffs ließ er alle Kranken und Schwachen in Etappen vorausfahren. Er selbst kämpfte sich an der Spitze seiner Truppe am Ufer entlang. Sie waren sehr viel langsamer als das Schiff, so daß er sich entschloß, die Brigantine unter Befehl von Orellana den Fluß weit vorausstreiben zu lassen, bis sie auf eine größere Indianersiedlung stoßen würden, keinesfalls aber weiter als bis zur nächsten Flußmündung. Bei den Indianern sollten sie Nahrung besorgen und wieder zurückkehren.

Erst nach mehreren Tagen sichtete Orellana eine Eingeborenensiedlung. Die Indianer trugen Baumwollstoffe, waren mit Federn geschmückt und wohnten in geräumigen Hütten.

Es gelang den Spaniern, mit ihnen Freundschaft zu schließen und Nahrungsmittel einzutauschen. Endlich hatten sie wieder reichlich zu essen. Dennoch war die Lage für Orellana mehr als schwierig, denn die Indianer waren keinesfalls bereit, die Brigantine viele Tage gegen den Strom zu rudern, und die eigenen Männer waren zu schwach dazu. Sie unterschrieben ein Verweigerungsdokument für Orellana, mit dem er sich später rechtfertigen konnte, denn mit der Weiterfahrt flußabwärts handelte er gegen den Befehl von Gonzalo, der verzweifelt auf sie wartete. Orellana hatte noch ein zweites kleines Schiff von seinen Zimmerleuten bauen lassen. Eng zusammengedrängt trieben die Männer ins Ungewisse und mit ihnen Hunger und Krankheiten. Vor ihnen lagen viele tausend Kilometer des träge dahinfließenden Stromes. Wenn sie Eingeborenen-Siedlungen sahen, hielten sie vorsichtig an und baten um Nahrung, und nur wenn ihnen diese verwehrt wurde, erkämpften sie sich das Lebensnotwendige. Dabei gab es auch ein denkwürdiges Gefecht zwischen den Soldaten des Orellana und zahlreichen Indianern, die von großen, sehr hellhäutigen Indianerinnen angeführt wurden, die überaus tapfer kämpften und einige Spanier schwer verletzten. Im offiziellen Reisebericht wurden sie als Amazonen bezeichnet. Dieser Name veranlaßte Orellana, auch dem Strom den Namen Amazonas zu geben. Doch diese Deutung ist umstritten. Was die Männer zunächst nicht ahnen konnten war, daß sie das weitaus größte Stromsystem der Erde entdeckt hatten. Daß es Orellana nach Erreichen der Küste noch gelang, beide Schiffe heil ca. 2000 Kilometer auf dem offenen Meer bis in einen sicheren Hafen zu bringen, zeigt, wie unerschütterlich er und seine Mannschaft waren. Und doch, was das Schicksal ihnen an Kraft abverlangt hatte, war fast nichts gegen die Energie, die Gonzalos Truppe aufbringen mußte, um der tödlichen Gefahr des Urwaldes zu entkommen und den Weg zurück nach Quito zu finden.

Bevor es zu dem grauenvollen Rückmarsch kam, hielt Gonzalo eine bewegte Ansprache, die mit dem Satz endete:

»Und vergeßt nie, daß Ihr Spanier seid.«

Nahezu zwei Jahre waren sie nun schon im Urwald, seit sie Quito verlassen hatten. In dieser Zeit waren viele, die meisten Spanier und alle Hochlandindianer, gestorben. Bei dem nichtendenwollenden Marsch hat es sich wieder einmal gezeigt, was Menschen zu ertragen imstande sind.

Hätte Gonzalo nicht noch mit viel Glück durch die Bergurwälder einen direkten Weg nach Westen über die Kordilleren gefunden, wären wohl alle umgekommen. Niemand in Quito hatte mehr damit gerechnet, einen einzigen Mann wiederzusehen.

Barfüßig, halbnackt, ausgezehrt, so sind sie angekommen, und so wie sie waren, gingen sie geradewegs in die Kirche, um Gott zu danken für ihre Heimkehr.

Kurze Zeit später wurde Gonzalo Pizarro im Zuge der Machtkämpfe mit dem Schwert hingerichtet. Er hatte sich,, nachdem sein großer Bruder Francisco ermordet worden war, zum Nachfolger wählen lassen und sich gegen die Anordnungen des königlichen Legaten erhoben. Ein Traum vom Eldorado war ausgeträumt. Aber das magisch gleißende Gold wirkt weiter wie ein Fluch. Der versteckte Schatz der Inka war noch nicht gefunden.

Schon 17 Jahre nach der denkwürdigen Amazonasexpedition des jungen Gonzalo wurde auf Befehl des Vizekönigs von Peru ein neues Unternehmen in die Urwälder in Angriff genommen. Es war in seiner Art noch grauenvoller als das von Gonzalo und Orellana. Der Vizekönig hatte Ursua, einen umsichtigen Mann, als Kommandeur der Truppe eingesetzt, aber hinter ihm - hinter seinem Rücken - lauerte eine gespenstische Gestalt, ein eiskalter dämonischer Verbrecher - Lope de Aguirre.

Langsam trieben die Schiffe in den überfluteten Wäldern der Regenzeit, die das Wasser des Amazonas in jedem Jahr um viele Meter steigen läßt. Wieder zerrann in dieser fiebrigen Atmosphäre die Hoffnung, ein Goldland zu finden. Stumpfsinnig, dem Wahnsinn nahe wurde Ursua bei einer von Lope de Aguirre geschürten Verschwörung ermordet. Kurze Zeit später läßt Aguirre plötzlich alle Offiziere gefangennehmen und sofort erschießen.

Weiter treiben die Boote auf dem Strom. In einer beispiellos grotesken Komödie läßt Aguirre den von ihm kurz zuvor eingesetzten Kommandanten zum König von Peru ausrufen, um ihn gleich danach ermorden zu lassen.

Auch die Frau des Ursua, die ihm nicht gefügig war, ließ er kurzerhand umbringen wie alle, die ihm nur irgendwie im Wege waren. Die kleine Geisterflotte trieb im wahrsten Sinne des Wortes unter dem Befehl eines Teufels durch die grüne Hölle. Lope de Aguirre träumte von der Eroberung ganz Südamerikas. Tatsächlich gelang es diesem Fanatiker, nachdem er den Amazonasstrom hinter sich gelassen hatte, noch einige Städte an der Küste im Handumdrehen einzunehmen. Doch als der Vizekönig all denen, die Aguirre verlassen würden, Straffreiheit anbot und Aguirre es noch fertigbrachte, seine eigene Tochter zu ermorden, erschlugen ihn endlich seine bis dahin aus Angst treu gebliebenen Leibwächter.

Das Märchen vom Eldorado, dem sagenhaften Goldland, ging also auch bei der zweiten Eroberungsfahrt entlang des Amazonas nicht in Erfüllung. Allein für die Wissenschaft wurde das Märchen Wahrheit. Für sie war dieser größte Strom der Erde eine unerschöpfliche Schatzkammer, ein Eldorado.

Nach den Entdeckern waren Missionare die ersten Forscher, die sich furchtlos ins Innere aufmachten, um am Amazonas zu arbeiten. Ihre wissenschaftlichen Beobachtungen und Naturbeschreibungen waren ein Teil ihres Auftrages. Schon lange bevor die Kartographen und studierten Spezialisten kamen, entstanden Aufzeichnungen wie die berühmte Karte des Jesuitenpaters Fritz aus dem Jahre 1691, der auf dem Amazonasstrom sozusagen zuhause war. 20 Jahre hatte er den Strom auf- und abwärts befahren.

Der Leiter der ersten rein wissenschaftlichen Amazonasexpedition war Charles-Marie de la Condamine. Seine Expedition begann 1735 in Ekuador, dem Zentrum des spanischen Kolonialreichs, wohin er von der französischen Akademie der Wissenschaften gesandt worden war. Zunächst hatte er an der Lösung eines wissenschaftlichen Problems mitzuarbeiten. Newton hatte die Theorie aufgestellt, daß die Erde nicht gleichmäßig rund, vielmehr am Äquator ausgebaucht und an den Polen abgeflacht sei. Diese Theorie wurde erheblich bestritten und sollte überprüft werden. Eine zweite Gruppe von Wissenschaftlern war in Lappland mit der gleichen Aufgabe betraut. Volle sieben Jahre lang dauerte Condamines Vermessungsarbeit unter härtesten Bedingungen im Gebiet des heutigen Ekuador.

La Condamine hatte nicht nur unter der glühenden Hitze der Äquatorsonne zu leiden; gerade die eisigen Höhen der vergletscherten Anden in sauerstoffarmer Luft forderte von der ganzen Mannschaft den allerhöchsten Einsatz. Allein auf dem nahezu 5000 Meter hohen Vulkan Pichincha verbrachten sie 23 Tage bei Vermessungsarbeiten. Am Schluß der Expedition gab es kaum einen Punkt in Ekuador, an dem sie nicht gearbeitet hätten.

Schon gleich am Anfang der Expedition starb ein Indianer an Erschöpfung und einer der Wissenschaftler an Malaria. Es war nicht nur für Condamine ein schwerer Schlag, einen Freund und Mitarbeiter verloren zu haben, das Geschehen belastete untergründig alle Beteiligten. Hinzu kam, daß nach anfänglichen großen Ehrerbietungen der Regieruung das Mißtrauen gegen die Franzosen wuchs. Man verstand nicht, daß man sich für rein wissenschaftliche Aufgaben so vollkommen unter Einsatz des Lebens verausgaben konnte.

Condamine schrieb:

»Sie lassen es sich angelegen sein, unsere indianischen Bediensteten darüber auszufragen, wie wir leben, wenn wir oben in den Anden sind, und die Antworten, die sie von den Indianern erhalten, verstärken ihre Zweifel und ihre Verwunderung. Wenn sie hörten, mit welcher Beharrlichkeit wir von einer gottverlassenen Gegend zur anderen ziehen, so findet ihr Argwohn neue Nahrung, manche glauben, wir seien Irre.«

Die oft monatelange grenzenlose Einsamkeit hatte auch physische Folgen. Reaktionen wie Melancholie und Jähzorn lagen dicht beisammen. Manchmal waren nur noch Condamine und sein ekuadorianischer Freund Maldonado in der Lage, präzise zu arbeiten. Arbeiten hieß, unermüdlich die schweren technischen Geräte zu schleppen und auf möglichst viele Naturerscheinungen zu achten. Nach der Vermessungsexpedition, die Newtons Theorie bestätigte, stand in der Bilanz gegenüber dem Erfolg:
Couplet gestorben, Dr. Senierques, der Expeditionsarzt, bei Differenzen mit der Bevölkerung gesteinigt und ermordet; Jussieu, der Botaniker, geisteskrank geworden, nachdem er durch eine Unachtsamkeit die ganze Pflanzensammlung verloren hatte.

Trotz all der vielen seelischen und körperlichen Belastungen brachte Condamine noch die Kraft auf, mit seinem Mitarbeiter Maldonado die Amazonasexpedition von Quito aus voranzutreiben. Die Unterstützung durch den Jesuitenorden war dabei von ausschlaggebender Bedeutung.

Man schrieb das Jahr 1743, 200 Jahre waren seit Orellanas Fahrt vergangen. Wenn man die Ergebnisse der Expedition La Condamines überprüft, hält man es nicht für möglich, was in den wenigen Monaten der eigentlichen Amazonasreise geleistet wurde. Allein schon die kartographische Erfassung, die exakten Strömungs- und Tiefenmessungen wären einer besonderen Würdigung wert. Die anhand der Aufzeichnungen später angefertigte Karte des Hauptstromes ist nahezu heute noch gültig. Was zuvor rein spekulative Erklärungen waren, zum Beispiel die Ursachen, die zu den verschiedenen Farben der Zuflüsse führten, hauptsächlich der sogenannten Schwarzwasserflüsse, erarbeitete Condamine durch wissenschaftliche Untersuchungen. So läßt sich aus den dunklen Farben des Rio Negro, der auf das hellbraune Wasser des Amazonas trifft, erkennen, welche Gesteinsformationen auf dem Weg des Wassers überspült werden.

Condamine und Maldonado sehen die vom Hochwasser überfluteten Ufer des Amazonas und der Schwarzwasserflüsse mit ganz anderen Augen als die ersten Entdecker. Sie befinden sich auf wissenschaftlichem Neuland. Unzählige Pflanzen und Tiere, Bäume, die den größten Teil des Jahres viele Meter unter Wasser stehen, Vogelschwärme in unscheinbarem Grau, dann wieder Orchideen in unzähligen Farb- und Formvariationen. Condamine schrieb:

»Neue Pflanzen, neue Tiere und neue Menschenrassen traten in meinen Gesichtskreis. Sieben Jahre lang hatte ich nichts anderes mehr gesehen als in Wolken verschwimmende Berge, und ich war nun von Bewunderung erfüllt über das, was sich hier dem Auge bot.«

Condamine verstand sich als universeller Naturforscher, den letztlich alles zu interessieren hatte. Er war nicht nur Mathematiker, Astronom, Geologe und Kartograph, er hatte Biologie studiert und wollte Erkenntnisse auch über das Leben der Eingeborenen sammeln. Er beobachtete die Indianer bei der Herstellung des tödlichen Giftes Curare, das nach uralten Rezepten aus strichninhaltigen Pflanzen gewonnen wird. Kleinste Mengen des Giftstoffes an den Pfeilspitzen genügen bei der Jagd, die Muskulatur der getroffenen Tiere, auch die Herztätigkeit, zu lähmen. Dieses Gift ist nur wirksam, wenn es in die Blutbahn gelangt.

Das Fleisch der Beute bleibt genießbar. Der Umgang mit den vergifteten Blasrohrpfeilen ist nicht ungefährlich, deshalb werden sie möglichst erst kurz vor der Jagd präpariert. Ganz erstaunlich ist, wie die Indianer mit den Blasrohren, auch auf relativ große Distanz, bis etwa 30 Meter, ein Ziel von der Größe eines Vogels treffen. Überhaupt war es bewunderungswürdig, wie die Eingeborenen gelernt hatten, sich in ihre Umwelt organisch einzuordnen und als kleine Stammesgruppen Pflanzen sammelnd und jagend zu überleben, ohne das Gleichgewicht der Natur zu verändern. Frühe Beschreibungen einiger Eingeborenenstämme lassen erkennen, daß sich in den Lebensgewohnheiten nichts geändert hat, solange sich der europäische Einfluß nicht störend oder zerstörend gegenüber den Indianern auszuwirken begann.

Condamine, der selbstbewußte Aristokrat, der schon in jungen Jahren die Freundschaft des großen Voltaire gewonnen und die höchsten Ehren als Wissenschaftler erhalten hatte, war weit davon entfernt, die indianischen Medizinmänner nicht ernst zu nehmen. Er suchte nach Heilpflanzen und studierte ihre Wirkung auf die Kranken. Er brachte die ersten Chininproben mit nach Europa, wo er auch ein Vorkämpfer der Pockenimpfung wurde, nachdem er in Brasilien beobachten konnte, wie ein Missionar bei seinen Indianern eine Impfung erfolgreich angewandt hatte. Daß die Heilwirkung durch magische Handlungen erheblich verstärkt werden kann, ist heute allgemein bekannt und wird längst nicht mehr nur bei den sogenannten Primitiven genutzt.

Für Condamine war seine so vielseitige Expedition der Höhepunkt des Lebens. Seine Berichte vor der französischen Akademie der Wissenschaften und seine Veröffentlichungen fanden weit über Frankreich hinaus Beachtung.

Einer jener Männer, die bewußt den Spuren Condamines folgten, war der preußische Baron Alexander von Humboldt. Ihm gelang es, eine allgemein bezweifelte Ansicht zu bestätigen: Das Orinoko-Flußsystem ist mit dem Amazonas durch einen natürlichen Kanal verbunden. Wir werden von seiner epochemachenden Expedition in einem gesonderten Kapitel hören. Doch mit Humboldts Expedition hörte die Forschertätigkeit in den Urwäldern des Amazonas nicht auf, im Gegenteil, seine Arbeitsweise wurde zum Vorbild für alle, die wissenschaftlich wertvolle Ergebnisse anstrebten.

Die aus Bayern stammenden Naturforscher Martius und Spix waren durch das Reisewerk Humboldts angeregt worden und brachten mit Unterstützung des Königs von Bayern eine sehr wertvolle biologische und völkerkundliche Sammlung vom Amazonas zurück. Doch auch Martius und Spix mußten erkennen, daß die neue Welt, auch als sie diese wieder verließen, immer noch voller Geheimnisse war.

Eine neue Generation von Forschern wuchs in der Mitte des vorigen Jahrhunderts heran und erkannte ihre Chancen. Sie ahnten die unermeßliche Fülle, den Artenreichtum des Amazonasbeckens. Ein typisches Beispiel dafür waren drei junge Engländer, die als Amateure begannen, zu wissenschaftlichen Forschern heranwuchsen, und deren Arbeiten höchsten Standard erreichten. Sie mußten ununterbrochen Insekten und Tiere aller Art, Pflanzen und Samen nach England an Museen und Privatsammler schicken, um von der minimalen Bezahlung, die sie dafür erhielten, ihr Leben am Amazonas fristen zu können.

Henry Walter Bates, der als Strumpfwirklehrling in England private Studien betrieben hatte, reiste, forschte und sammelte 11 Jahre am Amazonas. Wie ernst er als Naturforscher arbeitete, zeigen auch seine Zeichnungen, die sehr an Humboldts Reisewerk erinnern. Er fand während seiner Expedition 14712 Arten von Insekten, Reptilien, Vögeln und Säugetieren, von denen etwa 8000 der Wissenschaft noch unbekannt waren.

Alfred Russel Wallace, gelernter Landvermesser, blieb zwar nur vier Jahre am Amazonas, war aber wie sein Freund Bates ein genialer Naturbeobachter und entwickelte eigenständig, parallel zu Darwin, eine biologische Selektionstheorie, die Darwin noch vor der Veröffentlichung seines berühmten Werkes »Die Entstehung der Arten« kennenlernte und die es ihm sicher erleichterte, seine revolutionäre Schrift zu untermauern. Den Ruf, einer der besten Botaniker der Welt zu sein, hatte Richard Spruce, obwohl auch er zunächst als Autodidakt begonnen hatte. Er sammelte und ordnete über 7000 neue Pflanzenarten.

Alle diese Forscher nahmen auf ihren Expeditionen ein so entbehrungsreiches und abenteuerliches Leben mit immer ständig lauernden Gefahren aller Art auf sich, daß man sie nur als von ihrer Idee Besessene begreifen kann. Viele blieben für immer im Urwald verschollen.

Aus mancher zunächst unbedeutend erscheinenden Entdeckung wurde später nicht nur eine wissenschaftliche Sensation sondern auch ein bedeutender Wirtschaftsfaktor. Der Amazonas hat verzweifelte Armut gesehen - und sieht sie heute noch - aber auch unermeßlichen Reichtum.

Als Condamine schon 1744 die ersten Proben Rohkautschuk vom Amazonas nach Europa brachte, konnte er nicht ahnen, damit den Rohstoff für einen der mächtigsten Wirtschaftszweige des kommenden Industriezeitalters gefunden zu haben. Das Märchen vom Eldorado war doch einmal Wirklichkeit geworden, als Mitte des 19. Jahrhunderts der an sich fast wertlose Kautschuk in der Industrie immer mehr Verwendung fand. Die Nachfrage lag Anfang unseres Jahrhunderts bei 42 000 Tonnen und konnte kaum befriedigt werden. Das Leben am Amazonas verlor sich in einem unersättlichen Rausch. In dem kleinen Ort Manaus, einem Hauptzentrum für Kautschuk, das in rund 50 Jahren von 4000 Einwohnern auf rund 100 000 gewachsen war, gingen alle Maßstäbe verloren. Mitten im Urwald wurde eine riesige Oper gebaut, und weltberühmte Akteure, durch Traumgagen angelockt, standen dort auf der Bühne. Manaus war die Stadt in Brasilien, in der das erste elektrische Licht brannte und die Straßen mit Mosaik gepflastert waren. Der Wirtschaftsaufschwung hielt so lange an, bis ein englischer Botaniker trotz der angedrohten Todesstrafe Gummisamen aus dem Land schmuggeln konnte, und durch Pflanzungen in Südostasien das Monopol Brasiliens und damit auch der Reichtum von Manaus zusammenbrach. Bald standen die Prunkbauten leer, Elendsviertel breiteten sich aus. Erst in jüngster Zeit erholte sich die Wirtschaft am Amazonas wieder.

Mein erster Film über Peru begann mit Bildern der Morgendämmerung an einem der Quellflüsse des Amazonas. Seit damals fand ich noch manches Mal den Weg zum größten aller Flußsysteme, von Bolivien und Peru, von Ekuador und Venezuela aus, und auch in Brasilien folgten wir den Spuren der Entdecker mit dem Boot und im Wasserflugzeug. Und ich traf auch, wohl gerade noch bevor sie von der Zivilisation aufgesogen werden, auf einige jener ursprünglichen Indianer, wie ich sie als Kind im Film gesehen und Alexander von Humboldt sie vor fast 200 Jahren beschrieben hatte.

Humboldt und Bonpland bei der Arbeit im Urwald des Orinoko Flußsystems

Alexander von Humboldt

Von allen großen Geographen des Abendlandes kann man allein von Humboldt sagen, daß in ihm Geographie Philosophie und Philosophie Geographie geworden sind. Eine solche »Sternstunde« hat jede Wissenschaft bisher nur einmal in ihrer Geschichte erlebt: Diese Sternstunde der Geographie ist in Humboldts Werk verwirklicht, darauf beruht aller Zauber, der durch die Jahrhunderte seitdem von seinem »Kosmos« und von seinen »Ansichten der Natur«, wenn wir mit diesen Worten nicht nur die Titel seiner Hauptwerke im Sinne haben, ausgestrahlt ist. Die Glanzleistung Humboldts aber war seine große amerikanische Reise, und so wird uns gleichzeitig deutlich, weshalb ihre Tradition noch heute überall in der Naturforschung Südamerikas lebendig weiterwirkt und -strahlt.

Was Humboldts Reisewerk so auszeichnet, ist die umfassende Beschreibung seiner Eindrücke in Wort und Bild, in denen er seine Leistungen fast nur durch die Ergebnisse seiner wissenschaftlichen Arbeiten sprechen läßt. Alle Gefahren, Ängste und Mühen werden nur am Rande erwähnt und auch nur dann, wenn es gilt, das Bild der Reise abzurunden.

Im Rückblick auf eine Expedition tauchen die verschiedensten Bilder auf, aber auch Gefühle und Empfindungen. Beim Überlesen meiner Tagebuchblätter fällt mir erneut auf, wieviel Stunden Leerlauf jeweils zu überstehen waren, bis wir an die eigentliche Arbeit herangehen konnten. Wer zwischen den Zeilen zu lesen vermag, kann auch in Humboldts Aufzeichnungen erkennen, daß unendliche Geduld und Diplomatie notwendig waren, um die Grenzen zu überwinden. Humboldt war ein Meister im Umgang mit Menschen, sonst wäre ihm vieles nicht gelungen.

Wenn ich im allgemeinen auch nicht über einen Mangel an gutem Gespür für die Einschätzung der Umstände und deren Bewältigung klagen kann, so waren doch die zu überwindenden bürokratischen Schwierigkeiten der unangenehmste Teil meiner meisten Unternehmungen. Und vielleicht sollte man auch von solchen Hindernissen erzählen, die ähnlich auf den Spuren der Entdecker nicht fehlten.

Zunächst hatte ich geglaubt, mit Hilfe der deutschen Botschaft die für Südamerika typischen langwierigen Zollabwicklungen abkürzen zu können;

denn ich hatte den offiziellen Auftrag für den Humboldtfilm von der Kulturabteilung des Auswärtigen Amtes erhalten. Unsere diplomatische Vertretung in Caracas hatte mir ein Telegramm mit der Mitteilung geschickt, wir würden am Flugplatz in Caracas abgeholt. Doch keiner war da, der uns half. Wir standen reichlich verlassen mit den vielen Filmkisten und Koffern vor den in Südamerika besonders gefürchteten Zollbeamten. Es schien mir nach früheren Erfahrungen unglaublich, daß man nur einen kurzen Blick auf unser Gepäck warf, kein Stück öffnete und wir die Barriere unbehelligt durchschreiten durften. Das Wunder hatten die kleinen Aufkleber bewirkt: »Alexander von Humboldt Gedächtnisexpedition.«

In der Wartehalle des Flugplatzes trafen wir dann Professor Vareschi von der botanischen Fakultät der Universität Caracas, der mit meinem Freund Professor Karl Mägdefrau, dem Leiter des botanischen Instituts in Tübingen, vor zehn Jahren mit der Alexander-von-Humboldt-Gedächtnisexpedition zum hundertsten Todestag die Reise zum Orinoko wiederholte. Es war ein herzliches Wiedersehen der beiden Expeditionsfreunde. Professor Vareschi konnte es kaum glauben, daß wir so schnell allein die erste Hürde im Land nehmen konnten.

Die Nennung des Namens Alexander von Humboldt hat uns in den folgenden Monaten noch oft geholfen. Doch noch lag unser Hauptgepäck in einem VW-Bus unter Zollverschluß im Hafen von La Guaira, und jeder, dem ich dies sagte, machte ein besorgtes Gesicht. Natürlich war ich zunächst überzeugt, die Botschaft würde uns helfen. Aber im Gegensatz zu manch anderen deutschen konsularischen Vertretungen auf der späteren Reise hatte man wenig Zeit für uns. Dafür waren die Hilfe und Gastfreundschaft von Professor Vareschi und Professor Brücher, in deren Familien wir aufgenommen waren, besonders herzlich und besorgt. Ihr umfangreiches Wissen brachte uns wertvolle Ratschläge, die uns bei der Vorbereitung der geplanten Orinoko-Flußreise außerordentlich halfen.

Die ersten Tage in Venezuela waren trotz der guten Verbindungen recht beunruhigend. Ich hatte dauernd das Gefühl, auf der Stelle zu treten und womöglich an der Bürokratie zu scheitern. Der Hauptgrund war, daß unser Fahrzeug beim Zoll auf ewig festbetoniert erschien. Daß es mir dennoch schon nach einer Woche gelang den Wagen durch ruhige Verhandlungen aus dem Zoll zu bringen, brachte mir Pluspunkte als Expeditionsleiter ein. Dabei hatte ich mich nur intuitiv an einen auffallenden Platz im Zollgebäude gesetzt und ununterbrochen in mein Tagebuch Notizen geschrieben und Skizzen gezeichnet. Nachdem ich die ersten zwei Tage jeweils am Abend auf den nächsten Morgen vertröstet worden war, mit jenem Wort - mañana -, das in Südamerika so häufig gebraucht und völlig unverbindlich ist, gab es erste

Anzeichen dafür, daß etwas geschähe. Ich spürte, wie einige Zollbeamte sich beobachtet fühlten und nach einem Weg suchten, mich baldmöglichst loszuwerden - vermutlich besonders deshalb, weil ich gar nicht drängte, was sie am meisten zu verunsichern schien.

Über den Papierkrieg und die zähen Widerwärtigkeiten, denen man in fernen Ländern bei einer Filmexpedition ausgeliefert sein kann, könnte ich ein ganzes Buch mit Episoden füllen. Darunter würde dann auch die Beschreibung fallen, wie viele Bittgänge es bedurfte, die vielfältigen Genehmigungen für die Orinokofahrt zu erhalten. Wie beneidete ich im Nachhinein Humboldt um sein diplomatisches Geschick und die Unterstützung, die ihm zuteil wurde. In seinen Aufzeichnungen ist zu lesen:

»Ich erhielt zwei Pässe, den einen vom ersten Staatssekretär, den anderen vom Rat in Indien. Nie war einem Reisenden mit der Erlaubnis, die man ihm erteilte, mehr zugestanden worden, nie hatte die spanische Regierung einem Fremden größeres Vertrauen bewiesen. Um alle Bedenken zu beseitigen, welche die Vizekönige oder Generalkapitäne, als Vertreter der königlichen Gewalt in Südamerika, hinsichtlich des Zwecks und Wesens meiner Beschäftigung erheben könnten, hieß es im Paß der primera secretaria de estado, ich sei ermächtigt, mich meiner physikalischen und geodätischen Instrumente mit voller Freiheit zu bedienen; ich dürfte in allen spanischen Besitzungen astronomische Beobachtungen anstellen, die Höhe der Berge messen, die Erzeugnisse des Bodens sammeln und alle Operationen ausführen, die ich zur Förderung der Wissenschaft vorzunehmen gut finde...!«

Der exakten Wissenschaft zu dienen war Humboldts höchstes Lebensziel. Zu Beginn seiner Expedition nach Südamerika schrieb er in einem Brief nach Hause:

»Welch Glück ist mir eröffnet, mir schwindelt der Kopf vor Freude, ich werde Pflanzen und Fossilien sammeln, mit vortrefflichen Instrumenten astronomische Beobachtungen machen können. Ich werde die Luft chemisch zerlegen. Das alles ist aber nicht Hauptzweck meiner Reise. Auf das Zusammenwirken der Kräfte, den Einfluß der unbelebten Schöpfung auf die belebte Tier- und Pflanzenwelt, auf diese Harmonie sollen stets meine Augen gerichtet sein.«

Unter den vielen Aufgaben, die sich Humboldt und sein Begleiter, der französische Botaniker Bonpland, gestellt hatten, war auch die wissenschaftliche Vermessung des natürlichen Verbindungskanals zwischen dem Orinoko und dem Amazonas-Flußsystem. Um dort hinzugelangen, hatten sie eine

Fahrt von nahezu 1000 Kilometern gegen die Strömung des Orinoko zurückzulegen.
Da ich als gestaltendes Element für den Humboldtfilm die amerikanische Reise anhand seiner Tagebuchaufzeichnungen mit der Kamera nachvollziehen wollte - zumindestens an den wichtigsten Orten - waren wir jetzt auf dem Weg zum Orinoko. Mit meinen beiden Expeditionskameraden Karl Mägdefrau und Karl Weidmann hatte ich die bestmöglichste Mannschaft, die ich mir wünschen konnte. Beide kannten den Orinoko von früheren Expeditionen sehr gut, und beide schienen alle Eigenschaften zu haben, die man braucht, um viele Wochen auf engstem Raum unter verschiedensten Belastungen wie Hitze, Nässe, Moskitos, Schmerzen, Müdigkeit und die daraus resultierende Nervosität friedlich zusammenleben zu können.

Wir fliegen nach Ayachucho, von wo aus die eigentliche Expedition auf dem Orinoko beginnen soll. Kaum verlassen wir die luftgekühlte Kabine des Flugzeuges, prallen wir gegen eine Mauer von Hitze. Warum gerade dieser Ort so furchterregend heiß ist, kann ich nicht sagen, nirgends zuvor war mir die Glut der Sonne so bedrückend erschienen. Die Auswahl des Hotels war uns leicht gemacht, es gibt nur eines, wo man absteigen kann. Mit Karl Mägdefrau teile ich ein schlichtes Zimmer, dessen Einrichtung auf jeden Schmuck verzichtet. Dafür erzeugt eine neu eingebaute Klimaanlage, die wie ein Hornissennetz brummt, eine so kalte Luft, daß ich unwillkürlich an eine winzige Bude in Alaska erinnert werde.

Ayachucho ist ein kleiner Ort, in dem man auch bei aller Bescheidenheit nicht einmal begraben sein möchte. In diesen Randzonen der sogenannten Zivilisation, die es in der ganzen Welt gibt, gleichen sich die schlampig verputzten, mit Wellblech bedeckten Häuser, die oft schon am Ende der Bauzeit wieder am Zerfallen sind, völlig: Ein paar Straßenlaternen in der Innenstadt, Fahrräder, Öltonnen, Autos aller Marken und überall auch Wagen, die stehenblieben und darauf warten, daß sie sich langsam auflösen - wenn es sein muß, vielleicht erst in hundert Jahren. Zunächst dienen sie als Treffpunkt vieler Hunde aller Schattierungen.

Karl Weidmann, von Geburt Schweizer und von seinem Temperament, das heißt von der Würde seiner ausgeglichenen Bewegungen her unschwer als Sohn der Stadt Bern zu erkennen, war immer von einem Schwarm von Kindern umkreist. Durch seine stattliche Größe in Verbindung mit seiner hohen Stirn und seinem mächtigen Bart konnte man ihn kaum aus den Augen verlieren. Barba, wie ihn seine Freunde nennen, war nach dem Krieg nach Venezuela gekommen, arbeitete zuerst als Holzfäller und spezialisierte sich dann darauf, stumpfe Sägen wieder scharfzufeilen. Er hatte sich vom schwerersparten Geld die beste Fotoapparatur und auch eine Filmkamera gekauft und ging mit einem Paddelboot und Proviant für Wochen allein in die Urwälder. Seine Aufnahmen gehören zum Besten, was es aus Venezuela gibt, und seine Filme haben nicht nur hohe Qualität, sondern häufig auch großen Seltenheitswert. Wie wichtig es sein kann, einen Mann wie Barba auf Expedition dabei zu haben, beschreibt Professor Vareschi in seinem Buch »Die Geschichtslosen Ufer«[13].

»Die Silhouette des Bootes war verschwunden. Sollte unsere Curiara sich flottgemacht haben? Wenn ich nun Alarm schlug und mich bloß in der Uferstrecke geirrt hatte? Es stand zuviel auf dem Spiel. Ich rannte flußabwärts und schrie Karl Mägdefrau zu, was ich befürchtete. Er gab den Ruf weiter. Was dann dort unten geschah, konnte ich nicht mehr ausmachen. Was aber geschehen konnte, wurde mir plötzlich klar:

Einige Kilometer flußabwärts mußte das Boot in jener Stromschnelle, die wir heute nachmittag bewältigt hatten, zerschellen. Unsere Expeditionsausrüstung wäre verloren. Das Lager war am anderen Ufer, sechshundert Meter weit, für mich praktisch unerreichbar. Wir waren in Schwimmhosen und ohne jede Ausrüstung in einem Teil des Flusses, den oft wochenlang kein Boot durchfuhr. Für Selbstvorwürfe war keine Zeit. Ich rannte flußabwärts. Inzwischen hatten Barba und Michel die Zurufe Karls verstanden und sahen auch das Boot vorbeitreiben. Barba befahl Guaipo als dem verantwortlichen Kapitän, hinauszuschwimmen und das Schiff einzufangen. Aber weder er noch Antonio dachten daran der Aufforderung zu folgen. In den gerade hier von den Krokodilen und Karibenfischen wimmelnden Fluß ging keiner hinein, und im Dunkeln schon gar nicht. Mit dem Schiff verlor Barba seine ganze Filmausrüstung, für die er jahrelang gearbeitet und gespart hatte. Mit dem Schiff verloren wir allen Erfolg und die Fortsetzung unserer Expedition... Michel sah Barba hinausschwimmen. Es waren vielleicht achtzig Meter zu durchqueren. Dann schwang sich Barba in das Boot, riß den Motor an, und als ich das hörte, setzte ich mich in den Sand zu einer Abrechnung mit allem, auch mit mir selber. Ein solcher Vorfall genügt, und aus ein paar im Grunde unbekannten Menschen wurden fest umrissene Charaktere.«

Wie bei der Vareschi-Expedition war Guaipo auch bei uns eine Schlüsselfigur des Unternehmens. Dieser gedrungene dunkelhäutige Mann mit viel Negerblut und wenigen Zeichen einer anderen Rasse galt als ungekrönter König des oberen Orinoko. Stolz nannte er sich »Capitano«. Tatsächlich hatte er schon manchen meist nicht mehr neuen Einbaum mit Hilfe von ebenfalls schon häufig gebrauchten Außenbordmotoren den Orinoko hinauf- und auch wieder zurückgebracht. Auch das Schiff der vorangegangenen Expedition wurde von ihm gesteuert, bis es schließlich noch vor Ende der Reise an

Altersschwäche unterging, was allerdings den Nimbus Guaipos schon deshalb nichts anhaben konnte, weil es ihm gelang, umgehend Ersatz zu beschaffen.

Wie so etwas inmitten von Nirgendwo funktioniert, können wir Europäer oft kaum fassen. Viel hängt sicher vom Gottvertrauen ab, das eben immer wieder Wunder bewirkt. Unter gewissen Umständen glauben auch Wissenschaftler an überirdische Kräfte, vor allem dann, wenn Wunder sichtbar werden.

Um die Beschreibung von Guaipos Eigenschaften zu vervollständigen, muß man auch seine Fähigkeiten als Mechaniker würdigen. Als einmal bei der früheren Gedächtnisexpedition der Motor defekt war, befand sich kein geeignetes Werkzeug an Bord. Guaipos Bemerkung: »Man kann schließlich nicht für alle Eventualitäten ausgerüstet sein« war die ganze Entschuldigung. Ohne sich von der Situation besonders beeindrucken zu lassen, ruderte er langsam am Ufer entlang, an dem oft auf hundert Kilometer keine Spur eines Menschen zu finden ist. Die etwas verärgerten »Gringos« – die weißen Männer ohne genügend Erfahrung – konnten ihm den Ernst der Lage einfach nicht klarmachen. Er demonstrierte lächelnd »positives Denken«, denn schließlich war er völlig sicher, Werkzeug zu finden.

Tatsächlich lag verborgen im Urwald eine halb zusammengefallene Hütte, und irgendwo fand Guaipo eine abgebrochene verrostete Stahlaxt, die er durch einige Schläge mittels eines Steines zu dem erforderlichen Werkzeug umfunktionierte. Bald darauf lief der Motor wieder, und die Reise konnte fortgesetzt werden. Da Glück mit sonst nichts ausgeglichen werden kann, ließ ich mich auch von dem Gerücht, Guaipo sei der größte Betrüger am Fluß, nicht abhalten, ihn mitsamt seinem Boot zu engagieren, obwohl er plötzlich doppelt soviel Geld haben wollte, als wir in einem Briefwechsel zuvor ausgemacht hatten. Eine Wiederaufnahme der Verhandlungen über die Bezahlung war für ihn schon deshalb einfach, weil er keine Konkurrenz zu befürchten brauchte. Endlich waren wir uns einig, besiegelten den Vertrag mit Handschlag und konnten mit der eigentlichen Arbeit beginnen.

Puerto Ayachucho, 22. März 1968:

Um sechs Uhr wollte Guaipo kommen, wir waren pünktlich. Unser Kapitän kam gegen acht Uhr. Das Wetter war sehr gut, helles Licht und glühende Hitze. Das Boot sah so aus, wie von Humboldt beschrieben. Um zehn Uhr konnten wir filmen. Es kam uns darauf an, die Arbeit des Ruderns durch die Stromschnellen entsprechend einem Tagebucheintrag von Humboldt optisch eindrucksvoll wiederzugeben. Unser Boot war mit sieben Mann – Guaipo hatte noch vier Indianer zum Rudern dabei – und der Ausrüstung bis zum Rande voll. Besser gesagt, das Wasser floß nur wenige Zentimeter unter der Bordlinie entlang und niemand durfte eine falsche Bewegung machen. Ich war wirklich froh, als ich meine Kamera und das Zubehör wieder trocken an Land hatte und von einem Felsen die Aufnahmen machen konnte – genauso, wie ich sie mir vorgestellt hatte. So unzuverlässig die Indianer und Guaipo auf uns gewirkt hatten, hier im Boot waren sie vertrauenerweckend und voller Dynamik. Einmal auf dem Rückweg versagte mitten in der reißenden Strömung unser Motor, und ich dachte, jetzt sei alles verloren. Doch mit einigen präzisen Ruderschlägen unter Guaipos Kommando war das Boot wieder unter Kontrolle.

Über die gleiche Stelle schreibt Humboldt in sein Tagebuch: 12. April 1800:

»Wir brachen um vier Uhr morgens auf. Die Indianer ruderten 12 1/2 Stunden ohne Unterlaß. Wir fanden das Flußbett auf einer Strecke von 1.170 Metern voller Granitfelsen. Wir liefen durch Kanäle, die nicht 1,6 Meter breit waren, und manchmal stak unsere Piroge fest. Man suchte Durchfahrten zu vermeiden, durch die sich das Wasser mit furchtbarem Getöse stürzte. Ist die Strömung nicht zu überwinden, so springen die Ruderer ins Wasser, binden ein Seil an die Felsspitzen und ziehen die Piroge heraus. Das geht sehr langsam vor sich. Und wir benutzten zuweilen die Gelegenheit und kletterten auf die Klippen, zwischen denen wir staken. ... Der Orinoko ist in eine Menge Sturzbäche geteilt, deren jeder sich durch die Felsen Bahn zu brechen sucht. Man muß nur staunen über das allgegenwärtige Donnern der Wasser. Von früh bis spät wurden trotz der lähmenden Hitze und Moskitoplage kartographische Messungen und Skizzen gefertigt, Pflanzen gesammelt und alle Naturerscheinungen beobachtet und schriftlich festgehalten.«

Mein Tagebuch 28. März 1968:

»Es ist erst zehn Uhr am Morgen, eigentlich noch keine Zeit, um Tagebuch zu schreiben, aber weil wir warten müssen, bis das Boot kommt, nutze ich die Gelegenheit. Um sechs Uhr waren wir schon aufgestanden. Karl Mägdefrau fühlte sich noch schlechter als gestern, das Fieber war noch gestiegen. Er ist sehr erkältet, anscheinend von der Klimaanlage beziehungsweise dem Temperaturunterschied. Es wäre unverantwortlich, mit einem Kranken die Fahrt auf dem Orinoko anzutreten. Wir haben dort keine ärztliche Hilfe. Er ist gerade noch in einem Zustand, daß er ohne Begleitung nach Caracas zurückfliegen kann. Er entscheidet sich dafür. Wir müssen ohne ihn weiter, es gibt keine andere Lösung.

Ein Uhr Mittag: Vor zwei Stunden kam das Boot. Der Motor ist jetzt schon kaputt, es ist zum Wahnsinnigwerden. Guaipo ist, wie ein Pater heute zu mir sagte, der größte Gauner am Fluß. Ich kann nur noch hoffen! Man wird langsam anspruchslos. Im Augenblick bin ich schon dankbar, daß ein kleiner Windhauch geht und damit die Hitze erträglicher wird. Der Hafen, in dem wir jetzt oberhalb der Wasserfälle liegen, besteht nur aus einer langgestreckten Felsbank, auf der einige mehr oder weniger verrottete Einbäume ruhen. Ein Boot wird ausgebessert. Zwei Leute arbeiten, acht liegen faul darum herum und sehen zu.

In der Zwischenzeit ist es vier Uhr geworden. Guaipo und sein Sohn wollten noch etwas von Puerto Ayachucho holen. Wenn wir ihm keinen Vorschuß gegeben hätten, würde ich jetzt auf die Suche gehen, um vielleicht doch einen anderen Kapitän zu finden. Es wäre nicht so schlimm, einen weiteren Tag zu warten, wenn wir wüßten, daß die Fahrt überhaupt noch klappt. Der ganze Zeitplan ist sowieso durcheinandergekommen. Wir Europäer haben verlernt, das Warten in Ruhe umzusetzen! Wir sind ewig getrieben. Ich versuche, mich zu entspannen, Freude an den malerischen Farben der Einbäume, der leeren Fässer, den halbzivilisierten Indios zu finden. Doch der

Rechte Seite: »Christlicher Altar für eine Prozession im Hochland von Peru«
Biblische Darstellungen waren und sind für das Verständnis des christlichen Glaubens der Indianer von großer Bedeutung.

Abbildung Seite 126 oben links: »Bad des Inka bei Cusco«
Neben der Sonne wurde auch im Inkareich das Wasser verehrt. Noch zeugen viele Mauerwerke vom handwerklichen Geschick der indianischen Baumeister.

Abbildung Seite 126 oben rechts: »Ein Tor der Bergfestung von Olaintaitambo«
Während die Zyklopenmauern von Sacsayhuaman in runden Formen feinst aneinandergefugt sind, haben die gewaltigen Blöcke in Olantaitambo geradflächige, scharf geschliffene Winkel und Kanten. Auch hier sind noch viele Rätsel.

Abbildung Seite 126 unten: »Inkagoldmaske«
Obwohl die Spanier versuchten soviel wie möglich Gold aus den unterworfenen Ländern Amerikas herauszupressen, allein aus Peru schätzt man 16000 Pfund, trotzdem hat man aus Gräbern noch wertvolle Goldfunde machen können und man vermutet und sucht Schätze, die die Untertanen des Inka versteckt haben sollen.

Abbildung Seite 127 oben links: »Kirchenruine der Reduktion San Ignacio, Argentinien«
Das in den Jesuitenmissionen durchgeführte »heilige Experiment« hat nur wenige sichtbare Zeichen hinterlassen! Die meisten Reduktionen sind völlig zerstört.

Abbildung Seite 127 oben rechts: »Fassade einer Kirche in Quito Ecuador«
Barockfassaden zeugen vom Willen der Eroberer, dem Land ein neues Gepräge in Kunst und Architektur zu geben.

Abbildung Seite 127 unten: »Wandschmuck in der San Franziskuskirche in Salvador, Brasilien«
Viele Kolonialkirchen in den Städten sind in den Innenräumen mit Plattgold überzogen. Ein Teil des »heiligen Materials« der Inkazeit ist so für sakrale Kunst wiederverwendet.

Indianische Bettlerin vor den Mauern einer Wallfahrtskirche im Hochland von Bolivien.

Erfolg ist denkbar gering. Gestern, als ich noch in glühender Hitze mit dem schweren Stativ auf den Schultern durch Sand und über brennende Felsen keuchte, fühlte ich mich dagegen richtig wohl. Die Spannung, daß es einfach nicht weitergeht, daß niemand weiß, ob die Expedition überhaupt an die Bifurkation - dem Zusammenfluß von Casiquare und dem Orinoko - kommt, ist zu groß.«

Nach diesem Satz kam Guaipo mit einem anderen Kumpanen, der ihm anscheinend den vergammelten Motor vermietet hatte. Nun fingen alle an, furchtbar zu palavern und sich wichtig zu tun. Vor allem mußten sie erst einmal Werkzeug an verschiedenen Stellen besorgen. Der Motor sieht aus wie ein Schrotthaufen. Wir hatten schon vorher zur Bedingung gemacht, daß noch ein zweiter brauchbarer Motor mitgeführt werden müßte. Schließlich haben wir über tausend Kilometer Flußfahrt vor uns, und dort gibt es keine Werkstatt. Nach relativ kurzer Zeit läuft der Motor plötzlich, und Guaipo behauptet fest, am nächsten Ort am Fluß hätte er noch einen zweiten. Ich glaube nicht daran. Nach einem Abschied mit sehr gemischten Gefühlen, begleitet von einem prächtigen Sonnenuntergang, fahren wir in die Nacht hinein. Schon nach etwa einer Stunde halten wir wieder an ein paar Hütten. Hier wollen wir bis zum Morgen bleiben. Barba hängt die Hängematten auf, es ist noch immer unerträglich heiß.
Bevor wir Schlafengehen, wollen wir uns noch im Fluß abkühlen. Aber man rät uns wegen der Krokodile ab. Wir schütten uns ein paar Töpfe Wasser über den Kopf. In Verbindung mit dem leichten Abendwind ist das sogar eine kleine Erfrischung.

Orinoko 29. März:

»Nun fahren wir wirklich. Der Fahrtwind zaust in den Tagebuchblättern. Es ist schon halb vier Uhr am Nachmittag, und noch immer brummt der Motor. Tatsächlich haben wir nach einem langen Hin und Her in einer Bambushütte am Strand auch den zweiten Motor bekommen. Seit neun Uhr fahren wir ununterbrochen mit einer geschätzten Durchschnittsgeschwindigkeit von zirka fünfzehn Kilometer. Gebückt hocken wir auf den Filmkisten unter dem Wellblechdach und sind sehr froh über den Fahrtwind, der die Hitze erträglich macht. Hier auf dem Fluß haben wir auch nicht mit den Moskitos zu kämpfen, die uns am Ufer hungrig überfallen haben. In der Hängematte hatte ich eine unruhige Nacht verbracht. Der durchhängende Rücken, ein Sonnenbrand vom Tag zuvor und die drückende Schwüle ließen die Stunden lang werden. Nun dösen wir den Tag entlang den geschichts- und gleichförmig gesichtslosen Ufern so vor uns hin. Abwechslung gibt es kaum. Zwei grüne Urwaldwände, ein paar Felsen und Sandbänke, dazu dann und wann ein Kormoran oder ein paar Möven, selten auch ein Fischadler.

Am Morgen hatten wir noch einen schönen Regenbogen, den ich gleich gefilmt habe. Man weiß ja nicht, was noch kommt. Dann brannte die Sonne, bis nun, wo es Abend wird, schwere Regenwolken aufziehen, die vielleicht eine feuchte Nacht bedeuten.

Dazwischen hatten wir mal wieder Glück!

Guaipo wollte unbedingt den Höhenunterschied der Stromschnellen mit dem Außenbordmotor bezwingen. Wenn wir geahnt hätten, wie gefährlich das ist, hätten wir darauf bestanden, das wichtigste Expeditionsgepäck am Ufer entlang über die Felsen hinaufzutragen. Aber Guaipos Faulheit ist gepaart mit einem enormen Gottvertrauen. Das ist allerdings notwendig, denn der Motor ist auf der Strecke von nun schon 300 Kilometern mehrmals ohne

Noch heute sieht man auf dem Orinoko Einbäume wie sie Alexander von Humboldt bei seiner Expedition beschrieben hat

Vorwarnung stehengeblieben, und manchmal hat es Stunden gedauert, bis er wieder lief. Hier mußte er nun mit voller Kraft arbeiten, um gegen die Strömung anzukommen. Hätte er nur ein paar Sekunden ausgesetzt, wären wir geliefert gewesen.

Als ich merke, wie gefährlich die Situation ist, können wir nicht mehr umkehren. Die Wellen zischen an der Bordwand hoch. Ich sitze auf meiner Filmkiste und beobachte abwechselnd das schäumende Wasser und den rauchenden Motor hinten. Nur die unbewegten Gesichter unseres Kapitäns und seines Steuermanns lassen mich zumindest nach außen Haltung bewahren. Jede falsche Bewegung kann den Einbaum aus dem Gleichgewicht bringen. Wir wissen, daß der Fluß voller Pirañas ist. Wenn man untätig dasitzen muß, ist die Situation doppelt so schlimm. Um es kurz zu machen: Der Motor setzte erst wieder oberhalb der Stromschnellen aus, im ruhigen Wasser. Das fand Guaipo ganz normal, denn nach kurzer Reparatur ging es weiter.

Fischen auf den schmalen Einbäumen ist ein Balanceakt und im Fluß gibt es Piranhas, die kleinen Raubfische, denen man nachsagt, daß sie mit ihren rasierklingenscharfen Zähnen ihre Opfer in wenigen Minuten bis auf die Knochen zerlegen können

Es ist verdammt schwer, in dieser Lage zu schreiben. Die Wellen rütteln das Boot wie einen ausgeschlagenen Eisenbahnwagen, und ich muß, auf einem Oberschenkel aufgelegt, das Tagebuch einklemmen, um Halt zu haben. Humboldt hat auch dauernd in ähnlicher Haltung geschrieben und es sogar aus Gewohnheit beibehalten. An einem großen Felsen, dem Castillito, haben wir angehalten. Vor mir lag wieder ein Tagebuchauszug von Alexander von Humboldt, den wir morgen nachvollziehen wollen.«

»Leider war das Blätterdach der Piroge so niedrig, daß man gebückt sitzen oder ausgestreckt liegen mußte. Wenn es regnete, ward man zum halben Leib durchnäßt. Das ganze Vorderteil des Fahrzeuges nahmen die indianischen Ruderer ein, sie sind nackt, sie sitzen paarweise und rudern im Takt, den sie merkwürdigerweise genau einhalten. Zu allen Unbequemlichkeiten kam noch die Plage der Moskitos. Auf der ganzen Reise war ich bemüht, Tag für Tag, sei es im Kanu, sei es im Nachtlager, aufzuschreiben, was mir Bemerkenswertes vorgekommen...

Wer die großen Ströme des tropischen Amerikas, wie den Orinoko oder den Magdalenenfluß, nicht befahren hat, kann nicht begreifen, wie man ohne Unterlaß jeden Augenblick im Leben von den Insekten, die in der Luft schweben, gepeinigt wird, weil die Unzahl dieser kleinen Tiere weite Landstrecken fast unbewohnbar machen kann. So sehr man auch gewohnt sein mag, den Schmerz ohne Klage zu tragen, so lebhaft einen auch der Gegenstand, den man beobachtet, beschäftigen mag, unvermeidlich wird man immer wieder davon abgezogen, wenn Moskitos, Zancudos, Jejen und Tempraneros einem Hände und Gesicht bedecken, einem mit ihrem Saugrüssel, der in einem Stachel ausläuft, durch die Kleider stechen und in Nase und Mund kriechen, so daß man husten und niesen muß, sobald man in freier Luft spricht...

Nicht so ungewiß und fast durch tägliche Erfahrungen bestätigt ist der Umstand, daß am Orinoko, am Casiquare, am Rio Caura, überall, wo die Luft sehr ungesund ist, der Stich der Moskitos die Disposition der Organe zur Aufnahme der Miasmen steigert. Wenn man monatelang Tag und Nacht von den Insekten gepeinigt wird, erzeugt der beständige Hautreiz fieberhafte Aufregung und schwächt infolge des schon früh erkannten Antagonismus zwischen dem gastrischen und dem Hautsystem die Verrichtung des Magens.

Man fängt an, schwer zu verdauen, die Entzündung der Haut verursacht reichlichen Schweiß, den Durst kann man nicht löschen, und auf die beständig zunehmende Unruhe folgt bei Personen von schwacher Konstitution eine geistige Niedergeschlagenheit, in der alle pathogenen Ursachen sehr heftig einwirken. Gegenwärtig sind es nicht mehr die Gefahren der Schiffahrt in den kleinen Kanus, nicht die wilden Indianer oder die Schlangen, die Krokodile oder Jaguare, die den Spaniern die Reise auf dem Orinoko bedenklich macht, sondern nur, wie sie naiv sich ausdrücken, »el sudar y las moscas« (der Schweiß und die Mücken).

Wenn die Indianer am Orinoko oder am Casiquare sahen, daß Bonpland wegen der unaufhörlichen Moskitoplage seine Pflanzen nicht einlegen konnte, forderten sie ihn auf, in ihre Öfen zu gehen. So heißen kleine Gemächer ohne Tür und Fenster, in die man durch eine ganz niedrige Öffnung auf dem Bauche kriecht. Mittels eines Feuers von feuchtem Strauchwerk, das viel Rauch gibt, jagt man die Insekten hinaus und verschließt dann die Öffnung des Ofens. Daß man jetzt die Moskitos los ist, erkauft man ziemlich teuer; denn bei der stockigen Luft und dem Rauch einer Kopalfackel, die den Ofen beleuchtet, wird es entsetzlich heiß darin. Bonpland hat mit einem Mut und einer Geduld, die das höchste Lob verdienen, viele hundert Pflanzen in diesen Öfen der Indianer getrocknet.«

Tagebuch am Orinoko, 1. April 1968:

In Caracas hatte man uns eindringlich davor gewarnt, uns am Abend nach Sonnenuntergang nicht außerhalb des Moskitonetzes aufzuhalten, da es seit kurzem eine Moskitoart gibt, die eine neue Form von Malaria überträgt, gegen die unsere bewährten Mittel nicht helfen. So waren wir immer beunruhigt und bedacht, rechtzeitig unter das schützende Netz zu kommen, was uns gestern abend nicht glückte. Wir fanden beim letzten Licht und einsetzendem Regen nur eine Sandbank. Als ich aus dem Boot stieg, glitten zwei große Krokodile fast lautlos ins Wasser. Einige Wasservögel erhoben sich schreiend in die Luft. Wir sind hier unerwünscht. Hängematten konnten wir keine aufhängen. Barba war gar nicht begeistert davon, die Nacht so nahe dem Wasserspiegel verbringen zu müssen. Er hat schon erlebt wie der Fluß plötzlich stieg. Im Vergleich zu manchem Biwakplatz in den Alpen finde ich unser Nachtlager noch immer erträglich. Der starke Wind hält uns die Moskitos fern. Allerdings ist es zu zweit in dem kleinen Einmannzelt im Finstern bei Tropengewitter und Sturmböen sehr eng. Mehrmals mußte ich in der Nacht aus dem Zelt kriechen, um das flatternde Überdach neu zu befestigen, und überhaupt war mein Schlaf unruhig. Ich träumte immer wieder von Krokodilen. Vielleicht hatte ich in Humboldts Tagebuch zuviel von den unheimlichen Kreaturen gelesen.

»Gegen vier Uhr abends hielten wir an, um ein totes Krokodil zu messen, das der Strom ans Ufer geworfen. Es war nur 5,38 Meter lang; einige Tage später fand Bonpland ein anderes (männliches), das 7,22 Meter maß. Die Indianer sagten uns, in San Fernando vergehe nicht leicht ein Jahr wo nicht zwei, drei erwachsene Menschen, namentlich Weiber beim Wasserschöpfen, am Fluß von diesen fleischfressenden Echsen zerrissen würden. Man erzählte uns die Geschichte eines jungen Mädchens aus Iritucu, das sich durch seltene Unerschrockenheit und

Geistesgegenwart aus dem Rachen eines Krokodils gerettet hatte. Sobald sie sich gepackt fühlte, griff sie nach den Augen des Tieres und stieß ihre Finger mit solcher Gewalt hinein, daß das Krokodil sie vor Schmerzen fallen ließ, nachdem es ihr den linken Unterarm abgerissen. Trotz des ungeheuren Blutverlustes gelangt die Indianerin, mit der übriggebliebenen Hand schwimmend, glücklich ans Ufer. In diesen Einöden, wo der Mensch in beständigem Kampf mit der Natur liegt, unterhält man sich täglich über Kunstgriffe, um einen Tiger, einer Boa oder Trago Venado, einem Krokodil zu entgehen. Jeder rüstet sich gleichsam auf die bevorstehende Gefahr! Ich wußte, sagte das Mädchen in Uritucu gelassen, daß der Kaiman abläßt, wenn man ihm die Finger in die Augen drückt.« Lange nach meiner Rückkehr nach Europa erfuhr ich, daß die Neger im Innern Afrikas dasselbe Mittel anwenden.«

Humboldt hatte auf seiner Reise so gut wie alle vorstellbaren Gefahren, Nöte und Abenteuer zu bestehen, die er mit nie nachlassendem Interesse beschrieb, eingewoben in die Beobachtungen der Natur. Seine zusammenfassenden Aufzeichnungen nannte er »Naturgemälde der Tropen«[14].

»Die Sonne war nahe am Zenit, und ihr glänzendes, vom Spiegel des Stromes zurückgeworfenes Licht stach scharf ab vom rötlichen Dunst, der alle Gegenstände in der Nähe umgab. Wie tief ist doch der Eindruck, den in diesen heißen Landstrichen um die Mittagszeit die Stille der Natur auf uns macht. Horcht man aber in dieser scheinbaren Stille auf die leisesten Laute, die die Luft an unser Ohr trägt, so vernimmt man ein dumpfes Schwirren, ein beständiges Brausen und Summen der Insekten, von denen alle unteren Luftschichten wimmeln. Ein wirres Getöne dringt aus jedem Busch, aus faulen Baumstämmen, aus den Felsspalten, aus dem Boden. Nichts kann dem Menschen lebendiger vor die Seele führen, wie weit und wie gewaltig das Reich des organischen Lebens ist. Es sind ebenso viele Stimmen, die uns zurufen, daß alles in der Natur atmet, daß in tausendfältiger Gestalt das Leben im staubigen zerklüfteten Boden waltet, so gut wie im Schoße der Wasser und in der luft, die uns umgibt.«

2. April 1968, Orinoko:

Wir fahren weiter. Am Bug hockt der junge Guaipo und sucht gespannt den Fluß nach Zeichen im trüben Wasser ab, um nicht auf heimtückische Felsen und Sandbänke zu stoßen. Schon um sieben Uhr sind wir ohne Frühstück gestartet, denn es regnet immer noch. Der Fluß ist im feuchten Nebel nur schemenhaft zu ahnen. Ich muß mein Tagebuch meistens am folgenden Morgen nachtragen, denn am Abend geht die Sonne so schnell unter, daß wir immer große Eile haben, das Lager herzurichten. Diesmal fanden wir eine große Felsbank und im Wald einen ebenen Platz. Es geht alles schon recht routinemäßig. Am späten Nachmittag kamen wir noch an einem Stein mit Felszeichnungen vorbei: stilisierte Menschen und abstrakte Symbole. Erstaunlich, wie ähnlich diese Zeichnungen denen von Mesa Verde in Nordamerika sind. Über die Felszeichnungen am Orinoko schrieb Humboldt:

»Hier wie anderswo in Guayana findet man auf den härtesten Granitfelsen rohe Bilder eingegraben, welche Sonne, Mond und verschiedene Tiere vorstellen und darauf hinweisen, daß hier früher ein ganz anderes Volk lebte, als das wir an den Ufern des Orinoko kennengelernt. Nach den Aussagen der Indianer und der Missionare stimmen diese symbolischen Bilder ganz mit denen überein, die wir 450 Kilometer weiter nördlich von Caycara, der Einmündung des Apure gegenüber, gesehen haben.

Was auch diese Figuren bedeuten sollen und zu welchem Zweck sie in den Granit gegraben worden, immer verdienen sie die größte Beachtung. Die Völker von tamanakischem Stamm, die alten Bewohner des Landes, haben eine lokale Mythologie, Sagen, auf die sich diese Felsen mit Bildern beziehen.

Amalivaca, der Vater der Tamanaken, das heißt der Schöpfer des Menschengeschlechts (jedes Volk hält sich für den Urstamm der anderen Völker), kam in einer Barke an, als sich bei der großen Überschwemmung, welche die »Wasserzeit« heißt, die Wellen des Ozeans mitten im Lande an den Bergen der Encaramada brachen. Alle Menschen, oder vielmehr alle Tamanaken, ertranken, mit Ausnahme eines Mannes und einer Frau, die sich auf einem Berg am Ufer des Asiveru, von den Spaniern Cuchivero genannt, flüchteten. Dieser Berg ist der Ararat der aramäischen oder semitischen Völker, der Tlaloc oder Colhuacan der Mexikaner. Amalivaca fuhr in seiner Barke herum und grub Bilder von Sonne und Mond auf den gemalten Fels an der Ancaramada...

Nachdem Amalivaca in Amerika, diesseits des großen Wassers, alles in Ordnung gebracht, schiffte er sich wieder ein und fuhr ans andere Ufer zurück, an den Ort, von dem er gekommen. Seit die Eingeborenen Missionare zu sich kommen sehen, denken sie, dieses »andere Ufer« sei Europa, und einer fragte Pater Gili naiv, ob er dort drüben den großen Amalivaca gesehen habe, den Vater der Tamanaken, der auf die Felsen symbolische Figuren gezeichnet.

Diese Vorstellung von einer großen Flut, das Paar, das sich auf einen Berggipfel flüchtet und Früchte der Mauritiapalme hinter sich wirft, um diese Welt zu bevölkern, dieser Nationalgott Amalivaca, der zu Wasser aus fernem Lande kommt, der Naturgesetze vorschreibt und die Völker zwingt, ihr Wanderleben aufzugeben - alle diese Züge eines uralten Glaubens verdienen Beachtung. Was die Tamanaken und die Stämme, die mit dem Tamanakischen verwandte Spra-

chen haben, uns jetzt erzählen, ist ihnen ohne Zweifel von anderen Völker überliefert, die vor ihnen dasselbe Land bewohnt haben.«

Die Legenden und Sagen von einer Sintflut, von der fast völligen Vernichtung des Menschengeschlechts durch steigende Wasser waren bei vielen Indianerstämmen in ganz Amerika überliefert und besitzen eine erstaunliche Parallele zur biblischen Darstellung. Inwieweit die in der Mythologie der amerikanischen Kulturen immer wieder beschriebenen »Weiße Götter« Zusammenhänge zu sehr frühen christlichen Einflüssen darstellen, ist immer wieder Ausgangspunkt für Deutungen und Spekulationen gewesen.

So sehr sich Humboldt in Details vertieft, verliert er doch nie seine großen geographischen Ziele aus dem Auge, auch wenn er dazu eine ganze Reihe von Hindernissen überwinden muß. In wenigen Sätzen skizziert er den folgenden Abschnitt der Expedition:

»Wir hatten die Nacht fast ungemerkt die Gewässer des Orinoko verlassen und sahen uns bei Sonnenaufgang wie in ein anderes Land versetzt am Ufer eines Flusses, dessen Namen wir fast noch nie hatten aussprechen hören und auf dem wir über den Trageplatz am Pimichin zum Rio Negro an der Grenze Brasiliens gelangen sollten. »Sie müssen«, sagte uns der Präsident der Missionen, der in San Fernando seinen Sitz hat, »zuerst den Atabapo, dann den Temi, endlich den Tuamini hinauffahren. Können Sie bei der starken Strömung der schwarzen Wasser nicht mehr weiterkommen, so führt man sie vom Flußbett weg durch die Wälder, die Sie unter Wasser finden werden. Auf diesem wüsten Landstrich zwischen Orinoko und Rio Negro leben nur zwei Mönche; aber in Javita finden Sie die Mittel, um Ihre Piroge vier Tagesreisen weit über Land zum Cano Pimichin ziehen zu lassen. Zerbricht sie nicht, so fahren Sie ohne Anstand den Rio Negro hinunter bis zur Schanze San Carlos, sodann den Casiquiare herauf und kommen in Monatsfrist über den oberen Orinoko wieder nach San Fernando.« Diesen Plan entwarf man uns für unsere Flußfahrt, und wir führten ihn nicht ohne Beschwerden, aber immer leicht und ohne Gefahr in 33 Tagen aus. Die Krümmungen in diesem Flußlabyrinth sind so stark, daß man sich ohne die Reisekarte, die ich entworfen, vom Wege, auf dem wir von der Küste von Caracas durch das innere Land an die Grenzen der Capitania General von Gran-Para gelangt sind, so gut wie keine Vorstellung machen könnte.«

Humboldt wenig später:

»Nach allem, was wir jetzt durchgemacht, wird es mir hoffentlich gestattet sein auszusprechen, wie herzlich froh wir waren, daß wir die Nebenflüsse des Amazo-

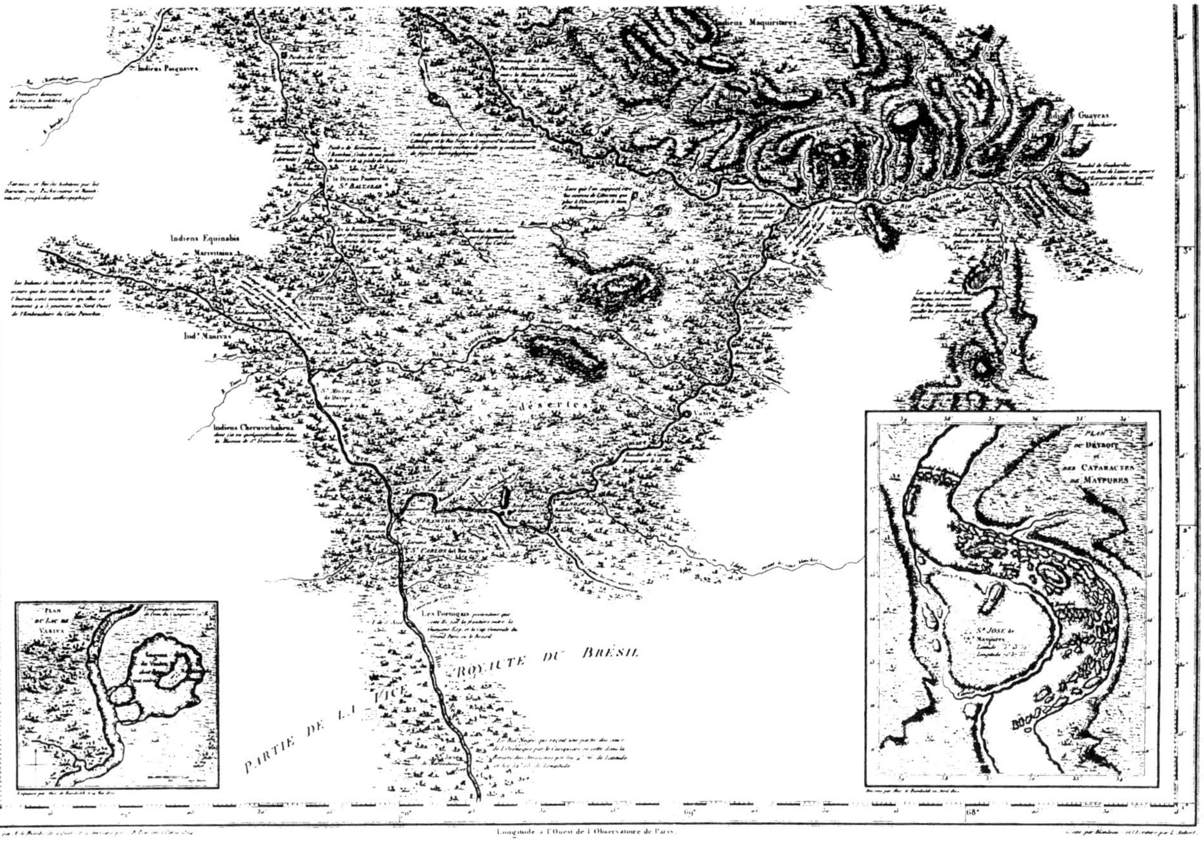

Das geographische Phänomen: die Bifurkation zwischen dem Orinoko- und Amazonas-Stromsystem wurde von Alexander von Humboldt wissenschaftlich untersucht

nasstroms erreicht, daß wir die Landenge zwischen zwei großen Flußsystemen hinter uns hatten und nunmehr mit Zuversicht der Erreichung des Hauptzweckes unserer Reise entgegensehen konnten, der astronomischen Aufnahme jenes Armes des Orinoko, der sich in den Rio Negro ergießt und dessen Existenz seit einem halben Jahrhundert bald bewiesen, bald wieder in Abrede gezogen wurde. Ein Gegenstand, den wir so lange vor dem inneren Auge gehabt, wächst uns an Bedeutung, je näher wir ihm kommen.

Jene unbewohnten, mit Wald bedeckten, geschichtslosen Ufer des Casiquiare beschäftigten damals meine Einbildungskraft, wie die in der Geschichte der Kulturvölker hochberühmten Ufer des Euphrat und des Oxus. Hier, inmitten des neuen Kontinents, gewöhnt man sich beinahe daran, den Menschen als etwas zu betrachten, das nicht notwendig zur Naturordnung gehört. Der Boden ist dicht bedeckt mit Gewächsen, und ihre freie Entwicklung findet nirgernds ein Hindernis... Krokodile und Boa sind die Herren des Stromes, der Jaguar, der Pecari, der Tapir und die Affen streifen durch den Wald ohne Furcht und ohne Gefährde, sie hausen hier wie auf ihrem angestamten Erbe. Dieser Anblick der lebendigen Natur, in der der Mensch nichts ist, hat etwas Befremdendes und Niederschlagendes. Hier, in einem fruchtbaren Lande, sieht man sich umsonst nach einer Spur von der Wirksamkeit des Menschen um, man glaubt sich in eine andere Welt versetzt, als die uns geboren...

Am 21. Mai liefen wir 13,5 Kilometer unterhalb der Mission Esmeralda wieder in das Bett des Orinoko ein. Vor einem Monat hatten wir den Fluß bei der Einmündung des Guaviare verlassen... Der Punkt, wo die vielberufene Gabelteilung des Orinoko stattfindet, gewährt einen ungemein grossartigen Anblick.«

Humboldt hatte die geographisch umstrittene Stelle gefunden und mit dem Sextanten festgelegt. Die heutigen Messungen bestätigen die bewunderungswürdige Präzision von Humboldts Kartenzeichnungen, die nur wenige Meter vom Absoluten abweichen. Er hat die Stelle nicht nur geographisch festgelegt, er suchte auch nach einer wissenschaftlichen Erklärung für die Frage: Wo ist an dieser Stelle die Wasserscheide zwischen dem Flußbecken des Orinoko und des Amazonas?

Und er findet die Lösung: *»Erfolgt die Gabelung eines Flusses an der Grenze zweier Becken (wie hier an der des Orinoko und Amazonasbeckens), so läuft die Wasserscheide durch das Bett des Hauptbehälters selbst. Der sich abzweigende Arm stellt dann eine hydraulische Verbindung zwischen zwei Flußsystemen her.«*

3. April 1968 Orinoko-Casiquare:

Nun haben wir das erste bedeutende Ziel von Humboldt und damit auch von unserer Gedächtnisexpedition erreicht. Es ist ein eigenartiges Gefühl, daß man von hier den Casiquiare abwärts zum Rio Negro und weiter zum Amazonas, zum größten Fluß der Erde, fahren könnte. Ich habe den Baum gezeichnet, auf den ich hinaufgeklettert bin, um von oben mit der Filmkamera die Gabelteilung festzuhalten. Wenn ich nicht gewußt hätte, daß Barba schon bei der früheren Expedition diesen Urwaldriesen für eine Luftaufnahme erstiegen hat, wäre ich wohl kaum so mutig an einer Liane hinaufgehangelt.

So wie es in den Alpen Lawinen gibt, vor denen man sich fürchtet, so waren es hier die Schlangen. Womit ich aber wirklich zu kämpfen hatte, waren die Ameisen. An einer Liane hatte ich mich in eine Astgabel geschwungen, in der eine üppige Bromelie wuchs, aus der scharenweise Ameisen herausquollen. So schnell ich überhaupt nur klettern konnte, strebte ich dem Gipfel zu, hinter mir ein Heer von Ameisen. Meine Rettung war, daß ich eine Dose mit Insektenvertilgungsmittel dabei hatte und den Ast hinter mir immer wieder einsprühte, um damit meine Verfolger zurückzuweisen. Doch bis ich endlich mit der Machete einen Ausguck geschlagen hatte, immer alles mit der schweren 35mm Filmkamera an mir hängend, war ich nicht nur von Schweiß durchnäßt, sondern auch von Insekten völlig zerstochen.

Endlich konnte ich das Panorama filmen und mich anschließend vom Baum abseilen. Das Seil reichte gerade zum Boden, das heißt die Abseilstelle war 30 Meter lang. Nun fuhren wir weiter in Richtung Esmeralda. Kein Zweifel: Esmeralda ist die eigenartigste Stadt, die ich je kennengelernt habe. In jedem Atlas, selbst in der ganz modernen National Geographic Ausgabe 1975, ist Esmeralda inmitten eines großen Gebietes als einziger Ort groß angezeigt.

Humboldt beschreibt dieses Juwel:
»Am Fluß des Duida, den die Missionare einen Vulkan nennen, liegt die Mission Esmeralda, ein Dörfchen mit achtzig Einwohnern, auf einer herrlichen, von Bächen mit schwarzem, aber klarem Wasser durchzogenen Ebene, einem wahren Wiesengrund, auf dem in Gruppen die Mauritiapalme, der amerikanische Sagobaum steht. Hier trifft man ungemein große Ananas von köstlichem Geruch. In Esmeralda ist kein Missionar. Der Geistliche, der hier Messe lesen soll, sitzt in Sankta Barbara, über 225 Kilometer weit. Er braucht den Fluß herauf vier Tage; er kommt daher auch nur fünf oder sechsmal im Jahr. Wenn die Villa Esmeralda mit ihrer Bevölkerung von zwölf bis fünfzehn Familien gegenwärtig für einen schrecklichen Aufenthaltsort gilt, so kommt dies nur vom Mangel an Anbau, von der Entlegenheit von allen bewohnten Landstrichen und von der furchtbaren Menge von Moskitos.«

Vareschi beschreibt, wie seine Expedition 1959 den Ort anlief: *»Guaipo sagt: »Hier ist der Hafen.« Wir sehen nur einen halbvermoderten Pfahl und ein Benzinfaß auf dem Sand. Die Häuser liegen wohl weiter ab vom Strand. Guaipo sagt: »Hier gibt es keine Häuser.«*

Ja, aber - wo wohnen dann die Leute von Esmeralda? Guaipo sagt: »Hier gibt es keine Leute. Hier gibt es niemanden und nichts.«

Und so war es. Von Esmeralda existiert kein Balken mehr. Nur die Sabana selbst ist noch Zeuge der alten Rodungen. Das Holz der Häuser ist durch gierige Termitenmägen gewandert und steht in Form steiler Spitzbauten im hohen Steppengras um die ehemalige Siedlung herum. Man sieht Steigspuren durch die Sabanen ziehen. Aber das sind nur Tapirwechsel. Tapire, Wasserschweine und Termiten sind dort anzutreffen, wo unsere Atlanten verheißungsvoll den Namen Esmeralda hinsetzen!«

Und auch als wir 1968 neugierig, ob sich wieder etwas getan hätte, nachschauten, hat sich noch niemand gefunden, hier ein Grundstück, das sicher billig zu haben wäre, zu bebauen.

Wir fuhren weiter gegen den Strom des schmäler werdenden Orinoko, um bis zu den Waika-Indianern zu kommen, jenem ursprünglich gebliebenen Stamm, der noch immer nicht dem Sog der neuen Zeit erlegen, ruhelos und unberechenbar durch die Wälder zieht und nur dann und wann für eine Weile am Fluß seßhaft wird. Die Arbeit der Missionare ist hier nicht leicht. Schon einige Male, wenn sie glaubten, ihre Schäfchen »unter der Glocke zu haben«, verschwanden die Jäger spurlos in den Wäldern.

Herzlich begrüßte uns Pater Coco, eine biblische Gestalt, am Ufer. Schon von weitem hatte er das Motorengeräusch gehört. Wir sehen einige nackte Indianer nahe der Missionsstation arbeiten, dann sind sie in Richtung ihres Dorfes verschwunden.

Weil Barba hier schon viel Zeit und Mühe zur Kontaktaufnahme mit den Indianern verbracht hatte und Pater Coco uns in allem sehr behilflich war, konnten wir nach wenigen Tagen Filmaufnahmen machen, um Tagebuchstellen von Humboldt zu illustrieren.

Das Dorf liegt etwas abseits vom Fluß. Ein ovaler, sauberer Platz ist umrahmt von schrägen bis zum Boden reichenden Dächern, die mit Palmblättern gedeckt sind. Sie bieten ausreichend Schutz vor Sonne, Regen und Sturm und gewähren der frischen Luft jederzeit Zugang. Das ist nötig in diesem feuchtheißen Klima unter dem Äquator. Jede Familie hat einen kleinen Sektor mit einer Feuerstelle und Raum für ihre Hängematten, in denen sie schlafen, aber auch am Tage ruhen. Die Indianer meiden die heiße Mittagssonne und ziehen sich in dieser Zeit gerne ins Halbdunkel des Waldes oder in den Schatten der Hütten zurück.

Die Waika-Indianer gehen auch im Bereich der Missionsstation fast alle nackt. Sie sind auffallend klein. Die Frauen werden im Durchschnitt nicht größer als 1,40 Meter; die Männer sind gut zehn Zentimeter größer. Aber sie sind überaus stark und zäh, und selbst die Frauen können schwere Lasten tragen. Seit sie Kontakt mit den Missionsstationen haben, besitzen die

Waikas Holzboote, die ersten Vorboten der Zivilisation. Dadurch sind sie beweglicher geworden.

Bis dahin war ihr Reich allein der Wald. Die Flüsse überquerten sie nur auf schwankenden Brücken, die aus dünnen Baumstämmen und Ästen mit Lianen zusammengebunden wurden.

Die Waikas haben noch die ursprünglichste Wirtschaftsform, die wir vom Menschen kennen: das Sammeln und Jagen. Erst in jüngster Zeit übernehmen sie von benachbarten Indianern höherer Kulturstufe und vor allem von den Missionaren nach und nach die Kunst des Ackerbaus. Meist fischen die Frauen in den flachen Altwassern, indem die Tragkörbe als Reusen verwendet werden. So zu fischen ist überaus einfach, hat aber einen Nachteil: die Methode kann nur in der regenarmen Jahreszeit angewandt werden, wenn der Wasserstand der Flüsse um einige Meter gesunken ist. Bei Hochwasser lohnt sich im allgemeinen das Fischen in diesen Gegenden nicht.
Man findet in den Gewässern auch den Piraña-Fisch. Es heißt, er greife nur an, wenn bereits Blut vergossen ist oder sich eine Wunde am Körper befindet. Aber auch die meisten anderen Fische sind gefürchtet. Sie schnappen nach Händen und Füßen mit ihrem gefährlichen Gebiß, wenn man diese aus dem Boot ins Wasser hält. Eile kennt der Waiki-Indianer im allgemeinen nicht. Doch die frisch gefangenen Fische werden noch am gleichen Abend zubereitet. Bei der feuchtheißen Temperatur von etwa 30 Grad im Schatten verderben sie überaus schnell. Die Frauen nehmen sie aus. Der Fingernagel ersetzt das Messer, und wenn dies nicht ausreicht, werden die Zähne zu Hilfe genommen. Während der Arbeit tragen die Frauen immer ihre Säuglinge mit herum. Man kann sie weder in den Hütten noch am Fluß sich selbst überlassen.

Die größeren Jungen üben sich von früh an im Gebrauch von Pfeil und Bogen, und die Mädchen werden schon bald zu allen Frauenarbeiten herangezogen. Von Barba, der in den letzten Jahren immer wieder zu diesem Stamm kam, erfahre ich noch mehr, als ich bei der beschränkten Zeit für den Humboldtfilm hier selbst erleben kann. Barba war dabei, als einer der Stammesangehörigen starb:

Ein Scheiterhaufen wird auf dem Gelände errichtet und angezündet, um den Toten zu verbrennen. Die Verwandten, die bis dahin weinend die Totenwache hielten, erheben die Totenklage. Abwechselnd oder gemeinsam wird gesungen und um das Feuer getanzt. Das alles geschieht nach einem strengen Ritual, hinter dem sich ein tiefer religiöser Sinn verbirgt. Es ist schwer, in die indianische Geisteswelt einzudringen. Über die religiösen Vorstellungen der Waikas wissen wir schon einiges, aber die Namen und

Anschauungen wechseln von Stamm zu Stamm. In den wesentlichen Dingen scheint es allerdings kaum Unterschiede zu geben.

Die südlichen Nachbarn von unseren Waika-Indianern, die schon auf brasilianischem Gebiet wohnen, stellen sich den Aufbau der Welt etwa so vor: Die Erde ist eine Scheibe, über die sich das Firmament wölbt. Der Mond ist der Wohnsitz des allmächtigen Gottes, der die Welt erschaffen hat, sie regiert und erhält. Die Sonne macht den Menschen durstig und schwach und läßt die Pflanzen vertrocknen, ansonsten hat sie weiter keine Macht. Zwischen Mond und Erde vermitteln eine große Zahl von Geistern, die zum Teil mit bestimmten Pflanzen und Tieren eng in Verbindung stehen. Für den Menschen gibt es ein Weiterleben nach dem Tod. Auf dem Mond ist das Paradies, in das die Seelen der Verstorbenen gelangen, von dem sie aber auch ausgeschlossen werden können. Die Seele des Menschen ist in seinen Knochen gefangen. Nur durch Verbrennen kann sie befreit werden und mit dem Rauch zum Mond aufsteigen. Wehe dem, der nach seinem Tode nicht verbrannt wird, seine Seele muß ruhelos zwischen Mond und Erde herumgeistern. Ihre erschlagenen Feinde verbrennen die Waikas nicht.

Nach der Verbrennung suchen die Angehörigen die Asche nach übriggebliebenen Knochenresten des Toten durch. Selbst die kleinsten Stückchen versucht man, durch Sieben der Asche zu retten, und legt sie säuberlich auf Blätter. Schließlich werden sie in einen Korb gefüllt und bis zum Totenfest aufbewahrt.

Wenn mehrere Stammesbewohner zur gleichen Zeit sterben, gibt das zu denken. Böse Geister scheinen sich im Dorf niedergelassen zu haben. Um sich ihrer Macht zu entziehen, beschließt man, sich einige Monate lang vor ihnen im Wald zu verstecken. Mit allem Hab und Gut wandert man fort. Die schweren Lasten werden von den Frauen getragen. Die Männer behaupten, sie müßten verteidigungsbereit bleiben, und halten nur ihre Waffen in den Händen. Auch die alten Leute, die kaum noch gehen können, müssen mitziehen. Es gehört zu den Lebensgewohnheiten der Waikas, auch ohne Anlaß eines Todesfalles gelegentlich für eine Zeitlang den Wohnsitz zu wechseln. Man zieht jeweils dorthin, wo sich der Jahreszeit und der Landschaft entsprechend günstige Ernährungsmöglichkeiten bieten. Aus ihrer mehr oder weniger nomadisierenden Lebensweise versteht sich auch die Sitte einiger Stämme, ihre alten Stammesmitglieder, die die langen Märsche nicht mehr durchhalten können, nach allgemeinem Beschluß zu töten.

War jemand vor seinem Tode krank, sagt man, in ihm stecke noch ein böser Krankheitsgeist. Daher verbrennt man die Leichenreste erst, wenn dieser nach einigen Wochen mit dem Fleisch verschwunden ist.

Bei anderen Waikastämmen ist es Sitte, die Toten grundsätzlich erst nach dieser Vorbereitungszeit zu verbrennen. Das Totenfest wird für alle gegeben, wenn die Vorbereitungen hierfür abgeschlossen sind, das heißt, wenn vor allem für genügend Festnahrung gesorgt ist. Dafür werden die roten Früchtebüschel der stacheligen Pupunha Palme gesammelt und mit einem Steigegerät geerntet. Diese Palme ist wohl die älteste Pflanze, die die Waikas pflegen und vermehren. Bis heute gibt es jedoch keine Pflanzungen von ihr, sondern man kultiviert sie dort im Wald, wo sie von altersher wachsen. Keine der Früchte soll verlorengehen. Deshalb werden einzelne Büschel vorsichtig mit Lianen abgeseilt. Diese pflaumengroßen Früchte sind überaus nahrhaft und sättigend. Gekocht oder geröstet schmecken sie etwa wie unsere Kartoffel, besitzen jedoch einen größeren Fett- und Vitamingehalt.

Die Waldindianer sind äußerst geschickte Jäger, die mit vergifteten Pfeilen auch weit entfernte Ziele erreichen

Zwischen der Reife der Pupunha und dem Totenfest bestehen enge Beziehungen. Bevor die Waikas vor nicht allzulanger Zeit die Bananen von anderen Indianern übernahmen, gab es nur dann für diese Sammler und Jäger reichlich Nahrung, wenn die Palmen reife Früchte trugen. Nur dann war es auch möglich, gemeinsam mit anderen Stämmen über Tage ein Fest zu feiern. Neben dem Sammeln der Früchte haben die Jäger den Ehrgeiz, mit ihrer Beute zum Fest beitragen zu können. Ihre Jagdinstinkte sind besonders ausgeprägt. Mit einer Sinnesschärfe, die wir nur bewundern können, erfassen sie alles, was um sie herum im Wald lebt und sich bewegt. Dabei ist das Ohr das wichtigste Orientierungsorgan. Auch die Sehschärfe der Indianer ist erstaunlich. Sie verfehlen selten mit dem Pfeil ihr Ziel, auch wenn es sich in einer 40 Meter hohen Baumkrone befindet. Mit schwerem Bogen und mannshohen Pfeilen im Wald zu schießen, ist eine Kunst für sich. Die Jäger erbeuten alle Arten von Vögeln wie Waldhühner, Papageien, Spechte, aber auch Faultiere, Affen, Schlangen und Eidechsen. Die begehrteste Jagdbeute ist der Tapir, der bis zu sieben Zentner schwer sein kann und das größte Säugetier auf dem südamerikanischen Kontinent ist. Ein besonderes Ereignis ist auch, wenn eine Rotte von Wildschweinen entdeckt wird. Auf ein Signal hin stürmen sofort alle Männer in den Wald zu einer gemeinsamen, oft Tage dauernden Verfolgungs- und Treibjagd.

Ein großer Leckerbissen scheint auch die Vogelspinne zu sein. Sie ist etwa handtellergroß und wird vorsichtig aus ihrer Erdhöhle gegraben. Ihr Biß ist sehr schmerzhaft, aber nicht lebensgefährlich, wie man bei uns oft annimmt. Unangenehm können jedoch ihre Haare werden, die die Spinne dem Angreifer wie feine Speere entgegenschleudern kann.

Um die kleineren Tiere frisch nach Hause bringen zu können, wickelt man sie in Palmblätter. In ihnen werden sie auch auf die Glut gelegt und gesiedet. Ähnlich bereitet man Ameisen und bestimmte sich ins Holz bohrende Larven großer Käfer zum Essen zu. Größere Tiere brät man am offenen Feuer.

Rechte Seite: »Schlucht des Apurimac«
Eine Hängebrücke, deren Pfeiler noch aus der Zeit der Inka stammt, überspannt einen der großen Quellflüsse des Amazonas.

Abbildung Seite 146 oben: »Passübergang am Salcantay der Cordillera Vilcabamba, Peru«

Abbildung Seite 146 unten: »Im Oberlauf des Rio Napo, Ecuador«

Abbildung Seite 147 oben: »Über der Apurimacschlucht, Cusco Region, Peru«
Durch dieses wilde Land führten die Inkastraßen auch nach Osten zum Urwald des Amazonas.

Abbildung Seite 147 unten: »Am Zusammenfluß des Rio Negro in den Amazonas«

Die Waldindianer besitzen normalerweise keine Tonkochtöpfe. Die Waika-Indianer bilden da eine Ausnahme: Sie kennen aus Ton gebrannte Kochtöpfe und Schüsseln.

Weder die Waika-Indianer noch die übrigen Waldindianer halten sich Haustiere, um sie zu schlachten. Sie lieben es, Tiere um sich herum zu haben. Jungtiere, die man bei Streifzügen im Wald findet, nimmt man mit nach Hause, um sie aufzuziehen. So kann man sehen, wie eine Frau erst ihr Kind stillt und danach ein Affenbaby. Mit den Tieren teilt man sich noch mehr, nämlich das Ungeziefer. Zum gemütlichen Beisammensein der Waika-Indianer gehört es, daß man sich gegenseitig die lästigen Zecken, Milben, Sandflöhe und sonstiges Getier entfernt, das beim Baden im Fluß nicht vom Körper geht. Oft sitzen sie zu zweit, zu dritt oder zu mehreren hintereinander.

Zu den Festvorbereitungen gehört auch die Körperbemalung. Mit der leuchtend roten Farbe, die die Früchte eines Strauches liefern, werden Gesicht und Körper bemalt.

Es gibt keine Indianerkultur in den Tropen Südamerikas, die diese Farbe nicht verwendet oder nicht verwendet hat. Das wichtigste Motiv bei der Körperbemalung ist bei Kindern wie bei Erwachsenen die Schlangenlinie. Die Kraft und Beweglichkeit der großen Reptilien soll damit auf den Träger übergehen. Den Kriegern werden außerdem Ringe aufgemalt, die die Kraft des Jaguars bringen sollen. Aber auch der Hausaffe wird von dem Schönheitssinn der Indianer oder deren Mystik nicht verschont. Zuerst werden ihm im Gesicht die Haare abgeschnitten, anschließend bemalt man das Affengesicht mit roter und blauer Farbe.

Symbol des Festes sind der mit Federn geschmückte Pfeil und Korb vor der Häuptlingstür. Es ist Brauch, daß die Gäste vor dem Dorf warten, bis sie gerufen werden. Zunächst fordert man die Häuptlinge der verschiedenen Stämme auf hereinzukommen. Sie halten lange Palaver in vorgeschriebener ritueller Form. Man spricht über die Toten, derer man gedenken will, über den Ablauf des Festes, und man versichert sich vor allem immer wieder, in friedlicher Absicht gekommen zu sein, denn gelegentlich wurde ein Fest zu einem Überfall mißbraucht. Grund dafür ist meistens ein Frauenraub, um den eigenen Stamm mit frischem Blut aufzufrischen.

Linke Seite oben links: »Im tropischen Urwald am Amazonas«

Linke Seite oben rechts: »Oberer Amazonas«
Diese verschlungenen Wasserwege brachten Forscher und Entdecker durch die »grüne Hölle«

Linke Seite unten: »Kamerastandpunkt für den Film: »Auf verwehten Spuren – Im Wasserlabyrinth des Amazonas.««

Auch Streitgespräche gehören zum Ritual der Feste. Ein Stammesmitglied mit schwarz angemaltem Gesicht verkörpert offenbar einen Geist der bösen Mächte, der dem Guten widerspricht. Diesen sogenannten »Primitiven« ist also der Unterschied zwischen Gut und Böse bewußt. Die Darstellung dieser Auseinandersetzung ist ein Teil ihrer Religion.

Zum Abschluß der Begrüßungszeremonie wird dem Häuptling der Gäste eine Kürbisschale mit Bananenmus gereicht. Sein Kopf ist zum Zeichen des Friedens mit weißen Daunenfedern geschmückt. Anschließend übergibt man einen Korb voller Früchte und Fleisch für die Wartenden vor dem Dorf, die wenig später einziehen dürfen. Zuerst kommen die Kinder angestürmt. In den Händen tragen sie Palmwedel. Laut schreiend laufen sie tanzend mehrmals auf dem Dorfplatz herum, der jetzt wie eine Arena wirkt. So schnell, wie sie gekommen sind, verschwinden sie wieder. Jetzt laufen die Frauen und jungen Männer auf den Platz. Lärmend tanzen sie einige Male an den Häusern vorbei. Alle sind bemalt und mit Federn bunt geschmückt. Wahrscheinlich verkörpern die Gestalten mit den wehenden Palmblättern Waldgeister. Aber das alles ist nur ein Vorspiel, denn erst dann dröhnt die Arena von lautem Geschrei, wenn die Männer hereinstürmen. Alle Gäste laufen tobend und wild gestikulierend dicht vor den Hütten der Gastgeber im Kreis herum. Der Einzug soll einen Überfall darstellen.

Gelassen schauen die Dorfbewohner dem Kriegsspiel zu. Während die Frauen weiter Palmwedel in den Händen halten, trennen sich die Krieger nicht von ihren Waffen, weder die Gäste noch die Gastgeber. Die weißen Federn, mit Gummimilch an das Haar geklebt, sind zwar ein Friedenszeichen, Haumesser und Äxte demonstrieren aber auf beiden Seiten den derzeitigen guten Rüstungsstand. Die drohende Haltung und die Kampfbereitschaft sollen symbolisch zeigen, daß man bereit ist, mit den bösen Geistern zu kämpfen, die ständig das Leben und die Seele der Menschen bedrohen. In diesen Tagen will man den Bund mit den guten Mächten erneuern. Das schließt jedoch nicht aus, daß solch ein Treffen plötzlich in einen blutigen Streit übergeht. Vor einiger Zeit wurde auf diese Weise ein Waikastamm nahezu ausgerottet.

Verschiedentlich erkennt man zwei Parteien, die den symbolischen Kampf der guten Geister gegen die bösen darstellen. Einige der Spiele erfordern besonderen Mut und viel Ausdauer, wie zum Beispiel die Faustkämpfe. Die Partei, die die meisten Schläge hinnehmen kann, hat gesiegt. Jeder der Beteiligten darf bei diesem Spiel abwechselnd zweimal mit voller Wucht hintereinander auf die Brust des anderen schlagen. Nicht selten brechen Rippen.

Bei anderen Waikastämmen werden bei Totenfesten Stockduelle ausgeführt. Zwei Männer hocken sich dabei gegenüber und schlagen sich mit drei Meter langen Stöcken abwechselnd mit voller Wucht auf die Schädel.

Nach einiger Zeit setzen sich die Indianer in einer Hütte dicht gedrängt nieder. Der Lärm klingt ab und geht in lautes Weinen und Klagen über. Schon vor dem Fest hatte man einen Trog aus Holz gefertigt und rot angestrichen, in dem nun mit einem Mörser von einigen Kriegern die Knochenreste des Toten zerstampft werden. Die Asche wird sorgfältig auf Bananenblätter geschüttet und in Kürbisbehälter gefüllt. Etwas von der Asche wird für das nächste Jahr aufbewahrt, falls kein Stammesangehöriger sterben sollte. Das übrige Knochenmehl wird mit Bananensuppe vermengt und von allen Stammesangehörigen getrunken. So glaubt man, daß den Lebenden etwas von der Seele und Kraft des Verstorbenen erhalten bleibt.

Diese tiefsinnige Handlung bedeutet zugleich ein Friedensmahl mit den benachbarten Stämmen.

Vor einigen Jahren starb ein brasilianischer Waikahäuptling und wurde auf seinen Wunsch als Christ begraben. Vor dem Totenfest holte man heimlich Reste der Leiche aus der Erde hervor und verbrannte sie feierlich, um seine Seele zu befreien und die Knochenreste zu erhalten.

Mörser und Knochenkorb werden verbrannt, denn nach der Zeremonie darf kein Wort und kein Gegenstand mehr an den Verstorbenen erinnern. Wenn der ernste Teil der Totenfeier vorbei ist, beginnt der Festschmaus. Danach gönnt sich jeder etwas Ruhe. Erstaunlich, wieviel Indianer zusammen in eine Hängematte passen. Später gehen die Frauen mit den Kindern zum Fluß, und die Männer treffen wieder auf dem Dorfplatz ein. In großen Mengen bläst man sich Yopo-Pulver in die Nase, ein berauschendes Mittel aus gerösteten Bohnen einer Art Akazie in Verbindung mit der Rinde des Njakoabaumes, das man auch bei Krankenheilungsprozessen verwendet. Wie dort, will man auch nach der Totenfeier im Rauschzustand mit der Geisterwelt in Verbindung treten und die Krankheitserreger abwehren, damit der Tod nicht wieder den Stamm heimsucht.

Der bekannte Forscher für vergleichende Völkerkunde Professor Eibl-Eibesfeld, schrieb nach einem längeren Aufenthalt bei den Waikas:

»Sie verbringen sicher mehr Zeit damit, Mensch zu sein. In diesem Punkt sind sie wahrscheinlich glücklicher als wir...«

Seitdem sind einige Jahre vergangen - sind sie es noch? Und wie lange noch? Mit diesen Gedanken nahmen wir Abschied von Pater Coco, einem der liebenswertesten Menschen, die ich je in meinem Leben getroffen habe. Beinahe wie eine Entschuldigung für seine Arbeit im Urwald, klingt mir einer seiner letzten Sätze nach: »Ich hoffe, es gelingt mir, die Menschen hier noch eine Weile vor der Zivilisation zu schützen.«

Die Rückfahrt auf dem Orinoko wurde für mich zu einer ganz bösen Quälerei. Irgendwie hatte sich bei meiner Baumkletterei ein Nerv am Rücken eingeklemmt. Jedenfalls wurden die Schmerzen schlimmer als unmittelbar nach meiner früheren Rückgratverletzung. Vor allem das rechte Bein brannte wie Feuer. Wer je eine akute Ischiasentzündung gehabt hat, kann das wohl nachfühlen. Das Sitzen im Boot ohne jede Bewegungsmöglichkeit, die Hitze, die Moskitos und die Tatsache, daß die gerade noch zulässige Dosis Schmerztabletten nicht mehr wirkten, ließen die Stunden zur Ewigkeit werden. Die Nächte waren schlimm, in den Hängematten konnte ich es beim besten Willen nicht aushalten, und im Zelt kroch ich auch oft verzweifelt hin und her. Keine hundert Schritte konnte ich mehr laufen, ohne in die Knie zu gehen. Mein einziger Wunsch war bis Caracas durchzuhalten. Barba sorgte rührend für mich.

Im Tagebuch Humboldts ist nachzulesen, wie einem Menschen zumute ist, wenn er Krankheiten so gut wie hilflos gegenübersteht:

»Unter allen körperlichen Leiden wirken diejenigen am niederschlagendsten, die in ihrer Dauer immer dieselben sind und gegen die es kein Mittel gibt als Geduld. Die Ausdünstungen in den Wäldern am Casiquare haben wahrscheinlich bei Bonpland den Keim zu einer schweren Krankheit gelegt, der er bei unserer Ankunft in Angustura beinahe erlegen wäre. Zu unserem Glück ahnte er so wenig wie ich die Gefahr, die ihm drohte. Der Anblick des Flusses und das Summen der Moskitos kamen uns allerdings etwas einförmig vor, aber unser natürlicher Frohsinn war nicht ganz gebrochen und half uns über die lange Öde hinweg. Die Ameisen und die Moskitos machten uns mehr zu schaffern als die Nässe und der Mangel an Nahrung. So großen Entbehrungen wir auch auf unseren Zügen in die Kordilleren ausgesetzt gewesen, die Flußfahrt von Mandavaca nach Esmeralda erschien uns immer als das beschwerlichste Stück unseres Aufenthalts in Amerika...

Ein schlimmer Umstand nötigte uns, einen ganzen Monat in Angostura zu verweilen. Es befiel uns eine Krankheit, die bei meinem Reisegefährten den Charakter eines unregelmäßigen Fiebers annahm. Die Luft war zur Zeit in Angostura vollkommen gesund, und da sich bei dem einzigen Diener, den wir von Cumana mitgebracht, die Vorboten desselben Übels einstellten, so zweifelte unsere Umgebung, von der wir aufs sorgfältigste gepflegt wurden, nicht daran, daß wir den Keim des Typhus aus den feuchten Wäldern am Casiquiare mitgebracht. Da unser Diener dem heftigen Regen weit mehr als wir ausgesetzt war, entwickelte sich bei ihm die Krankheit furchtbar rasch. Seine Kräfte lagen so darnieder, daß man uns am neunten Tag seinen Tod meldete. Es war aber nur eine mehrstündige Ohnmacht, auf die eine heilsame Krise eintrat.

Zur selben Zeit wurde auch ich von einem sehr heftigen Fieber befallen. Man gab mir mitten im Anfall ein Gemisch von Honig und Extrakt der China vom Rio Carony. Es ist dies ein Mittel, das die Kapuziner in den Missionen höchlich preisen. Das Fieber wurde darauf stärker, hörte aber am anderen Tag auf. Bonplands Zustand war sehr bedenklich, und wir schwebten mehrere Wochen in der höchsten Besorgnis. Zum Glück behielt der Kranke Kraft genug, um sich selbst behandeln zu können. Er nahm gelindere, seiner Konstitution angemessenere Mittel als China vom Rio Carony. Das Fieber war anhaltend und wurde, wie fast immer unter den Tropen, durch eine Komplikation mit Ruhr noch gesteigert. Während der ganzen schmerzhaften Krankheit behielt Bonpland die Charakterstärke und die Sanftmut, die ihn auch in der schlimmsten Lage niemals verlassen haben. Mich ängstigten trübe Ahnungen.«

Humboldt schrieb an seinen Bruder:
»Ich kann Dir meine Unruhe nicht beschreiben, in der ich während seiner Krankheit war. Niemals würde ich einen so treuen, tätigen und mutigen Freund wieder gefunden haben.«

Zu allem kam noch, daß die Pflanzensammlungen in dem feuchten Klima schwer gelitten hatten und neu bearbeitet werden mußten. Dieser Schlag muß beide schwer getroffen haben:
»Täglich finden wir neue Insekten, welche Papiere und Pflanzen zerstören. Kampher, Terpentin, Teer, verpichte Bretter, Aufhängen der Kisten in freie Luft, alle in Europa ersonnenen Künste scheitern hier, und unsere Geduld ist ermüdet.«

Die widrigen Bedingungen, die Humboldt und Bonpland mit ihren Pflanzen plagten, gefährdeten auch mein Filmmaterial. Ich war deshalb erst wieder ruhig, als ich in Caracas hörte, daß das Material trotz der Feuchtigkeit nicht gelitten hatte.

Danach begann die Fahrt quer durch Venezuela, Columbien und bis nach Ekuador, wenn immer möglich auf den Spuren Humboldts und Bonplands.

Diese Spuren erreichten ihren höchsten Punkt am 6000 Meter hohen Chimborazo. Der Beschreibung, die Humboldt uns hinterließ, ist zu entnehmen, daß es ihm nicht um einen Höhenrekord ging, obwohl zuvor kein Europäer in diese Höhe vorgedrungen war, sondern darum, möglichst viele und genaue Messungen, Aufzeichnungen und Proben für seine Sammlung zu erhalten. Zuvor hatten Humboldt und sein Begleiter bei ihrem halbjährigen Aufenthalt in Ekuador ein gewaltiges wissenschaftliches Programm ab-

Pflanzengeographischer Querschnitt durch Südamerika nach den Studien am Chimborazo

gewickelt, darunter auch sehr anstrengende Vulkanuntersuchungen am Pichincha, Cotopaxi, Antisana und Tungurahua. Wenn man bedenkt, daß es in jener Zeit noch keine wirkliche Bergausrüstung gab, weder Steigeisen noch Eispickel und ein über die Straßenkleidung gehängter Poncho den einzigen Kälte- und Windschutz bildeten, sieht man die Unternehmungen in einem anderen Licht. Der Vorteil war, daß sie sich durch den langen Aufenthalt an die große Höhe anpassen konnten.

Humboldts Beschreibung von der Chimborazo-Besteigung beinhaltet unter anderem die erste schriftliche Aussage über die Symptome der Höhenkrankheit:

»Wir genossen mehrere Tage lang auf der mit Bimsstein bedeckten Ebene, in welcher man (nach dem furchtbaren Erdbeben von 1797) die neue Stadt Riobamba zu gründen anfing, eine herrliche Ansicht des glocken- oder domförmigen Gipfels des Chimborazo bei dem heitersten, eine trigonometrische Messung begünstigenden Wetter. Meine Begleiter, Bonpland und Carlos Montufar, ritten noch bis zur perpetuierlichen Schneegrenze, das ist bis zur Höhe des Montblanc, der bekanntlich unter dieser Breite (1° 27′) nicht immer mit Schnee be-

deckt sein würde. Dort blieben unsere Pferde und Maultiere stehen, um uns bis zur Rückkunft zu erwarten. Neunhundert Fuß über dem kleinen Wasserbecken Yana-Cocha sahen wir endlich anstehendes nacktes Gestein. Bis dahin hatte die Grasflur jeder geognostischen Untersuchungen den Boden entzogen. Große Felsmauern, von Nordost nach Südwest streichend, zum Teil in unförmliche Säulen gespalten, erhoben sich aus der ewigen Schneedecke: ein bräunlich schwarzes Augitgestein, glänzend wie Pechstein-Porphyr. Die Säulen waren sehr dünn, wohl 30 bis 60 Fuß hoch, fast wie die Trachyt-Säulen des Tablahuma am Vulkan Pichincha. Eine Gruppe stand einzeln und erinnerte in der Ferne fast an Masten und Baumstämnme. Die steilen Mauern führten uns durch die Schneeregion zu einem gegen den Gipfel gerichteten schmalen Grat, einem Felskamm, der es uns allein möglich machte, vorzudringen; denn der Schnee war damals so weich, daß man fast nicht wagen konnte, seine Oberfläche zu betreten. Der Kamm bestand aus sehr verwittertem, bröckeligen Gestein. Es war oft zellig, wie ein basaltartiger Mandelstein.

Der Pfad wurde immer schmaler und steiler. Die Eingeborenen verließen uns alle bis auf einen in der Höhe von 15600 Fuß. Alle Bitten und Drohungen waren vergeblich. Die Indianer behaupteten, unter Atemlosigkeit mehr als wir zu leiden. Wir blieben allein: Bonpland, unser liebenswürdiger Freund Carlos Montúfar, der in dem späteren Freiheitskampfe auf Befehl von General Morillo erschossen wurde, ein Mestize aus dem nahen Dorfe San Juan und ich. Wir gelangten mit großer Anstrengung und Geduld höher, als wir hoffen durften, da wir meist ganz in Nebel gehüllt blieben.

Der Felskamm hatte oft nur die Breite von acht bis zehn Zoll. Zur Linken war der Absturz mit Schnee bedeckt, dessen Oberfläche durch Frost wie verglast erschien. Die dünneisige Spiegelfläche hate gegen 30 Grad Neigung. Zur Rechten senkte sich unser Blick schaurig in einen achthundert oder tausend Fuß tiefen Abgrund, aus dem schneelose Felsmassen senkrecht hervorragten. Wir hielten den Körper immer mehr nach dieser Seite geneigt, denn der Absturz zur Linken schien noch gefahrdrohender, weil sich dort keine Gelegenheit darbot, sich mit den Händen an zackig vorstehenden Gesteinen festzuhalten, und weil dazu die dünne Eisrinde nicht vor dem Untersinken im lockeren Schnee sicherte.

Bald fanden wir das weitere Steigen dadurch schwieriger, daß die Bröckeligkeit des Gesteins beträchtlich zunahm. An einzelnen sehr steilen Staffeln mußte man die Hände und Füße zugleich anwenden, wie dies bei allen Alpenreisen so gewöhnlich ist. Da das Gestein sehr scharfkantig war, so wurden wir, besonders an den Händen, schmerzhaft verletzt. Ich hatte dazu - wenn es anders einem Reisenden erlaubt ist, die unwichtigen Einzelheiten zu erwähnen - seit mehreren Wochen eine Wunde am Fuße, welche durch die Anhäufung der Sandflöhe veranlaßt und durch feinen Staub von Bimsstein sehr vermehrt worden war.

Der geringe Zusammenhang des Gesteins auf dem Kamm machte nun größere Vorsicht nötig, da viele Massen, welche wir für anstehend hielten, lose in Sand gehüllt lagen. Wir schritten hintereinander und um so langsamer fort, als man die Stellen prüfen mußte, die unsicher schienen. Glücklicherweise war der Versuch, den Gipfel des Chimborazo zu erreichen, die letzte unserer Bergreisen in Südamerika, daher die früher gesammelten Erfahrungen uns leiten und mehr Zuversicht auf unsere Kräfte geben konnten.

Wir konnten den Gipfel auch auf Augenblicke nicht mehr sehen und waren daher doppelt neugierig zu wissen, wieviel uns zu ersteigen übrigbleiben möchte. Wir öffneten das Gefäß-Barometer an einem Punkte, wo die Breite des Kamms es erlaubte, daß zwei Personen bequem nebeneinander stehen konnten. Wir waren erst 17300 Fuß hoch. Es ist mit Höhenbestimmungen bei dem Bergsteigen wie mit Wärmebestimmungen im heißen Sommer: man findet mit Verdruß das Thermometer nicht so hoch, den Barometerstand nicht so niedrig, als man es erwartete. Da die Luft trotz der Höhe ganz mit Feuchtigkeit gesättigt war, so trafen wir nun das lose Gestein und den Sand, welcher die Zwischenräume desselben ausfüllt, überaus naß.

Nach einer Stunde vorsichtigen Klimmens wurde der Felskamm weniger steil, aber leider blieb der Nebel gleich dick. Wir fingen nun an, alle an großer Übelkeit zu leiden. Der Drang zum Erbrechen war mit etwas Schwindel verbunden und weit lästiger als die Schwierigkeit zu atmen. Wir bluteten aus dem Zahnfleisch und aus den Lippen. Die Bindehaut der Augen war bei allen ebenfalls mit Blut unterlaufen. Die Nebelschichten, welche uns hinderten, entfernte Gegenstände zu sehen, schienen plötzlich trotz der totalen Windstille - vielleicht durch elektrische Prozesse - zu zerreißen.

Wir erkannten einmal wieder, und zwar ganz nahe, den domförmigen Gipfel des Chimborazo. Es war ein ernster, großartiger Anblick. Die Hoffnung diesen ersehnten Gipfel zu erreichen, belebte unsere Kräfte aufs neue. Der Felskamm, welcher nur hier und da mit dünnen Schneeflocken bedeckt war, wurde etwas breiter, wir eilten sicheren Schrittes vorwärts, als auf einmal eine Art Talschlucht von etwa 400 Fuß Tiefe und 60 Fuß Durchmesser unserem Unternehmen eine unübersteigliche Grenze setzte. Wir sahen deutlich jenseits des Abgrundes unseren Felskamm in derselben Richtung fortsetzen, doch zweifle ich, daß er bis zum Gipfel selbst führt. Die Kluft war nicht zu umgehen. Wir stellten mit vieler Sorgfalt das Barometer auf, es zeigte 13 Zoll 11²⁄₁₀ Linien. Die Temperatur der Luft war nun 1,6 Grad unter dem Gefrierpukt. Aber nach einem mehrjährigen Aufenthalt in den heißesten Gegenden der Tropenwelt schien uns diese geringe Kälte erstarrend. Dazu waren unsere Stiefel ganz von Schneewasser durchzogen, denn der Sand, der bisweilen den Grat bedeckte, war mit altem Schnee vermengt.

Da das Wetter immer trüber und trüber wurde, so eilten wir auf demselben

Felsgrate herab, der unser Aufstieg begünstigt hatte. Vorsicht war indes wegen Unsicherheit des Trittes noch mehr nötig als im Heraufklimmen. Wir hielten uns nur so lange auf, als wir brauchten, Fragmente der Gebirgsart zu sammeln. Wir sahen voraus, daß man uns in Europa oft um »ein kleines Stück vom Chimborazo« ansprechen würde.«

Humboldt konnte nicht ahnen, mit welcher speziellen Ausrüstung wir einmal seinen Spuren folgen würden. Die Gegenüberstellung zweier solcher Ersteigungsversuche mit einem Zeitunterschied von rund 180 Jahren ist sicher recht aufschlußreich. Wie Humboldt durch seine Meßinstrumente belastet war, so war ich manchmal durch meine Kameras behindert. In einem Brief nach Hause beschrieb ich unseren Weg:

Quito, 2. Juni 1968:

Zunächst war mein größtes Glück, Hans Schmitz kennenzulernen, einen guten Bergsteiger. Das war wieder einmal Zufall, oder wie man es nennen mag. Er war gleich von unserem Vorhaben begeistert. Im Innern hatte ich natürlich etwas Angst, nicht durchzuhalten; denn Hans Schmitz mußte mir überlegen sein. Als Entwicklungshelfer lebte und arbeitete er schon ein ganzes Jahr in 4000 Meter Höhe und war glänzend akklimatisiert, während ich selbst ja nur sehr viel am Steuer des Autos oder im Boot gesessen hatte und die sehr unangenehme Nervenentzüngung gar nicht lange zurücklag. Trotz allem war ich optimistisch. Wir besorgten noch die Nahrungsmittel und den Rest der Ausrüstung, wobei uns verschiedene Freunde in Quito halfen. Dann fuhren wir nach Riobamba.

Heinz Staerk kam als zweiter Kameramann mit, um vom Fuß des Berges während unseres Aufstieges Aufnahmen zu machen. Wie groß der Chimborazo ist, merkten wir schon auf der Fahrt zum Hauptlager. Zirka 150 Kilometer fuhren wir über Ambata, um an die andere Seite des Berges zu kommen. Die Straße schlängelte sich bis auf eine Hochfläche, die auf ca. 4000 Meter liegt. Von dort aus konnten wir, im Gelände fahrend, noch etwa 300 Meter Höhe gewinnen. Auf einem Hügel blieb nun Heinz als Wächter am VW-Bus zurück. Wir packten die Rucksäcke, und als das erledigt war, brachten wir sie kaum auf den Buckel, so schwer waren sie geworden. Die Bergsteigerausrüstung, Zelt, Schlafsack, Unterlagen, Proviant für ein paar Tage, zwei Liter Wasser, Arriflex 35mm mit Material, Beaulieu 16mm mit Akkus und was man sonst noch braucht.

So trabten wir um vier Uhr am Nachmittag los - dem großen Berg entgegen. Zuerst ging es über zwei Hügel, bei denen wir je etwa 100 Meter Höhenunterschied verloren: ein recht depremierender Anfang. Die Luft war recht dünn für mich, trotzdem fühlte ich mich erstaunlich gut. Auf 4800 Meter stand eine kleine Schutzhütte vom Club Andino; sie war so wenig einladend, daß wir gleich weiterzogen. Es war schon Nacht, und wir gingen mit Stirnlampen weiter. Lavasand und splittriges Geröll machen das Steigen zur Qual, jeder etwas falsche Tritt unter den schweren Lasten braucht enorme Kraft, um wieder ins Gleichgewicht zu kommen. Das Wetter sah zunächst gar nicht gut aus.

Doch plötzlich waren Sterne da. Über uns leuchtete ein Gletscher, und der Mond ging als Sichel langsam wie ein Schiffchen am Horizont unter. Ein Wind wehte eiskalt um die Felsen. Mit dem Eispickel kratzten und schlugen wir uns eine einigermaßen ebene Fläche von der Größe des Sturmzeltes, bauten es recht und schlecht auf und krochen in den Zweimannschlafsack. Beim Teekochen reagierte der kleine Stabkocher, weil ich ihn falsch behandelte, wie ein Flammenwerfer, so daß ich ihn fast über die Felswand hinunter geworfen hätte. Am Schluß gab es doch noch einen Tee, dazu ein paar getrocknete Bananen, dann rollten wir uns zufrieden in den Schlafsack.
Nach Mitternacht wollten wir los. An Schlaf war in fast 5000 Meter Höhe ohne Akklimatisation nicht zu denken, doch schon das Ausruhen tat gut. Zum »Frühstück« um zwölf Uhr in der Nacht; zwei Kopfwehtabletten und ein paar Schluck Tee, dann packten wir die Rucksäcke. Zwar waren sie leichter als am Tag zuvor, denn das Zelt und der Schlafsack blieben zurück, doch die Kameras und die Bergbekleidung waren noch schwer genug. Es war sehr dunkel, als wir den Aufstieg fortsetzten, und sehr kalt. Die Stirnlampen gaben gerade soviel Licht, daß wir steigen konnten. Der Weg ist nicht leicht zu finden. Dann und wann lassen wir ein Schilfrohr im Schnee stecken, damit wir den Weg für den Abstieg wiederfinden. Stur laufen wir Stunde um Stun-

de. Es geht nicht in einer Linie, oft müssen wir einige hundert Meter queren. Um vier Uhr erreichen wir den Fuß einer Felswand, die auf der linken Seite von einem Hängegletscher flankiert ist. Wir sehen in der Finsternis nur schemenhaft die Umrisse, und die Stirnlampen reichen nicht aus, um den weiteren Weg zu finden. Auf einem sandbedeckten, abschüssigen Felsband warten wir, bis es Tag wird. Trotz Daunenjacken frieren wir im eiskalten Morgenwind ziemlich erbärmlich. Mit dem ersten Tageslicht ziehen Nebel um die Flanken des Berges.

Es sieht gar nicht so gut aus. Wir waren etwa hundert Meter zu hoch gestiegen. Jeder Meter in dieser Höhe ist schwer erworben und wieder absteigen zu müssen ist hart. Unter einem Überhang liegt eine Tafel, auf der zu lesen ist, daß hier ein Bergsteiger an Erschöpfung starb. Für diese Tageszeit in 5800 Meter Höhe kein erbaulicher Anblick. Die von uns nun erreichte Höhe schaffte auch Alexander von Humboldt im Jahre 1802. Allerdings waren er und seine Männer am Tage gegangen und hatten eine etwas andere Route gewählt, die im unteren Teil gut begehbar war, dafür aber in 5890 Meter Höhe unüberwindbare Schwierigkeiten brachte.

Bei Tageslicht sehen wir sofort, wie unser Weg weitergehen kann. Von Blankeis überzogene Rinnen führen rechts an senkrechten Felsen empor. Mit den guten Steigeisen und den scharfen Eispickeln ist das Gehen nicht schwierig. Trotzdem müssen wir bei jedem Schritt aufpassen, denn immerhin ist das Gelände so steil, daß es kein Halten gäbe, wenn einer ausrutschte. Mit dem Seil zu sichern würde zuviel Zeit in Anspruch nehmen. Wir müssen unbedingt sehen, daß wir bis elf Uhr am Gipfel sind. Später ist der Schnee so aufgeweicht, daß wir uns hindurchwühlen müßten, und vor allem drohen dann Lawinen, Eis- und Steinschlag.

Bei 5900 Meter erreichen wir die großen Firnhänge der Gipfelkuppe. Es sieht nicht mehr weit aus bis hinauf. Obwohl ich die optische Täuschung, hauptsächlich schon vom Montblanc her kenne, bin ich doch wieder darauf hereingefallen. Noch ist das Ende nicht abzusehen. Der Atem geht keuchend. Hans ist trotz der Anstrengung voller Energie. Über uns ist jetzt der Eisgrat hell von der Sonne erleuchtet. Wir müssen Brillen aufsetzen. Eine habe ich für Hans dabei. Meine eigene finde ich nicht in der Tasche, in die ich sie am Abend gesteckt habe. Es durchzuckt mich der furchtbare Gedanke, was geschieht, wenn einer schneeblind wird - nicht auszudenken. Ich hatte schon von ganz schlimmen Unfällen durch Schneeblindheit gehört, allerdings selbst noch nie dergleichen erlebt.

Ich schlage den Rückzug vor. Hans will nichts von Umkehren wissen. Auch ich fühle mich noch stark genug, den Gipfel in wenigen Stunden zu erreichen. Zuerst hänge ich mir ein Taschentuch übers Gesicht und sehe gerade noch so viel, daß ich die Richtung halten kann. Später wechseln wir mit der Brille ab, bis Hans meint, seine Augen wären durch den ständigen Aufenthalt in der Höhe besser trainiert, und ich bräuchte für die Kameraarbeit meine Augen hundertprozentig, ich solle jetzt die Brille behalten. Es wird so oft von Bergkameradschaft gesprochen, hier erfuhr ich wieder, daß es sie gibt.

Wir sind beide ausgepumpt. Nach jeweils dreißig Schritt hängen wir, nach Luft schnappend, über dem Eispickel und warten ab, bis wieder genug Sauerstoff im Blut ist, um die Muskeln zu versorgen. Für hundert Meter Höhenunterschied brauchen wir etwa eine Stunde. Nur wenige, aber sehr tiefe Spalten müssen vorsichtig auf Schneebrücken überwunden werden. Man hält förmlich den Atem an, bis wieder fester Boden Sicherheit gibt. Um elf Uhr sehe ich den Gipfel vor uns. Die letzten fünfzig Meter sind flach, aber schon von der Sonne so aufgeweicht, daß wir bei jedem Schritt bis zu den Knien und noch tiefer einbrechen. Das Gefühl, oben zu sein, ist wohl für jeden anders. Es sind selten die so oft beschriebenen, glücklichen, strahlenden Augenblicke, nicht immer ist es der große Ausblick. Oft ist es nur die Bestätigung, mit dem Willen den totmüden Körper trotz Erschöpfung weitergetrieben zu haben, bis das gesteckte Ziel erreicht ist. Der Mund und der Hals sind so ausgetrocknet, daß ich kaum noch schlucken kann. Seit ein Uhr in der Nacht haben wir nichts mehr getrunken. Wir nehmen uns auch

keine Zeit mehr, Tee zu kochen; denn wir wissen, mit jeder Minute, die verstreicht, wird die Chance, den Gipfel zu erreichen kleiner und die Gefahr beim Abstieg größer.

Wir machen noch zwei Gipfelaufnahmen, die Sonne verschwindet hinter Wolken und Nebelfetzen, dann steigen wir ab. Der Schnee ist erheblich weicher geworden, doch wir finden die Schneebrücken und unsere Spur wieder. Die Markierungen, die beim Aufstieg gesteckten Schilfrohre, erleichtern uns das Zurückfinden erheblich.

Wir wechseln wieder die Brille. Doch für Hans ist es schon zu spät. Er sieht auf einem Auge nichts mehr. Er hat furchtbare Schmerzen. Obwohl man in der großen Höhe apathisch wird bei dem Gedanken, einen Abstieg von nahezu 2000 Meter mit einem fast Blinden und damit unsicheren Seilgefährten machen zu müssen, werde ich wieder hellwach. Ich gehe als letzter und sichere Hans über die schwierigen Passagen. Auf dem Felsband in 5800 Meter Höhe liegen die schwere Normalfilmkamera und einige Ausrüstung. Ich lade mir alles zusammen in den Rucksack und spüre durch die Anspannung das Gewicht von einem halben Zentner kaum. Hans hält sich enorm tapfer. Wir gehen im dichten Nebel, finden aber durch unsere Markierungen den Weg. Einige große Steine schießen aus großer Höhe wie Kanonenkugeln an uns vorbei. Wir gehen so schnell, wie wir uns überhaupt bewegen können, und machen erst wieder außerhalb der Steinschlagzone halt. Ich bin völlig ausgepumpt. Die Knöchel sind durch das Steigeisengehen überbeansprucht, die Knie zittern. Kaum hat die Anspannung nachgelassen, will der Körper nicht mehr. Jeder Schritt wird zur Qual. Ich schnalle die Steigeisen ab, aber der halbgefrorene Boden ist so haltlos, daß ich zweimal hintereinander stürze. So schnalle ich die Steigeisen wieder an und wir erreichen das kleine Biwakzelt.

Etwa eine Stunde ruhen wir aus. Das Dunkel der Felsen läßt Hans wieder einigermaßen sehen. Er setzt den Rucksack mit dem Zelt, Schlafsack und was sonst noch am Lager herumliegt auf. Auch er hat nun einen guten halben Zentner zu tragen. Noch etwa zweieinhalb Stunden Abstieg liegen vor uns. Tiefer Lavasand dämpft die Schrittstöße sanft ab. Die Stiefel laufen wie Sanduhren voll, was uns immer wieder zwingt, sie auszuziehen.

Auf dem Hügel sehen wir das Auto. Langsam wird es größer, wir erkennen Heinz, er kommt uns entgegen und gratuliert. Er berichtet begeistert, wie schön und klar der Berg am Vormittag zu sehen war und daß er unseren Aufstieg mit dem Teleobjektiv lange hinter der Kamera verfolgen konnte. Er hat heißen Tee für uns und Mineralwasser aus einer Quelle Ekuadors. Nach einem Auf- und Abstieg von 4300 Meter auf 6300 Meter - und 24 Stunden fast ohne zu trinken erleben wir nun das wahre Gipfelglück.

Wenige Tage später hatte ich in Quito ein besonderes Erlebnis. Nach einem Vortrag ging ich zu einer Audienz beim Nuntius, und der verschaffte mir den Zugang zu einer der wohlhabendsten und kultiviertesten Familien Südamerikas. Wir traten in eine Bibliothek, die einfach traumhaft war. Hier stand zwischen vielen tausend Büchern aus dem vorigen Jahrhundert das gesamte Reisewerk Alexander von Humboldts. Es waren 36 Bände einer der ersten Ausgaben, handkoloriert, mit einer Leuchtkraft an Farbe, als ob sie gestern erst vollendet worden wären. Außerdem enthielt die Bibliothek viele Mappen mit Originalzeichnungen, mit Karten, Briefen und Skizzen, die Humboldt selbst auf der Expedition hergestellt hatte. Auch der Originalpaß, mit dem Humboldt durch die südamerikanischen Länder reiste, mit vielen Dutzend Stempeln lag vor uns. Der ganze Schatz gehörte früher der preußischen Königssfamilie. Nach dem ersten Weltkrieg wurden die Unterlagen auf einer Auktion versteigert und kamen in den Besitz eines Humboldtverehrers hier in Quito, dessen Witwe die Türen zu dieser Bibliothek nur ganz selten einmal einem Fremden öffnet.
Wir durften alles filmen. Die Fülle war so gewaltig, daß man bei der Schönheit jedes einzelnen Blattes gar nicht wußte, wo man anfangen sollte. Und wie sollte es später gelingen, das neunzigjährige Leben Humboldts und sein Werk in einem Film von nur einer Stunde zu würdigen, ein Werk, das in seinem Fundament immer wesentlicher wird:

»Die Natur ist für die denkende Betrachtung Einheit in der Vielheit, Verbindung des Mannigfaltigen in Form und Mischung, Inbegriff der Naturdinge und Naturkräfte als ein lebendiges Ganzes.

Das wichtigste Resultat des innigen physischen Forschens ist daher dieses: In der Mannigfaltigkeit die Einheit zu erkennen, von dem Individuellen alles zu umfassen, was die Entdeckungen der letzten Zeitalter uns darbieten. Die Einzelheiten prüfend zu sondern und doch nicht ihrer Masse zu unterliegen.

Der erhabenen Bestimmung des Menschen eingedenk, den Geist der Natur zu ergreifen, welcher unter der Decke der Erscheinungen verhüllt liegt.«

Von Florida nach Californien

Die neuzeitliche Entdeckung Nordamerikas begann nur wenige Jahre, nachdem die Spanier in Süd- und Mittelamerika bereits festen Boden gewonnen hatten. Manche Namen der Konquistadoren tauchen an verschiedenen, weit auseinanderliegenden Schauplätzen der Eroberung auf. Die Distanzen, die uns auch heute noch beeindrucken, bedeuteten früher bei den langsamen Fortbewegungsmitteln, den Segelschiffen und Pferden, riesige Entfernungen. Mit welchen Mitteln die Spanier und andere europäische Nationen ihren Machtbereich in die neue Welt ausgeweitet haben, ist schon in den vergangenen Kapiteln angeführt worden. Doch wäre es zu einfach, die so häufigen Verallgemeinerungen über die macht- und goldgierigen Spanier nur zu wiederholen. Ich möchte wenigstens den Versuch unternehmen, auch jene zu würdigen, die für eine menschliche Behandlung der Besiegten eintraten.

Der Bischof Bartholome de Las Casas hat in seinem »Bericht von der Verwüstung der Westindischen Länder« die grausamsten Folter- und Mordszenen dargestellt. Die Anklage ist eine Bilanz des Schreckens, die in der Weltgeschichte zwar nicht einmalig dasteht, aber doch zum grauenvollsten gehört, was Menschen sich gegenseitig antaten. Oft wurde Las Casas' Bericht als übertrieben abgewertet, aber selbst wenn nur ein Teil davon richtig beobachtet war - und davon können wir ausgehen - handelte es sich um ein ganz dunkles Kapitel, das Europa in der Neuen Welt geschrieben hat.

Die Konquista war moralisch so wenig zu rechtfertigen wie die frühen Völkerwanderungen oder die Hunneneinfälle nach Europa, die Heerzüge Alexander des Großen, der das blühende ägyptische Reich und jenes der Perser überrannte, das kriegerische Heer Mohameds, das für Allah aufbrach, um die Welt zu erobern, oder die sich ins Morgenland vorkämpfenden Ritter der Kreuzzüge. Jeder fand eine Rechtfertigung für seine maßlosen Greueltaten. Fast immer wird bei der Darstellung der Konquista verschwiegen, daß gerade die Spanier in der Zeit der Eroberung Amerikas die völkerrechtlichen Gesetze zum Schutz der besiegten Indianer nicht nur formulierten, sondern auch versuchten, sie mit Hilfe von Strafandrohung und Vollstreckung durchzusetzen.

Franzisco de Vitoria formulierte die grundsätzlichen Menschenrechte, in denen niedergelegt wurde, daß alle Menschen vom Ursprung her frei sind und weder ein Sieger noch ein König und nicht einmal der Papst über sie verfügen könne.

So wurde Spanien zwar das Mutterland des Völkerrechtes, doch in Wirklichkeit drangen die Ideen nur zögernd in das Verständnis der Allgemeinheit. Ansätze zur echten Kolonisierung waren vorhanden. Neben den dramatischen Kriegszügen sind die friedlichen Ereignisse häufig in Vergessenheit geraten. Schon 1502 wurde eine Flotte mit 55 Fahrzeugen, in denen sich 2500 Passagiere, darunter auch zwanzig Frauen, befanden, nach sorgfältiger Vorbereitung durch den Indienrat über den Atlantik gesandt, um ein Siedlungsprogramm zu beginnen. Die Mitnahme von Zuchtrindern und Pferden, des notwendigen Werkzeugs sowie ausgebildeter Handwerker, um eine koloniale Landwirtschaft im spanischen Stil aufzubauen, beweist, daß die Konzeption nicht allein auf die Plünderung der eroberten Gebiete ausgerichtet war. Kaiser Karl V. gab klare schriftliche Anweisung an die ins Neuland vorstoßenden Gruppen.

»Sie werden sorgfältig beobachten und berichten, wie zahlreich die Bevölkerung ist, ob die Leute dicht beisammen leben oder verstreut siedeln. Stellen Sie fest,

Rechte Seite oben: »Bifurkation – die Gabelung des Orinoco«
Der Casiquare ist ein natürlicher Verbindungskanal zwischen dem Orinoco-Stromsystem und dem Amazonasbecken. Das erste geographische Ziel der Expedition von Alexander von Humboldt.«

Rechte Seite unten: »Waika-Indianer«
Die Waikas, zu denen verschiedene Indianerstämme gehören, leben in den dichten Urwäldern am Orinoco in Venezuela und an der Nordgrenze Brasiliens.

Abbildung Seite 166 oben links: Mangrovenurwald am Amazonas.

Abbildung Seite 166 oben rechs: Pflanzenbild aus Humboldts amerikanischem Reisewerk.

Abbildung Seite 166 unten: Felszeichnungen am Orinoco.

Abbildung Seite 167 oben links: »Waikaindianer«
Selbst bei den »primitivsten« Indianern ist der Wunsch sich zu schmücken ausgeprägt.

Abbildung Seite 167 oben rechts: »Einbäume auf dem oberen Amazonas«
Nicht alle Indianer hatten die handwerkliche Fähigkeit, Boote zu bauen. Obwohl sie oft nahe an den Flüssen ihre Dörfer hatten, bewegten sie sich auf dem Land.

Abbildung Seite 167 unten: »Waikamutter in der Hängematte«
Die Anpassungsfähigkeit der Waldindianer ist groß. Allerdings haben die eingeschleppten Krankheiten der Europäer und Negersklaven verheerend unter den Indianerstämmen gewirkt. Die meisten sind daran zugrunde gegangen.

wo sich fruchtbres Land befindet, berichten Sie über das Klima, die Bäume und die Pflanzen, über die Haustiere der Bewohner und die wilden Tiere, auch über Landschaft, ob sie gebirgig ist oder flach. Berichten Sie über die Flüsse, die großen Ströme und auch über die kleinen Wasserläufe, über die Felsen und vorkommenden Metalle. Soweit wie möglich sollen sie Gegenstände prüfen und Muster davon mitbringen oder schicken, damit Seine Majestät von allem Kenntnis erhält...«

Diese umfassenden Verordnungen waren es, die manchen Konquistador zu sorgfältigen Beschreibungen veranlaßten. Sie vermitteln uns heute noch ein Bild davon, wie zu jener Zeit Teile der Welt aussahen. Wir werden im Tagebuch des Cabeza de Vaca, der sich auch unter schlimmsten Bedingungen an die königlichen Anweisungen gehalten hat, an diese Forderungen erinnert. Die ersten Vorstöße spanischer Expeditionstruppen, die aus dem Karibischen Gebiet nach Nordamerika führten, erreichten auch Gebiete, die heute noch wegen ihrer Unzugänglichkeit zu den abgeschiedensten der Erde gehören. Hier ist nicht nur das spanische Kulturerbe weiterhin sichtbar, vielmehr sind auch noch manche stumme Zeugen indianischer Vergangenheit zu finden. Es ist ein Land, das mich immer wieder beeindruckt.

Aus dem Tagebuch meiner Nordamerikareise 1956:

»Unter uns, im tiefen Cañon, liegen eng aneinandergeschmiegt im Schutz der senkrechten und überhängenden Felswände die Wohnstätten früher Menschen, verlassen und leer. Die aus Lehm gebauten, oft mehrstöckigen Häuser waren schon nicht mehr bewohnt, als die ersten Spanier hierher kamen. Die Brunnen und Bewässerungsanlagen waren versiegt und ausgetrocknet. Rund 6000 Kilometer südlich, an der Küste Perus, sah ich ganz ähnliche Siedlungen an den Flüssen, die aus den vergletscherten Bergen kommen und sich im Wüstengürtel verlieren. Auch hier in Nordamerika, in diesen wüstenhaften Gebieten, haben es Menschen vermocht, mit Fleiß und Geschick die Voraussetzungen zum Leben zu schaffen. Die Gemeinschaftsleistung, mit der ein funktionierendes Kanalsystem organisiert, gebaut und erhalten wurde, war immer auch die Basis für einen kulturellen Aufstieg; so am Euphrat und Tigris, am Nil in Ägypten, in Tinajones in Peru oder hier in den Flußläufen im Süden Nordamerikas«.

Versiegten die Quellen oder waren es Überbevölkerung, Krankheiten oder Krieg, die aus lebendigen Dörfern und Stadtgemeinschaften trostlose Geisterstädte werden ließen? Die unmittelbare Begegnung mit den Städten des Todes mag bei den verschiedenartigen Beschauern sehr unterschiedliche

Eindrücke hervorrufen. Nicht umsonst hat der Erfolgsautor C.W. Ceram das Bild des Cliff Palace von Mesa Verde für den Umschlag seines Buches »Der erste Amerikaner« gewählt. Die Felsenstädte haben, ebenso wie die großen Pueblos, noch immer etwas ungemein Faszinierendes, wenn sie dunkel wie Pyramiden gegen den leuchtenden Abendhimmel stehen. Aber auch im Hitzeflimmern des Tages erscheinen sie wie verzauberte Burgen und Schlösser, und man kann verstehen, daß die Spanier sie für reiche Städte hielten, als sie auf der Suche nach Gold und Edelsteinen durchs Land zogen.

Meine erste Berührung mit dem farbigen Indianerland Nordamerikas liegt schon fast dreißig Jahre zurück. Damals mußten wir noch mancher kaum sichtbaren Spur folgen, um sehenswerte Plätze zu erreichen. Einige Male bekamen wir Angst vor dem einsamen, lebensfeindlichen Land der Naturwunder der tausendfarbigen Fels- und Sandwüsten, der bizarren, vom Wind geschliffenen Sandsteintürme, Brücken, Höhlen und Cañons. Mit dem Lauf der Sonne verändern sich die Farben der Landschaft ununterbrochen. Aus den feinen Abstufungen vom Blau der Dämmerung werden im ersten Sonnenlicht blutrote Felsen, umrahmt von lila Schatten, vermischt mit dem stumpfen Grün der Kiefernwälder und allerlei Gelb und Ocker von Gräsern und Sanddünen. Es waren Bilder wie von einem anderen Stern. Am Grand Cañon, am Goose Snack, besonders aber am Monument Valley, wo die vier US-Staaten Arizona, New Mexico, Colorado und Utah zusammenstoßen, gab es damals noch keine befestigte Straße. Die Staub- und Schotterpisten mit Schlaglöchern und Wellblechstrecken hielten noch viele Touristen davon ab, ins Herz des Navajo-Indianerlandes, einem der phantastischsten Teile unserer Erde, zu fahren.

Fast wäre uns die Neugierde zum Verhängnis geworden; fasziniert von den Felsen, die im Abendlicht erglühen, sind wir auf dem Rückweg zu unserem Lager von der Nacht eingeholt worden. Wir verdanken es unserem guten Geländefahrzeug, mehr aber noch dem virtuos steuernden Fahrer und seinen nachtwandlerisch sicheren Ortskenntnissen, daß wir trotz Finsternis und ohne Spuren aus dem Labyrinth der Felswände und Wüstentäler herausgefunden haben. Die Scheinwerfer tasten über Sanddünen und verkrüppelte Bäume. Kakteen und borstige Grasbüschel leuchten auf, manchmal auch die Augen eines Wüstenfuchses; dann und wann flattert eine Eule erschreckt im Lichtkegel. Die Dunkelheit hatte keine Kühle gebracht, noch ist die Luft heiß und drückend. Der Himmel, der sonst von unzähligen glitzernden Sternen übersät ist, wirkt plötzlich düster und drohend. Am Horizont zuckt ein Wetterleuchten. Wolken wälzen sich ins Tal. Gerade als wir an der kleinen Trading-Post ankommen, die auf einem Hügel unter einer Felswand liegt, fallen die ersten Tropfen in den Staub. Wenige Minuten später klatschen unvorstellbare Wassermengen vom Himmel, schlagen Blitze wie bei einem Bombenangriff ringsum ins Gelände. Für Sekunden liegt die grandiose Landschaft taghell erleuchtet vor uns. Und plötzlich entsteht im fahlen Blitzlicht unter uns ein reißender Fluß, wo wir kurz zuvor noch einen harmlos aussehenden ausgetrockneten Wasserlauf durchfahren haben. Und die Sandebene, auf der wir zurückgefahren sind, wird von Minute zu Minute zu einem immer größeren See.

Es ist eines jener mächtigen Wüstengewitter, bei denen früher die Naturmenschen zu Göttern und Dämonen flehten und vielleicht auch heute noch so mancher aufgeklärte, rational denkende Mensch wieder rückfällig werden kann.

Eine Zeitlang herrschte Weltuntergangsstimmung, als ob die Sintflut nicht mehr aufzuhalten sei, doch nach einigen Stunden war der gigantische Spuk vorbei, das Wetterleuchten verklungen, der Himmel wieder sternenklar. Als die Sonne über den Horizont kam, erinnerte nur noch der in der Nacht entstandene See an das Gewitter.

Einen Tag später war die Rückfahrt mit dem Auto noch immer ein Abenteuer, denn über weite Strecken konnten wir von der Straße nichts mehr finden, und einige Male blieben wir auch im Schlamm hängen und waren auf die Hilfe eines zweiten Fahrzeugs angewiesen. Wir hörten, daß bei solchen plötzlichen Wolkenbrüchen und Überflutungen auch schon Autos mitgerissen wurden und Passagiere verschollen geblieben waren.

Dieses Erlebnis und die glühende Hitze des Tages gaben uns einen kleinen Eindruck von dem, was die Spanier hier in ihren Rüstungen und mit den vor Durst und Hunger zusammenbrechenden Pferden, umkreist von feindlichen Indianern, erlitten haben mögen. Es berührt sehr, wenn man durch eine Landschaft fährt, die man als Hintergrund vieler Wildwestfilme schon als Kind gesehen hat. Alles schien wie eine riesige Kulisse, und fast unwirklich zogen darin einige Navajo-Indianer auf Pferden vorbei und verschwanden hinter einer Sanddüne.

Wir beobachten eine Indianerin, die an einem Webstuhl einfachster Bauart einen schönen Teppich mit leuchtenden Farben und künstlerischen Mustern webt. Die Menschen leben hier in sehr primitiven Erdhütten wie in einem Dorf der frühen Zeit. Es gab sie also wirklich noch, die Nachkommen jener Indianer, die in langen Kriegen versucht hatten, die Weißen wieder aus ihrem Land zu drängen. Die ewigen Kämpfe hinterließen nur wenige Überlebende. Die Annahme, die Indianer hätten untereinander friedlich gelebt, gilt nur für einige zahlenmäßig kleine Stämme, die genügend Jagdräume hatten oder auch in Städten lebten, die gut zu verteidigen waren und einen Angreifer schon von weitem entmutigten. Pfeil und Bogen, Speer und

Martin Schliessler im Gespräch mit einem mexikanischen Künstler, der erstaunlich viel über Cabeza de Vaca und die Geschichte des Landes wußte

Axt wurden nicht nur für die Jagd verwendet. Die Geschichte, die Ceram auf der Suche nach dem ersten Amerikaner von C. Hibben übernommen hat, der dem Geheimnis der Türme am Gallina Fluß nachging, gibt hiervon ein aufschlußreiches Bild:

»Hier war der Körper einer Frau, die rückwärts über einem Vorratsbehälter lag. Sie war von Steinen, die vom Mauerrand herabgefallen waren, zerdrückt worden, doch ihr Körper war bemerkenswert gut erhalten. Man sah noch den Ausdruck des Todeskampfes auf ihrem Gesicht. Brust und Bauch waren mit den verkohlten Enden von sechzehn mit Feuerspitzen versehenen Rohrpfeilen durchbohrt. In ihrer linken Hand hielt sie einen Bogen, von dessen einem Ende noch ein Teil der Sehne herabhing. Es war ein kurzer, kräftig aussehender Bogen aus Eichenholz, und doch hatte unzweifelhaft eine Frau ihn gespannt.

In der Mitte des Turmfußbodens, wohin sie augenscheinlich gefallen waren, als sie vom Dach niedergestreckt wurden, lagen zwei Männer, einer quer über dem anderen. Einer hielt noch drei Bogen in der Hand, zwei aus Eichenholz und einen aus Wachholder und in der anderen Hand ein Bündel von 27 Pfeilen. Augenscheinlich hatte dieser Mann Waffen und Munition weiterreichen wollen, als er niedergestreckt wurde.

Auch der andere Mann war ein Krieger, und ihn hatte das gleiche grausame Schicksal erreicht. Eine Steinaxt mit einer gezackten Schneide war über dem linken Auge in seinen Schädel gefahren, glatt bis zur Mitte der Klinge, und sie saß dort immer noch fest...«

Mit einiger Phantasie war aus diesen Kampfszenen die Niederlage eines Stammes zu ersehen, der trotz verzweifelter Verteidigung in seinen Wohntürmen dem Angriff nicht gewachsen war. Auf die Frage, wer hier wen besiegte, gibt es keine gültige Antwort, schon deshalb nicht, weil die Vielzahl der Stämme, die in jener Zeit hin- und herzogen, kaum klare Unterscheidungsmerkmale zum Identifizieren besaßen. Dagegen war es den Forschern möglich, mit dem sogenannten Baumring-Verfahren das Alter der Deckenbalken der Türme auf das Jahr genau festzulegen. Die Bäume waren in der Zeit vom Jahre 1143 bis 1248 gewachsen.

Wie die Nachrichten von großen Indianerstädten im Norden Mexikos nach Europa gelangten, bleibt ein Geheimnis. Jedenfalls kam bald nach der Eroberung des Aztekenreiches das Gerücht auf, es gäbe sieben Städte von Cibola mit goldgepflasterten Straßen. Für die Männer, die das märchenhafte indianische Reich des Montezuma in Mexiko mit eigenen Augen gesehen hatten, gab es keinen Grund, dies nicht zu glauben. Es dauerte nicht lange und man ging daran, den neuen Traum vom Gold Wirklichkeit werden zu lassen; das heißt, man machte sich auf den Weg.

Die ersten Expeditionen gelangten bereits 1513 unter Ponce de León und 1519 unter Leitung von Francisco de Garay an die Küsten von Florida und Mexiko. Dann fuhr Pánfilo de Narváez 1528 mit einer wohlausgerüsteten Truppe zur Küste, um ins Innere des Landes vorzustoßen. Von dieser Expedition gibt es tagebuchähnliche Aufzeichnungen von Cabeza de Vaca, der als Schatzmeister und Gerichtsvorsteher mitkam. Er beginnt diesen Reisebericht auf den großen Antillen in der Karibik und benennt ihn »Schiffsbrüche«[15], obwohl diese Schiffsbrüche im Ablauf der acht Jahre und der auf dem Lande zwischen Florida und Kalifornien zurückgelegten Strecke von etwa 5000 Kilometer eigentlich nur kurze, allerdings sehr entscheidende Episoden waren. Ein Auszug aus seinem Tagebuch, noch vor dem eigentlichen Beginn der Expedition geschrieben, mag eine Vorstellung davon geben:

»Bald tobte das Unwetter am Ort nicht weniger als auf dem Meer, Häuser und Kirchen wurden umgeblasen. Als wir am Hafen wieder ankamen, fanden wir nur

noch Ankerbojen vor, wodurch wir den Untergang der Schiffe erfuhren. Längs der Küste machten wir uns auf die Suche, ob wir noch Spuren von ihnen finden könnten, aber ohne Erfolg. Darauf drangen wir in den Wald ein und fanden das Beiboot von einem der Schiffe, dann wurden noch zwei Leute und ein paar Kistendeckel gefunden. Die Männer waren von dem Anprall an die Klippen, bis zur Unkenntlichkeit entstellt. Mit den Schiffen gingen sechzig Mann und zwanzig Pferde unter.«

Mit den vier verbliebenen Schiffen, die in einem anderen Hafen geankert hatten, konnte die Expedition fortgesetzt werden. Nachdem sie noch weitere Stürme überstehen mußten, erreichte die Mannschaft, stark angeschlagen, Ostern 1528 die Ostküste des Golfs von Mexiko. Pánfilo des Narváez nahm offiziell als Gouverneur das Land für die spanische Krone in Besitz, wie das so üblich war. Kreuz und Fahne wurden aufgerichtet. Von den verladenen achtzig Pferden waren nur noch zweiundvierzig übrig, und auch diese waren so mitgenommen, daß sie kaum einsatzfähig waren.

Rund vierhundert spanische Soldaten und einige Offiziere aus dem Adelstand, begleitet von fünf Geistlichen, schickten sich nun an, ein völlig unbekanntes Gebiet zu unterwerfen. Diese kleine Streitmacht trennte sich von den vier Schiffen und machte sich ins Innere des Landes auf. Sie wollten irgendwo in einem ihnen allen unbekannten Hafen weiter im Westen wieder zu den Schiffen stoßen. Das sollte ihnen zum Verhängnis werden. Es entsprach fast dem Entschluß, Schiffe hinter sich zu verbrennen, um damit jedem klarzumachen, daß es nur Vormarsch und Sieg oder Untergang geben konnte.

De Vaca hatte augenscheinlich den besten Überblick, denn er warnte seinen Kommandanten ganz offiziell davor, die Verbindung zu der seetüchtigen Flotte aufzugeben, und ließ sich diese schriftliche Warnung auch noch von Zeugen beglaubigen. Ganz unverkennbar hatte er im Gegensatz zu den vom Gold- und Machtrausch blind gewordenen Führern der Expedition einen klaren, denkfähigen Kopf behalten, was sich in den folgenden schlimmen und später grauenvollen Zeiten immer wieder deutlich zeigte.

Um vorwärts zu kommen, mußte das kleine Heer - oder besser gesagt, die bewaffnete Expedition - immer wieder Flüsse und Sümpfe durchqueren. Dabei ertranken schon die ersten Männer und Pferde. Langsam tastete sich der Zug in eine gespenstische Dschungellandschaft vor. Zunächst flüchteten die Indianer ins Dunkel des Urwaldes, und auch die Tiere flohen vor den Geräuschen der Pferde. Doch bald begannen die ersten Kämpfe mit den Eingeborenen, denn die Spanier mußten wegen des Mangels an Nahrungsmitteln die Dörfer gewaltsam plündern.

»Als einige Männer am Abend Wasser holten, schossen die Eingeborenen nach einem Christen, aber es gefiel dem Herrn, daß sie ihn nicht trafen. Am nächsten Tag marschierten wir von dort ab, ohne daß sich irgend jemand von den Landesbewohnern blicken ließ, weil alle geflüchtet waren. Auf dem Weitermarsch kamen wieder Indianer zum Vorschein, die von einem Kriegszug zurückkehrten. Trotz unseres Anrufs wollten sie weder umkehren noch auf uns warten. Ehe sie aber unseren Blicken entschwanden, folgten sie uns auf dem von uns eingeschlagenen Weg. Der Statthalter legte einige Reiter in einen Hinterhalt am Wege, die, als die Indianer vorbeizogen, auf sie einsprengten und drei oder vier gefangennahmen. Diese verwendeten wir als Führer auf dem Weitermarsch. Sie führten uns durch ein schwerpassierbares Gelände, gar wunderbar anzusehen. Dort gab es nämlich dichtes Unterholz und erstaunlich hohe Bäume. Die zu Boden gestürzten Stämme waren so zahlreich und versperrten uns den Weg in einer Weise, daß wir nur auf großen Umwegen und unter Anstrengungen weiterkommen konnten. Viele von den stehengebliebenen hatte der Blitz von oben bis unten gespalten. Denn in diesem Lande herrschen immer schwere Stürme und Gewitter.«

Die Expedition kam kaum mehr zur Ruhe, die Nerven der Männer wurden dauernd überfordert. Aus dem undurchdringlichen Mangrovenwald der sumpfigen Küstenniederungen wurden die Spanier laufend von mutigen und starken Indianern angegriffen.

Wenn auch die Berufssoldaten fast immer siegten, so gab es doch bei jedem Gefecht auch bei ihnen Verwundete und Tote, und auf Nachschub an Menschen und Material war nicht zu hoffen. Hinzu kamen schwere Krankheiten. So schmolz die Mannschaft langsam dahin.

»Sie töteten uns Leute und Pferde an den Wasserholplätzen, den Lagunen, und zwar in so sicherer Deckung für den Angreifer, daß wir nicht gegen sie vorgehen konnten. In Sümpfen versteckt beschossen sie uns mit Pfeilen und töteten einen indianischen Adligen aus Tetcuco, namens Don Pedro, den Begleiter des Kommissars. Am ersten Tag durchzogen wir die Lagunen und Engen, ohne die Indianer zu erblicken. Am zweiten Tag kamen wir an eine Lagune, die schwer zu passieren war, weil das Wasser uns bis zur Brust reichte und viele umgestürzte Bäume darin lagen. Schon befanden wir uns mitten im Wasser, als uns viele Indianer angriffen, die hinter Bäumen im Versteck gelegen hatten, damit wir sie nicht sehen sollten. Andere standen auf umgefallenen Bäumen. Sie beschossen uns sofort mit Pfeilen, verwundeten viele von unseren Leuten und Pferden und nahmen unsere Anführer gefangen, bevor wir aus den Lagunen herausfanden. Darauf folgten sie uns wieder nach, um unseren Durchmarsch zu stören. Daher gelang es uns nicht, herauszukommen und uns eine stärkere Stellung zu verschaf-

fen. Wenn wir ihnen zu Leibe gehen wollten, flüchteten sie sogleich in die Lagune und verwundeten von dort aus unsere Männer und Pferde. Als der Statthalter dies wahrnahm, ließ er die Reiter absitzen und zu Fuß gegen die Indianer kämpfen. Der Rechnungsführer saß mit ihnen ab, und so rückten sie gegen die Eingeborenen vor. Darauf stürzten wir uns alle zusammen in die Lagune und erkämpften den Durchgang. Auf unserer Seite gab es einige Verwundete, denen selbst ihre gute Rüstung nichts half. An diesem Tag schwuren einige unserer Leute, daß sie zwei Eichen, jede von der Dicke eines Unterschenkels, gesehen hätten, die von den Pfeilen der Indianer von einer Seite zur anderen durchbohrt waren... Alle Indianer, denen wir von Florida bis zu dieser Stelle begegneten, sind Pfeilschützen. Da sie von bedeutender Körperhöhe sind und nackt gehen, sehen sie von weitem wie Riesen aus. Sie sind wunderbar gewachsene Menschen, sehr mager, von großer Kraft und Wendigkeit. Die von ihnen benutzten Bögen sind armdick, elf bis zwölf Spannen lang. Sie schießen sie so geschickt auf zweihundert Schritt Entfernung, daß sie kein Ziel verfehlen.«

Die Eingeborenen verbrannten zuweilen ihre Dörfer, um den Soldaten die Lebensgrundlage zu entziehen. So wankten die immer schwächer werdenden Spanier weiter ins Ungewisse. Schlimmer als die scheußlichen Krokodile und Schlangen waren die Insekten in der feuchten Hitze, die qualvolle Krankheiten verursachten.

In den Urwäldern trafen die ersten Europäer auf immer neue Eindrücke.

Bei alldem klingt der Bericht De Vacas noch sehr sachlich und nüchtern:

»Mit Rücksicht auf die ungünstige Beschaffenheit der Küste sowie die unzureichende Ausrüstung, die es unmöglich machte, das Land genau zu erforschen, kehrte ich von meinem Erkundungsvorstoß zum Oberkommandierenden zurück, der mit den anderen krank darniederlag. In der Nacht vorher waren die Indianer über sie hergefallen und hatten sie, besonders, weil so viele krank waren, in größte Bedrängnis versetzt. Ich erstattete Bericht von meinem Unternehmen und von der ungünstigen Beschaffenheit des Landes.«

Was sie nun aus reiner Verzweiflung unternahmen, klingt ebenso unglaublich wie manche andere Episode der spanischen Konquista. Sie sahen nämlich ihre einzige Rettung in der Möglichkeit, mit Schiffen übers Meer zu flüchten. Aber wie sollten solche Schiffe aus dem Nichts gebaut werden? Neuspanien (Mexiko) lag vom mutmaßlichen Punkt, den sie erreicht hatten, etwas östlich der Mississippi-Mündung, also endlos weit entfernt. Es gab wenig Hoffnung, das völlig aussichtslos Erscheinende in die Tat umzusetzen, denn sie hatten weder Werkzeuge noch Material. Nicht einen einzigen Nagel.:

»Unter Berücksichtigung vieler Unzuträglichkeiten sowie nach Prüfung vieler Auswege einigten wir uns, ein ziemlich schwieriges Unternehmen ins Werk zu setzen, nämlich Schiffe für unsere Abfahrt zu bauen. Alle hielten das für unmöglich. Es wurde auch darauf hingewiesen, daß wir sie nicht zu bauen verstünden. Es gäbe kein Werkzeug, kein Eisen, keine Schmiede, kein Werg, Pech- oder Takelwerk, kurz irgend etwas von den zahlreichen Requisiten, die dazu erforderlich wären. Auch verstände sich keiner auf dieses Handwerk. Überdies gäbe es während der Arbeiten für die am Werk Tätigen nichts zu essen.«

Doch nachdem es gelungen war, einen hölzernen Blasebalg zu bauen, mit dem sie ihre Steigbügel, Sporen und Armbrüste schmelzen konnten, um aus dem Metall Sägen, Beile und andere Eisengeräte anzufertigen, gelang das Unmögliche: Sie begannen mit dem Bau von Booten.

»..Ihre Herstellung wurde von einem einzigen Zimmermann, der sich unter der Mannschaft befand, in Angriff genommen. Dabei entfalteten wir solchen Eifer, daß nach dem Beginn der Arbeit am 4. August fünf Boote am 20. September schon fertig waren. Wir teerten sie mit Pech, den ein Grieche namens Theodor aus Kiefern gewann. Aus dem Palmbast sowie aus den Schwanz- und Mähnenhaaren der Pferde fertigten wir Stricke und Takelwerk, aus unseren Hemden Segel und aus den Rotzedern die Ruder, die wir nach unserer Ansicht brauchten. Das Land, in das wir Sünder unsere Schritte gelenkt hatten, war solcher Art, daß wir nur unter den größten Schwierigkeiten Steine als Ballast und Anker für die Barken finden konnten. Wir zogen die Haut von den Beinen der Pferde ab und zerschnitten sie, um Ledergefäße zum Wasserschöpfen zu erhalten. Zu jener Zeit machten sich einige Leute auf, um Seemuscheln in den Buchten und Einlässen des Meeres zu sammeln. Dabei töteten die Indianer in zweimaligem Angriff zehn Mann in Sichtweite vom Lager, ohne daß wir diesen hätten zu Hilfe eilen können. Wir fanden sie von Pfeilen durch und durch getroffen. Obwohl einige unter ihnen gute Lederkoller trugen, genügten sie doch nicht, um dem Angriff zu widerstehen. Denn die Indianer schossen ihre Pfeile so gewandt und wuchtig ab, wie ich oben berichtet habe... Nach unserer Einschiffung starben über 40 Mann an Krankheiten und Hunger, abgesehen von denen, die uns die Indianer töteten. Am 22. September hörten wir mit dem Verspeisen der Pferde auf. Nur eines blieb noch übrig... Nachdem noch Proviant und Kleidungsstücke in die Boote gebracht worden waren, ragten sie nur noch eine halbe Spanne mit dem Bord aus dem Wasser. Wir fuhren so eingezwängt, daß wir uns nicht zu bewegen vermochten. Soviel

bringt Not zu Wege, daß sie uns wagen ließ, in solcher Weise abzufahren und uns auf ein so beschwerliches Meer zu begeben, ohne daß irgend jemand Kenntnisse in der Nautik besaß. Sieben Tage fuhren wir durch schmale Kanäle, manchmal bis zu den Schutzplanken im Wasser, ohne auch nur eine Spur von der Küste zu sehen. Am achten Tage gelangten wir zu einer Insel in der Nähe des Festlandes. So fuhren wir dreißig Tage, in denen wir mehrfach indianische Fischer trafen, ein armes elendes Volk.

Nach Ablauf der dreißig Tage, als das Bedürfnis nach Trinkwasser aufs Äußerste gestiegen war, hörten wir eines Nachts in der Nähe der Küste ein Kanu heranrudern. Als wir seiner ansichtig wurden, hofften wir, daß es näher herankäme, es blieb aber in seinem Versteck. Obwohl wir es anriefen, wollte es nicht umkehren und auf uns warten. Wegen der Dunkelheit nahmen wir seine Verfolgung nicht auf, sondern setzten unseren Kurs fort.

Beim Morgengrauen sichteten wir eine kleine Insel, auf die wir zusteuerten,, um zu prüfen, ob wir Trinkwasser fänden. Aber unsere Mühe war vergebens. Während wir vor Anker lagen, packte uns ein verheerender Sturm. Daher blieben wir dort sechs Tage, ohne uns auf das offene Meer hinauszuwagen. Weil wir seit fünf Tagen nichts getrunken hatten, steigerte sich der Durst dermaßen, daß uns plötzlich fünf Leute starben...

Gott, unserem Herrn, der in höchster Not seine Gnade zu erweisen pflegt, gefiel es, daß wir bei Sonnenuntergang an eine Landstütze gelangten, wo wir ruhiges Wasser und daher Schutz fanden...

Wir mußten den ganzen Tag dort in bitterer Kälte aushalten, ohne es wagen zu dürfen, aufs offene Meer hinauszufahren, weil der Sturm so heftig war. Als er sich gelegt hatte, schifften wir uns wieder ein und segelten drei Tage hintereinander. Da wir nur wenig Süßwasser mitgenommen hatten und nur einige Behälter für seine Aufbewahrung vorhanden waren, kamen wir wieder in die frühere Notlage. Unseren Kurs weiter verfolgend, liefen wir in einen Meeresarm ein und bemerkten dort ein mit Indianern bemanntes Kanu, das sich uns näherte. Auf unseren Anruf hin steuerten sie auf uns zu, und der Statthalter, an dessen Barke sie herangefahren waren, bat sie um Wasser. Sie boten es an, falls ihnen Gefäße gegeben würden, in denen sie es herbeischaffen könnten. Ein griechischer Christ namens Theodor, der schon oben erwähnt wurde, bot sich an, mit ihnen zu gehen. Der Statthalter und andere versuchten dies zu verhindern, konnten es aber nicht, weil Theodor sie auf jeden Fall begleiten wollte. Daher machte er sich mit einem Neger auf den Weg. Die Indianer überließen uns zwei Leute als Geisel. Als die Indianer in der Nacht zurückkehrten, brachten sie uns die Behälter ohne Wasser mit. Sie führten auch nicht die mitgenommenen Christen bei sich. Nun wollten die Geiseln ins Wasser springen, nachdem sie mit den zurückkehrenden Indianern gesprochen hatten. Die Bootsbesatzung hielt sie aber zurück. Hierauf ent-

flohen die Indianer in den Kanu und ließen uns ratlos und in Trauer zurück, weil wir jene beiden Christen eingebüßt hatten.«

Die Situation wurde immer unerträglicher. An Land und sobald sie sich der Küste näherten, wurden die Männer von Indianern angegriffen; auf dem Meer plagte sie ein schrecklicher Durst, und sie mußten im Sturm um ihr Leben kämpfen. Schließlich wurden die Boote restlos auseinandergetrieben, so daß jedes nahezu hilflos auf sich allein gestellt war:

»Da Winterzeit mit heftiger Kälte herrschte und wir so lange Hunger ausgestanden und so lange das Schaukeln auf den Wogen erduldet hatten, waren die Leute so entkräftet, daß alle bei Sonnenuntergang in meiner Barke übereinander zusammengebrochen waren, und zwar so nahe dem Tode, daß nur wenige noch das Bewußtsein hatten, sterben zu müssen. Von allen waren in dieser Stunde nicht fünf auf den Beinen. Bei Einbruch der Dunkelheit blieben nur der Schiffsführer und ich zum Steuern übrig. Um zwei Uhr nachts bat mich der Schiffsführer, die Leitung zu übernehmen. Da er bei seinem Zustand glaubte, noch in dieser Nacht sterben zu müssen. Daher übernahm ich das Steuerruder. Als ich nach Mitternacht nachsah, ob er schon gestorben war, gab er mir zu meiner Freude Antwort, daß er sich besser fühlte und bis Tagesanbruch steuern würde. Lieber hätte ich in jener Stunde sterben mögen, als vor meinen Augen so viele Menschen in derart elender Verfassung zu sehen...«

Nun waren sie keine Eroberer mehr, sie wurden Gejagte auf der Flucht. Die Schiffe waren den Gewalten des Meeres nicht gewachsen. Innerhalb von sechs Wochen sank eines nach dem anderen. Das von De Vaca wurde ans Ufer geschleudert.

»Wir wurden, halbertrunken, von den Wellen auf den Strand der unwirtlichen Küste geworfen... Wir waren gerettet, und nur drei fehlten, die die Barke unter sich begraben hatte.

Auch der Rest unserer Habe war mit untergegangen. Wir befanden uns in der kalten Zeit des Novembers in einem derartigen Zustand, daß man bequem alle unsere Knochen hätte zählen können, zu solchen Todesgestalten sind wir geworden...«

Bei allem Elend und Unglück gelang es ihnen, einige Indianer zu finden, die ihnen Mitleid entgegenbrachten und sie unterstützten.

»Durch Zeichen machte ich ihnen verständlich, daß unsere Barke untergegangen

und drei von unseren Gefährten ertrunken seien. Sie selbst sähen in der Nähe zwei Tote liegen, uns, die wir am Leben geblieben seien, würde es bald ebenso ergehen. Beim Anblick unseres Unglücks setzten sich die Eingeborenen mitten zwischen uns und fingen alle an, aus Schmerz und Kummer über den Anblick unseres Schicksals heftig zu weinen. Dies taten sie mit solcher Hingabe, daß man sie weithin hören konnte. Beim Erleben der Klage dieser doch so vernunftlosen und tierisch rohen Menschen verstärkten sich bei mir und den Gefährten das Leid und das Bewußtsein über das Ausmaß unseres Unglücks noch mehr. Als das Klagen sich gelegt hatte, fragte ich die anderen Christen, ob ich mich bei den Indianern nach ihrer Bereitwillikeit erkundigen solle, uns in ihre Hütten zu bringen. Einige der Gefährten, die bereits früher Erfahrungen mit den Indianern gemacht hatten, antworteten: Wenn sie uns dorthin mitnehmen, werden sie uns ihren Götzenbildern opfern.

Da de Vaca und seine Männer letztlich keine andere Wahl hatten, ließen sie sich von den Eingeborenen mit ins Dorf nehmen. Sie wußten, daß der kleinste Fehler in ihrem Verhalten zum Tode führen konnte, denn der Indianerstamm, der sie aufgenommen hatte, litt selbst unter schlimmer Nahrungsnot.:

»Das kalte und windige Wetter hielt noch einige Tage an, so daß die Indianer die Wurzeln nicht herausreißen konnten, die ihre Hauptenährung waren. Die Fischwehre brachten auch keinen Ertrag mehr. Da somit das Dorf von Eßbarem entblößt war, starben langsam die Leute hin. Fünf meiner Christen, die in einer Hütte an der Küste hausten, gerieten in solch große Not, daß sie einander aufaßen, bis nur noch einer am Leben blieb, weil niemand mehr da war, auch ihn zu verzehren. Hierüber wurden die Indianer derartig aufgebracht und es kam zu einer solchen Aufregung unter ihnen, daß sie ohne Zweifel, wenn der Vorfall gleich anfangs zu ihrer Kenntnis gekommen wäre, die Männer erschlagen hätten, wir alle uns aber in eine große Notlage versetzt gesehen hätten. Endlich blieben nur noch fünfzehn Männer am Leben.«

Es erstaunt immer wieder, wie genau de Vaca auch noch unter den widrigsten Umständen die Verhaltensweise der verschiedenen Eingeborenenstämme beobachtete, so daß er das Gesehene später schriftlich niederlegen konnte:

»Diese Menschen lieben ihre Kinder am meisten auf der Welt und behandeln sie aufs Beste. Wenn eines stirbt, beweinen es die Eltern, die Verwandten und das ganze Dorf. Das Wehklagen dauert ein volles Jahr. Jeden Morgen, bevor es hell

wird, fangen zuerst die Eltern damit an und darauf die ganze Gemeinde, was sie außer am Morgen auch am Mittag tun. Nach einem Jahr der Beweinung erweisen sie ihnen die Totenehren, waschen und säubern sich vom Ruß, den sie an sich tragen. Alle Toten beweinen sie in dieser Weise, ausgenommen die Alten, mit denen sie keine Umstände machen, denn sie sagen, diese hätten ihre Zeit schon hinter sich gebracht, man hätte keinen Nutzen weiter von ihnen, sie nehmen vielmehr nur Land für sich in Anspruch und den Kindern die Nahrung. Sie haben die Sitte, die Toten in der Erde zu bestatten, mit Ausnahme ihrer Wunderdoktoren, die sie verbrennen. Während das Feuer brennt, tanzen alle und feiern ein großes Fest. Die Knochen zerstampfen sie zu Pulver. Ein Jahr danach, wenn die Leichenfeier abgehalten wird, ritzen sich alle die Haut auf. Den Verwandten wird das aus den Knochen hergestellte Pulver zum Trunke verabreicht.«

Wir haben den von de Vaca beschriebenen Totenkult ebenfalls bei den Waika-Indianern am oberen Orinoko in Venezuela erlebt, obwohl die Orte durch das karibische Meer weit voneinander getrennt sind. Dies läßt die Vermutung zu, daß hier in früherer Zeit Verbindungen bestanden haben.

Da zeitweise auch die Eingeborenen ohne Nahrungsmittel waren und viele regelrecht verhungerten, schien es das Schicksal zu wollen, daß auch die letzten Spanier an der Küste sterben sollten. So ist es durchaus verständlich, daß in den Aufzeichnungen de Vacas der Nahrungssuche breiter Raum gegeben wird. Die Männer waren praktisch dauernd unterwegs und sammelten Wurzeln, Beeren, Nüsse und vor allem Kaktusfrüchte, also alles nur annähernd Eßbare.

»Ihr Hunger ist manchmal so groß, daß sie Spinnen, Ameiseneier, Würmer, Eidechsen, Molche, Schlangen und Vipern, die den Menschen beißen, verzehren, auch Erde, Holz und alles was sie bekommen können, verspeisen sie, Hirschdung und anderes, das ich zu berichten unterlasse. Ich bin überzeugt, daß sie Steine essen würden, wenn es sie in der Gegend gäbe. Die Gräten von verzehrten Fischen und die Knochen von Schlangen bewahren sie auf, um sie später zu zermahlen, um das Pulver zu genießen.

Einige Männer unter ihnen fröhnen dem widernatürlichen Laster. Die Weiber sind tüchtige Arbeiterinnen und halten lange aus, denn innherhalb der 24 Stunden von Tag und Nacht haben sie nur sechs Stunden Ruhe. Den Rest der Nacht verbringen sie mit dem Schüren des Feuers ihrer Herde, um die Wurzeln zu trocknen, die sie essen. Bei Tagesanbruch beginnen sie zu hacken, Holz und Wasser in die Hütte zu holen und die anderen notwendigen Dinge in Ordnung zu bringen ... Sie sind so sehr ans Wandern gewöhnt, daß sie ohne Rast und Ruhe vom Morgen bis zum Abend marschieren. Sie verfolgen das Wild und erlegen auf diese

Weise viel. Denn sie setzen ihm so lange nach, bis es ermattet ist. Manchmal fangen sie es sogar lebend ein. Ihre Behausungen sind aus Mattengeflecht über vier Reifen aufgespannt. Sie tragen sie auf dem Rücken. Sie wechseln alle zwei bis drei Tage den Lagerplatz, um nach Nahrung zu suchen. Denn sie säen nichts aus, was ihnen nützlich sein könnte.«

De Vaca beschreibt auch die verschiedenartige Behandlung, die ihm durch die Indianer widerfahren war. Bei manchen Stämmen wurde er als Sklave gehalten.:

»Ich mußte bei diesen Indianern länger als ein Jahr bleiben. Infolge der schlimmen Behandlung und Drangsale, die sie mir zufügten, beschloß ich, ihnen zu entfliehen und mich zu denen zu begeben, die in den Buschdickichten und auf dem Festland wohnen und Leute von Charruco heißen. Denn ich konnte dieses Leben nicht mehr ertragen. Neben vielen anderen Arbeiten mußte ich die eßbaren Wurzeln aus dem Wasser herausrupfen und aus dem Röhricht herausholen, zwischen dem sie auf dem Grund wuchsen. Dadurch wurden meine Finger so wund, daß schon die Berührung mit einem Strohhalm sie zum Bluten brachte.«

Endlich gelang de Vaca die Flucht zu einem anderen Stamm. Er war auf den Gedanken gekommen, als Händler aufzutreten, was seine Lage wesentlich verbesserte:

»In dieser Stellung gaben sie mir zu essen, behandelten mich freundlich und forderten mich auf, von einer Landschaft in die andere zu ziehen. Weil sie nämlich ständig Krieg führen, reisen sie nicht im Lande umher. Ebenso wenig treiben sie Handel. So zog ich denn, so weit ich Lust hatte, mit meinen Waren landeinwärts, und streifte an der Küste 40 bis 50 Leguas umher. Meine hauptsächlichsten Handelsgegenstände waren Stücke von Meeresschnecken, ihr Inneres und Muscheln, mit denen sie bohnenartige Früchte abschneiden. Sie benutzen diese für Heilzwecke sowie bei ihren Tänzen und Festen. Sie sind ihr wertvollster Besitz. Ferner handelte ich mit Meeresperlen und anderen Dingen. Unter solchen Umständen reiste ich ins Landesinnere. Ich tauschte Häute und Ockerfarben ein, mit der sie sich Gesicht und Haare einschmieren und bemalen, Feuersteine für Pfeilspitzen, Kitt und Hartrohre für ihre Anfertigung, ferner einige Troddeln, die aus Hirschhaar gemacht waren. Diese färben sie rot ... Die Strapazen aufzuzählen, die ich bei dieser Tätigkeit durchmachte, würde zu weit führen. Es gab sowohl solche durch Hunger und Gefahren als auch durch Unwetter und Kälte. Ungefähr sechs Jahre weilte ich allein unter den Indianern in diesem Lande und ging nackt umher wie sie.«

Bei dieser Tätigkeit ging es Cabeza de Vaca auch ganz wesentlich darum, möglicherweise Überlebende seiner Expedition zu finden, denn er wußte ja nicht, ob alle Schiffe untergegangen waren.

»Auf meine Fragen nach unseren übrigen Gefährten antworteten sie, daß alle durch Kälte und Hunger zugrunde gegangen wären, daß die weiter entfernt wohnenden Indianer aus Zeitvertreib Diego Dornates, Valdivieso und Diego Huelva erschlagen hätten, weil diese von einem Haus zum anderen herumgezogen wären, und daß die anderen Indianer, ihre Nachbarn, bei denen jetzt Hauptmann Dorantes lebte, infolge eines Traumes den Esquil und Méndez ermordet hätten. Wir fragten weiter danach, wie es denn den noch am Leben befindlichen gingen. Sie erwiderten, daß sie sehr schlimm behandelt würden. Denn sowohl die jungen wie die erwachsenen Indianer, die bei ihnen große Faulenzer sind und schlechte Umgangsformen haben, verabreichten ihnen Fußtritte, Ohrfeigen und Stockschläge. Dies wäre ihr Leben unter dem Stamm.«

Als de Vaca dennoch drei seiner Schicksalsgefährten fand, war die Freude unbeschreiblich groß:

»Wir danken Gott aus ganzem Herzen, uns wieder vereint zu haben, so daß dieser Tag einer der schönsten wurde, den wir im Leben zu verzeichnen hatten.«

Die gefundenen Männer waren Castillo und Dorantes sowie dessen Diener, der Mohr Estevanico. Noch einmal wurden die Männer von den Indianern getrennt. Das empfanden sie als das schlimmste, was ihnen widerfahren konnte. Es dauerte fast ein Jahr, bis sie wieder zusammenkamen und sich

Cabeza de Vaca überlebte mit drei weiteren Teilnehmern die rund 300 Mann starke Narváez Expedition

endlich auf mehr oder weniger direktem Weg weiter nach Westen durchschlugen. Selbst unter diesen armseligen Bedingungen vergaß de Vaca nicht, sich seine Eindrücke nachhaltig einzuprägen. So beschreibt er die abwechslungsreichen Landschaften und die sehr unterschiedlichen Stämme und er macht sich Gedanken über die wirtschaftliche Entwicklungsfähigkeit des Landes:

»Dieses Land ist zweifellos das beste von allen, die in Indien liegen, das fruchtbarste und reichste an Nahrungsmitteln. Dreimal sät man im Jahr. Es gibt eine Menge von Früchten, lieblichen Flüssen und anderen vorzüglichen Gewässern. Proben und Anzeichen weisen auf Gold- und Silberminen. Die Indianer sind dort gut gewachsen. Sie dienen gutwillig allen Christen, die ihre Freunde sind. Sie sind viel klüger als die Indianer in Mexico. Kurz, es handelt sich um ein Land, dem nichts zur Vollkommenheit fehlt ... Alle Eingeborenen trinken Regenwasser, das man an einigen Plätzen sammelt. Flüsse sind zwar vorhanden, aber die Indianer haben keine gemeinsamen oder bestimmten Wasserplätze, weil sie ohne festen Wohnsitz sind. Im ganzen Gebiet gibt es weite, schöne Weiden und gutes Futter für Herden. Ich glaube, daß es ein fruchtbares Land werden könnte, wenn es vernünftige Menschen bewohnen und bebauen würden. Solange wir uns in diesen Gegenden aufhielten, sahen wir niemals ein Gebirge ...«

Schon relativ bald war de Vaca bei einem Eingeborenenstamm erfolgreich als Medizinmann tätig gewesen und hatte damit sein Leben erleichtert. Plötzlich wuchs sein Nimbus, und die Indianer sahen die Fremden als Medizinmänner an, als Söhne der Sonne. Dabei kam den Spaniern der starke Glaube der Indianer an übernatürliche Kräfte entgegen. So hatten auch die eingeborenen Medizinmänner einen besonderen Rang innerhalb des Stammes, wie wir es bei Indianern in Südamerika schon beobachtet haben. Auch ihre Heilmethoden ähneln sich. An den schmerzenden Stellen werden Einschnitte vorgenommen, um die herum sie unter Beschwören ihrer Kräfte saugen. Außerdem brennen sie Wunden aus und »beblasen« die Schmerzen, die daraufhin den Körper verlassen.

Aber auch die Spanier verzeichneten durch ihren unerschütterlichen Glauben an göttliche Wunder und in Verbindung mit den christlichen Zeremonien erstaunliche Heilerfolge, die heute in ähnlicher Form auch in der Psychatrie erzielt werden. Wir lesen darüber bei de Vaca:

»Sie hatten schon von uns gehört, sowohl von unseren Heilungen wie auch von unseren Wundertaten, die Unser Herr durch uns vollbrachte. Diese waren großartig genug, um uns Wege durch so manche Einöden zu öffnen und uns Men-

schen entgegenzusenden an Orten, an denen sich lange Zeit niemand aufhielt, weiterhin uns aus vielen Gefahren zu befreien, unsere Ermordung zu verhüten, uns in so langer Hungernot am Leben zu erhalten und diesen Indianern den Gedanken einzuflößen, uns gut zu behandeln.

Noch am Abend unseres Ankunftstages näherten sich Indianer Castillo. Sie sagten, daß sie kopfkrank seien, und baten, sie zu heilen. Nachdem er über ihnen das Zeichen des Kreuzes geschlagen und sie Gott empfohlen hatte, behaupteten die Indianer sogleich, daß die Krankheit sie verlassen habe. Sie begaben sich zu ihren Behausungen und brachten eine Menge Tunas sowie ein Stück Hirschfleisch, von dem wir nicht recht wußten, was es war. An diesem Abend, als sich die Kunde von diesen Vorgängen unter ihnen verbreitete, kamen noch viele andere Kranke herbei, um sich ebenfalls von ihm heilen zu lassen. Nach Beendigung der Heilungen fingen sie an zu tanzen und ihre kultischen Tänze und Zeremonien bis Sonnenaufgang zu veranstalten.«

Nachdem es de Vaca gelungen war, sogar einen Scheintoten wieder lebendig zu machen, wurde er wie ein Heiliger verehrt. Der dramatischste Augenblick kam, als ein Häuptling eine Operation von de Vaca verlangte. Bei ihm saß seit langem eine Pfeilspitze nahe dem Herzen und bereitete ihm große Schmerzen. De Vacas Behandlung war wohl die erste derartige Operation im Südwesten Nordamerikas, und ein Mißerfolg hätte ihn das Leben kosten können. Er berichtet:

»Man stellte mir einen Mann vor, der angeblich vor längerer Zeit durch einen Pfeil an der rechten Schulter verwundet war und die Pfeilspitze noch über dem Herzen sitzen hatte. Er sagte, daß sie ihm starke Schmerzen verursachte und daß er deswegen ständig krank war. Ich betastete ihn, fühlte die Pfeilspitze und stellte fest, daß sie durch sein Brustbein gedrungen war. Ich öffnete die Brust mit einem Messer bis zur betreffenden Stelle und stellte fest, daß die Spitze quer saß und sehr schwierig herauszuziehen war. Ich schnitt noch einmal tiefer, führte die Messerspitze ein und zog schließlich mit großer Mühe die Spitze heraus, die sehr lang war. Meinen Beruf als Arzt versehend, machte ich mit einem spitzen Hirschknochen zwei Stiche, worauf ich stark mit Blut bespritzt wurde. Ich staute das Blut mit einem Tampon aus Fellhaar. Als ich die Spitze herausgezogen hatte, erbaten sie sich diese. Ich gab sie ihnen. Das ganze Dorf lief herbei, um sie zu betrachten. Sie wurde auch weiter landeinwärts geschickt, damit die dortigen Bewohner sie sehen sollten. Ihrer Gewohnheit entsprechend, veranstalteten sie viele Tänze und Feiern. Einge Tage später schnitt ich dem Indianer die beiden Nähte auf. Er war geheilt. Die Wunde schien nur so groß zu sein wie eine Linie auf der Handfläche. Er gab an, keine Schmerzen oder Beschwerden mehr zu haben. Die-

Die weißen Medizinmänner.
Cabeza de Vaca unternimmt die erste Operation in der Nähe des Herzens

se Heilung verlieh uns unter den Indianern der Gegend ein derartiges Ansehen, daß sie jede Gelegenheit suchten, es uns zu zeigen.«...

Ohne die Hilfe der Indianer hätten die Männer wohl nicht durch das oft wüstenhafte Gebiet gefunden, denn es gibt hier auch Landstriche, in denen der Mensch in kurzer Zeit verdursten kann. Nachdem de Vaca und seine Kameraden nun schon mehr als fünf Jahre im Indianerland herumgeirrt waren, dürften sie kaum noch Hoffnung gehabt haben, auf einen ihrer spanischen Stützpunkte zu treffen, die weit entfernt in Neuspanien, dem heutigen Mexiko, lagen. Und dennoch gaben sie nicht auf. Auf seinen Reisen hielt sich de Vaca sehr genau an die Anordnung Kaiser Karl V, alle Einzelheiten, auf die er stieß, sorgfältig zu notieren. Wie ein Forschungsreisender schrieb er alles nieder, was er sah oder hörte. Ganz besonders interessierte er sich für die Zusammenhänge zwischen den verschiedenen Gebräuchen, Sprachen und Dialekten. Er schreibt in seinem Kapitel »Über Stämme und Sprachen«:

»Wir kamen auch in Gegenden mit vielen verschiedenen Stämmen mit verschiedenen Sprachen, daß das Gedächtnis für ihre Aufzählung nicht ausreicht ... Obgleich wir sechs Sprachen verstanden, konnten wir sie dennoch nicht überall anwenden, weil wir mehr als tausend verschiedene Dialekte antrafen ... Diese Menschen kennen allgemein keine Zeitrechnung nach dem Monde oder der Sonne. Auch zählen sie nicht nach Monaten oder Jahren. Vielmehr kennen sie Zeitun-

terschiede nach dem Reifen der Früchte und dem Sterben der Fische sowie nach dem Sichtbarwerden der Sterne. Sie vermögen diese äußerst geschickt und geübt zu beobachten...«

In dem ganzen Gebiet berauscht man sich durch einen Rauch, für den sie alles geben, was sie besitzen. Sie trinken auch etwas, das sie aus den Blättern der den Eichen ähnlichen Bäumen gewinnen. Diese Flüssigkeit wärmen sie in Behältnissen am Feuer, füllen diese dann mit Wasser und halten sie über das Feuer. Wenn das Wasser zweimal zum Sieden gebracht ist, schütten sie es in ein Gefäß und lassen es in einer halben Kalebasse kalt werden. Sobald es viel Schaum entwickelt hat, trinken sie es so heiß, wie sie es ertragen können. Von dem Augenblick an, wenn sie es aus dem Gefäß schütten, bis zu dem, wenn sie es trinken, rufen sie laut: »Wer möchte trinken?« Wenn die Weiber das Geschrei hören, stehen sie sofort still und wagen sich nicht zu rühren, auch wenn sie schwer beladen sind. Bewegt sich zufällig eine Frau, dann beschimpfen sie sie, schlagen sie mit Stöcken und verschütten zornig die Flüssigkeit, die sie trinken wollten. Was sie bereits getrunken haben, brechen sie wieder aus, was sie leicht und ohne Quälen zuwege bringen. Als Grund für diese Sitte geben sie an, wenn sie den Trank zu sich nehmen wollen, die Weiber aber sich noch bewegen, sobald das Rufen zu ihren Ohren gedrungen ist, würde mit diesem Trank etwas Böses in ihren Körper gelangen, das ihnen in kurzer Zeit den Tod bringt. Solange der Trank kocht, muß der Behälter zugedeckt bleiben. Ist er zufällig nicht verschlossen und eine Frau geht vorüber, dann gießen sie die Flüssigkeit aus und trinken nichts mehr davon. Sie ist bitter. Drei Tage trinken sie hintereinander, ohne zu essen. Wenn die Frauen ihre Regel haben, holen sie nur Essen für sich selbst herbei, weil niemand etwas von dem genießen würde, das sie bringen ...«

Über Landschaften berichtete Cabeza de Vaca seltener und über Pflanzen und Tiere meist nur, wenn sie für die Ernährung von Bedeutung sind. In den Kakteen- und Wüstenlandschaften, die so leblos erscheinen, haben sich erstaunlich vielfältige Pflanzen und Tiere entwickelt, die sich ihrer Umwelt anpaßten und so gut wie keine Feuchtigkeit benötigen. De Vacas Beschrei-

Zeichnungen aus dem Reisewerk von Maximilian Prinz zu Wied, 1782-1867, der noch manchen Stamm in seiner ursprünglichen Verfassung antraf

bung des nordamerikanischen Büffels war die erste, die Europa erreichte.

Vielleicht ist die Tatsache, daß die nordamerikanischen Indianer die Büffel kannten, mit ein Grund dafür, weshalb sie weit weniger Furcht vor den einbrechenden Spaniern auf ihren Pferden hatten und sich stärker verteidigten als die Indianer in Südamerika, die solch große Tiere nicht gewohnt waren.

Die zurückgelegte Marschroute von Cabeza de Vaca ist heute nicht mehr zuverlässig feststellbar, weil die von ihm beschriebenen Indianerstämme entweder ausgestorben oder weggewandert sind. Die meisten ursprünglichen Namen der Berge und Flüsse sind damit verlorengegangen. Um Hungergebieten auszuweichen, mußten er und seine Männer außerdem immer wieder auf ihrem Weg nach Westen Umwege machen.

De Vaca beschreibt auch ein Gebiet, welches wahrscheinlich das der Pueblo-Indianer war, jene Dorf- und Stadtgemeinschaften, die im Vergleich zu den nomadisierenden Zeltindianern bereits eine höhere Stufe der Entwicklung erreicht hatten.

Da de Vaca von den noch reicheren Städten im Norden gehört hatte, konnte er mit Recht annehmen, daß er nicht weit entfernt von den verheißungsvollen sieben Städten Cibolos war. Nach der endlos langen Wanderschaft ist es verständlich, daß es ihn zunächst in Gegenden zog, von denen er vermutete, daß sie schon von den Spaniern besetzt waren. Um dort hinzugelangen, mußten die Männer ein Gebiet durchwandern, das mehr der Mondoberfläche gleicht als bewohnbaren irdischen Gefilden. Es besteht aus tiefen Schluchten, Flüssen und trostlosen Wüsten und Landstrecken, die uns heute noch in ihrer Kargheit beeindrucken.

»In dieser Weise verbrachten wir siebzehn Tagesmärsche. Schließlich überquerten wir einen großen Fluß und wanderten abermals zwanzig Tage. Dann stießen

wir zwischen zwei Gebirgszügen auf einen Indianerstamm, der ein Drittel des Jahres nur staubfeines Mehl aus Gras genießt. Da wir in dieser Jahreszeit dort vorbeikamen, mußten wir auch davon essen.

Endlich gelangten wir zu Hunderten von hohen Häusern, in denen es große Vorräte von eingebrachtem Mais gab. Vom Maismehl gab man uns eine ganze Menge, ebenso Kürbisse und baumwollene Decken, die beser als die aus Neuspanien stammenden waren ... Sie machten uns aber darauf aufmerksam, daß es weiter im Norden sehr volkreiche Dörfer mit großen Häusern gab. Die dortigen Indianer tragen Hemden aus Baumwolle, die bis zu den Knien reichen und darüber einen halblangen Überwurf mit haarlosen Schößen aus Hirschleder. Auch tragen sie Mokassins ...

Die Indianer, die in festen Häusern wohnen, und die weiterhin angetroffenen Bewohner des Landes kümmern sich nicht um Gold und Silber und verstehen nicht, daß man davon Nutzen haben soll.«

Gegen Ende des Marsches eilte de Vaca und seinen Gefährten solch ein guter Ruf als Medizinmänner voraus, daß sie überall schon erwartet wurden. In ihrem Gefolge zogen nun viele hundert, ja manchmal tausend Indianer mit, die blind den Anordnungen der vier Christen gehorchten:

»In den Gebieten, die wir durchquerten, schlossen die im Kriegszustand befindlichen Indianer wieder Freundschaft. Infolgedessen ließen wir das ganze Land hinter uns in Frieden.«

Als sie die Hoffnung schon aufgegeben hatten, ihre spanischen Landsleute wieder zu treffen, kam es zu der folgenden Begegnung:

»In diesen Tagen bemerkte Castillo am Halse eines Indianers eine Schnalle von einem Schwertgürtel und an ihr befestigt einen Hufnagel. Er nahm sie ihm weg, wir fragten die Indianer, was das wäre. Sie gaben uns zur Antwort daß diese Dinge vom Himmel gekommen seien. Wir fragten weiter nach, wer sie von dort mitgebracht habe. Sie antworteten, es seien einige Männer mit Bärten wie wir gewesen, die vom Himmel zu diesem Fluß gekommen wären. Sie hätten Pferde, Lanzen und Schwerter bei sich gehabt und hätten zwei der Indianer mit den Lanzen getötet. So unauffällig wie möglich fragten wir sie, was jene Männer getan hätten. Sie erwiderten, daß sie ans Meer gezogen wären, die Lanzen unter das Wasser gesteckt und sich selbst auch unter das Wasser begeben hätten. Später hätte man sie auf der Oberfläche nach Wegen schreiten sehen. Wir dankten Gott Unserem Herrn aus tiefstem Herzen für das Gehörte.

Wir wanderten durch wilde Gebiete und fanden alle entvölkert, weil die Bewohner in das Gebirge geflüchtet waren. Sie fürchteten sich vor den Christen und wagten es nicht, ihre Häuser zu bewohnen und die Felder zu bestellen. Es bereitete uns großen Kummer, das Land so fruchtbar, lieblich reich an Wasserläufen und Flüssen zu sehen, andererseits aber die Ansiedlungen von Bewohnern entblößt und niedergebrannt, die Menschen elend und krank, auf der Flucht und in Verstecken anzutreffen. Da sie keine Saaten ausbringen konnten, nährten sie sich in ihrer Hungersnot von Baumrinde und Wurzeln. Auch wir gerieten auf diesem Marsch in die gleiche Hungerlage, weil die Leute uns nur unzureichend mit Proviant aushelfen konnten. Denn sie selbst lebten in einem so unglücklichen Zustand, daß ihnen der Tod nahe zu sein schien. Sie brachten uns Decken, die sie vor den Christen versteckt hatten, und schenkten sie uns. Sie berichteten uns wie die Christen ein zweites Mal im Lande erschienen waren, daß sie es verwüsteten und die Dörfer niederbrannten, die Hälfte der Männer, alle Frauen und Kinder fortschleppten und daß diejenigen, die ihren Händen hatten entrinnen können, geflohen waren. So sahen wir sie mutlos, daß sie es nicht mehr wagten, sich irgendwo wieder fest anzusiedeln. Wir beobachteten, daß sie nicht mehr säen wollten und es auch nicht konnten, daß sie das Land nicht mehr bebauten, vielmehr entschlossen waren, sich eher dem Tod anheimzugeben, als weiterhin so grausam behandelt zu werden. Die Wahrnehmungen setzten uns in um so größeres Erstaunen, je mehr wir bedachten, daß sie uns gegenüber so entgegenkommend waren. Denn wir mußten eigentlich befürchten, daß wir nach unserem Eintreffen bei denen, die den Christen Widerstand geleistet und mit ihnen Krieg geführt hatten, schlecht behandelt werden müssen; daß man uns entgelten lassen würde, was die Christen ihnen Böses zugefügt hatten. Da aber Gott unser Herr geholfen hatte, uns bis zu ihnen vordringen zu lassen, fingen auch sie an, uns mit Scheu und Verehrung zu betrachten wie die Stämme, denen wir bis dahin begegnet waren, ja sogar noch mehr, worüber wir nicht wenig erstaunten. Hieraus kann man erkennen, daß alle diese Stämme, wenn sie Christen werden und unter die Oberhoheit der kaiserlichen Majestät kommen sollen, gut behandelt werden müssen. Nur dieser ist der richtige Weg und kein anderer.«

De Vacas Erfahrung und Niederschrift decken sich mit den Aussagen von Las Casas, die dieser in einer dramatischen Anklage vor dem Indienrat und Kaiser Karl V. vorbrachte. So ist die Behauptung, Las Casas wäre der einzige Mann gewesen, der seine Stimme gegen die Ungerechtigkeiten in der Neuen Welt erhoben hätte, nicht richtig.

Der Bericht de Vacas machte auf Kaiser Karl V. einen so großen Eindruck, daß er de Vaca bald nach seiner Rückkehr nach Spanien das hohe und verantwortungsvolle Amt des Gouverneurs der La-Plata-Länder übertrug.

Noch einmal hält das Schicksal für diesen Mann – dem wohl besten Anführer, den Spanien damals zu entsenden hatte, wie ein Historiker urteilt – eine schwere Prüfung bereit.

Schon bevor die Flotte Buenos Aires erreicht, wird de Vaca die Nachricht von einer dort herrschenden Hungersnot übermittelt. Er bringt, nachdem er mit vier Schiffen große Stürme überstanden hatte, sein kleines Heer von 250 Mann und 26 Pferden bei der Insel Santa Catherina an Land. Um Buenos Aires zu helfen, schickt er zwei Schiffe voraus, die beide im Sturm untergehen. Auch das dritte Schiff erhielt von de Vaca den Befehl, nach Buenos Aires zu segeln und Hilfe zu bringen, während er seine Truppe auf dem Landwege ins Innere nach Assuncion führt, wo er sein Amt als Gouverneur antreten soll. Der Marsch dieser kleinen Expedition nach Westen, durch einen weiten Teil des Kontinents, ohne jeden Weg und Brücke, war eine organisatorische Meisterleistung. In dreieinhalb Monaten starb nicht ein Mann.

De Vacas weitere Unternehmungen standen jedoch unter einem schlechten Stern. Vor allem wehrten sich seine Landsleute gegen die hohen moralischen Ansprüche des Gouverneurs. Weit ab von der Heimat waren die seit Jahren unter Indianern lebenden Spanier einen lasterhaften Lebensstil gewohnt, der mit den ethischen Vorstellungen des dogmatischen Christentums schwer zu vereinbaren war. De Vaca konnte sich gegen eine breite und geschlossenen Mehrheit nicht durchsetzen und wurde von seinen Widersachern unter einem fadenscheinigen Vorwand nach Spanien zurückgesandt. Dort wurde er zwar als schuldlos entlastet, doch litt er bis ans Lebensende unter der Vorstellung, letztlich versagt zu haben – obwohl er der erste Europäer war, der mit seinen Begleitern Nordamerika von Ost nach West durchquert hatte.

Die Sage von dem Reich der sieben goldenen Städte von Cibola verlor in der Zwischenzeit bei den spanischen Eroberern nicht an Anziehungskraft. Was de Vaca in sachlicher Form von festen Häusern berichtet hatte, erhielt durch die Fantasie seiner Begleiter, vor allem den Andeutungen des Estavenico, neue Nahrung. Vielleicht entfachte gerade die Schweigepflicht, die den Zurückgekehrten auferlegt worden war, die Glut, die bei anderen wieder ein Feuer entfachen ließ.

Doch auch die spanische Expedition, die unter Führung von de Soto mit etwa 800 Mann, davon 350 Reiter, ins Innere vorgestoßen war, mußte die Suche nach großen Verlusten aufgeben. Nur wenigen Männern gelang es, in selbstgebauten Schiffen zurückzukehren. De Soto, der als großer Held ausgezogen war, starb völlig ausgezehrt am Mississippi.

Selbst diese neue schwere Niederlage konnte andere von weiteren Vorstößen nicht abhalten. Schon zwei Jahre später kam Coronado über Mexiko

durch Wüsten und Savannen und fand Cibola: Kleine Städte ohne Gold und ohne Edelsteine. Er und seine Leute konnten nicht fassen, daß alle Leiden umsonst gewesen waren und alle Vermutungen über Schätze aus der Luft gegriffen sein sollten. Sie ließen sich immer weiter ins Innere Nordamerikas locken. Bei einem dieser Vorstöße entdeckten die Männer von Coronado auch die Riesenschlucht des Gran Cañon. Doch sie hatten kein Auge für das Naturwunder. Für sie war es nur ein Hindernis auf ihrem staubigen erfolglosen Weg – erfolglos aus der Sicht jener Zeit.

Pelzhändler erforschen den Norden Amerikas

Nordamerika weist die verschiedensten Landschaftsformen auf, von riesigen Gletschergebieten bis zu lebensfeindlichen Sandwüsten und üppigen Gartenlandschaften. Auch die geographische Flächenaufteilung und die Küstenstruktur ist im Vergleich zu Südamerika ungleich vielgestaltiger und unübersichtlicher.

Es ist relativ einfach, aus der Erinnerung eine Übersichtskarte Südamerikas zu zeichnen: den Umriß, die Gebirgskette der Anden, das Amazonasbecken, im Norden das Orinokogebiet, im Süden die La-Plata-Länder, Patagonien und Feuerland und das sturmumtoste Kap Horn. Viel schwerer fällt es, Nordamerikas Küstenlinie einigermaßen genau nachzuzeichnen, auch wenn wir das Bild schon tausendmal im Atlas oder auf dem Globus gesehen haben. Wer auf der sogenannten Polarroute, über Grönland kommend, die menschenleeren, vergletscherten Inselgruppen bei Baffin Land überflogen hat und einige Stunden unter sich die nicht endenwollende Weite der Tundra auf sich wirken ließ, kann sich vorstellen, wie schwer es war, in frühe-

rer Zeit, als es noch keine Flugzeuge gab, ein Bild von unserem Erdball zu erhalten. Wer denkt, wenn er im Flugzeug sitzt, schon darüber nach, wie die ersten Karten entstanden sind, unter welchen Bedingungen die unbekannten Horizonte mühsam Stück um Stück aufgezeichnet und beschrieben wurden, wie sich winzige Schiffe bei Sturm und Eis an Küsten entlangkämpften, tage-, wochen- und monatelang Inseln, Klippen und Untiefen vermessend, an denen sie selbst jeden Augenblick zerschellen konnten?

Wenn ich alte Karten anschaue, die aus Zeiten stammen, in denen es noch keine Luftaufnahmen gab, stelle ich mir vor, wie Männer an jenen Karten zeichneten oder die Voraussetzungen dafür schufen. Karten aus dem 17. und auch 18. Jahrhundert geben schon erstaunlich genaue Angaben über ganz Süd- und Mittelamerika wieder. Das Bild Nordamerikas aber beschränkt sich auf den karibischen Teil, auf Florida, die Ostküste bis zu den großen Seen und auf Labrador. An der Westküste endete das Vorstellungsvermögen bereits im heutigen Kalifornien. Eine Missionsstation bei San Francisco war der letzte Vorposten. Wie die Welt weiter im Norden aussah, verlor sich in nebeligen Vermutungen von einer wildzerrissenen Insel- und Bergwelt, in endlosen Wäldern, die auf den Weltkarten in schemenhaftem Weiß dargestellt wurden, das noch alles Erdenkliche verborgen hielt. Auch heute, wo

Alexander Mackenzie, 1755-1820, einer der größten Entdecker Nordamerikas

wir genaueste Karten besitzen, ist die Faszination der Weite noch nicht verlorengegangen, denn noch immer ist sie so gut wie menschenleer. Bei einem Flug von etwa 14 000 Kilometer erlebte ich den Norden von Kanada und Alaska aus der Pilotenperspektive. Kaum vorzustellen, wie vor wenigen hundert Jahren Pelzhändler in leicht zerbrechlichen Rindenkanus, von Ruderern vorwärtsgetrieben, dieses maßlose Gebiet vieler Flußsysteme entdeckten.

Wir ermessen diese Leistungen erst richtig, wenn wir in einem Kanu durch die schweigende Welt der kanadischen Wildnis rudern oder gegen Stromschnellen ankämpfen und am Abend ermattet am Feuer sitzen, auf der Karte das zurückgelegte Stück einzeichnen und dabei feststellen, daß wir trotz vollem Einsatz kaum vorangekommen sind.

Als wir den Spuren von Mackenzie folgten, legten wir einige Abschnitte im Kanu und zu Fuß zurück. Die größten Strecken aber überflog ich in einem kleinen Wasserflugzeug. Mit unserem nachgebauten Rindenboot wäre es unmöglich gewesen, in absehbarer Zeit seiner gesamten Reiseroute zu folgen.

Schon die Hindernisse vor dem Abflug waren so beträchtlich, daß ich mehrere Male meinen Leitspruch »Gib niemals auf« -Never give up- zu Hilfe nehmen mußte. Ich erfuhr, daß ich nach dem kanadischen Gesetz die gesamte Flugprüfung zu wiederholen hatte, was mir auf Englisch gar nicht leicht fiel. Dann machten der Umbau der Cessna 185 von Rädern auf Schwimmer und der zusätzliche Einbau eines Becker-Navigations- und Radiosystems einiges Kopfzerbrechen. Und ganz zum Schluß dauerte das Anbringen des Robertson Stol Kits in den USA noch länger als erwartet. Doch ich wußte, daß die Maschine nun erstklassig ausgerüstet war und ganz erstaunliche Langsamflugeigenschaften besaß, was sich besonders bei kurzen Start- und Landeplätzen als Vorteil erweisen sollte. Auch das Besorgen aller notwendigen Karten für die Orientierung und Navigation über mir unbekanntem Land, brachte viele Stunden Arbeit mit sich, ebenso das Zusammenstellen der Überlebensausrüstung.

Voyageurs – die französischen Rudermannschaften befuhren und entdeckten die großen nordamerikanischen Stromsysteme

Als die Maschine endlich, vollbeladen mit Expeditionsmaterial, Notproviant, Gewehr, Angelzeug, Filmkameras und über zehn Kilo Kartenmaterial im Fraser River schwamm, die Schwimmer halb unter Wasser, und ich im Kopfhörer die kaum verständliche schnelle Sprache der Controller vom Internationalen Flugplatz vernahm, erlebte ich einen jener großen Momente, für die es wert ist, einiges auf sich zu nehmen.

Neben mir sitzt Jochen, unser jüngster Sohn, der voller Vertrauen meine Bewegungen und Reaktionen beobachtet und mir helfen wird, zu navigieren und zu filmen. Nur einige Starts und Landungen waren mir am Tage zuvor möglich gewesen, um die neue Maschine kennenzulernen. Ich durfte aber keine Zeit mehr verlieren, denn der Winter stand vor der Tür. Ich war bis an die erlaubte Gewichtsgrenze gegangen und war gespannt, wie sich der Vogel fliegen und vor allen Dingen starten lassen würde.

Wir hoben viel schneller ab, als ich es vom Gewicht her für möglich gehalten hatte, und flogen - flogen wie im Traum über Vancouver vorbei an der Horseshoe Bay, an unserem Haus und über die Bucht bei Squamish, weiter über mir bekannte und unbekannte Gletscher und Berge.

Der noch neue Motor klingt laut, aber »gesund«. Eine Wolkenfront im Südwesten ist klar zu erkennen, wird uns aber kaum überholen. Dann erreichen wir die Fraserschlucht bei Lillooet, unter uns der riesige Fluß mit Stromschnellen, vor dem Mackenzie kapitulierte und einen mühsamen Umweg zur Küste und über die Berge machen mußte. Fast spielend überwinden wir im Flug die Barrieren. Wir haben starke Turbulenzen, die Maschine wird hin- und hergeworfen, aber noch sehen wir ferne Horizonte und unter uns eine Straße, an der wir entlangfliegen können. Auch empfangen wir eine Radiostation von Williams Lake, zu der unsere Instrumente zeigen. Den Nadeln können wir mehr vertrauen, als unserem Gefühl. Nach dreieinhalb Stunden finden wir den Wasserflugplatz von Prince George. In kurzer Zeit haben wir getankt und können weiterfliegen.

Bald richten wir die Maschine wieder nach Nordosten auf die Spuren Mackenzies. Um uns schwarze Gewitterwolken, aber keine zusammenhängende Front. Die lichten Stellen, von Regenvorhängen verschleiert, erzeugen höchste Spannung und verlangen neue Entschlüsse: in welcher Richtung sollen wir die gefährlichen Gebiete umfliegen? Keine Radiostation gibt mehr Antwort. Regen und Hagel prasseln gegen die Scheiben. Am Horizont und auch in nächster Nähe Blitze. In einer langen Schleife umfliegen wir eine Wolke. Da liegt plötzlich lichtüberströmtes, weites, offenes Land vor uns. Dann gelingt es uns auch, über das Bordradio mit Fort St. John Sprechfunkverbindung aufzunehmen, und schon fühlen wir uns nicht mehr allein.

Bald haben wir den Peace River, dem Mackenzie gefolgt war, erreicht. Wir gehen mit der Maschine weit hinunter, fast auf den Fluß. Nur wenige Meter über der Wasseroberfläche folgen wir zum Filmen einigen Schleifen und denken an Mackenzie, wie er diesen riesigen Fluß zunächst gegen den Strom und später auch wieder abwärts fuhr. Wieder stehen düstere Wolkenbänke vor uns, aber wir sind schon nahe dem Ort Peace River, dessen Landemöglichkeit für Wasserflugzeuge in einigem Abstand von dem Flugplatz an einem See auf internationalen Karten eingezeichnet ist. Wir erhalten von Peace River Orientierungshilfe, um den Cardinal Lake zu finden. Dreimal kreise ich unter den tiefhängenden Wolken um den See, der mir nach den Angaben der richtige zu sein scheint, sehe aber keine anderen Wasserflugzeuge. Der immer stärker werdende Sturm zwingt mich zum Handeln. Trotz hoher Wellen und Schaumkronen gelingt mir eine gute Landung. Immer noch zweifle ich, ob wir auf dem richtigen See heruntergekommen sind, denn ich sehe nur einen kleinen Bootssteg. Bei den Windböen ist dort das Anlegemanöver gar nicht so einfach, und erst als zwei Wächter vom Provincial Park kommen, erfahre ich erleichtert, daß ich mich nicht getäuscht habe.

Die Männer waren sehr hilfsbereit. Ich konnte von ihrer Station telefonisch ein Faß Benzin für den nächsten Morgen bestellen. Am Abend ließ der Regen nach, und wir rollten uns in die Schlafsäcke unter einem fast sternklaren Himmel ein. Doch gegen Morgen fing es wieder an, aus tiefhängenden Wolken zu regnen, und wir suchten Schutz in einer offenen Blockhütte. In der Mitte stand ein großer Ofen, der aus einem Ölfaß gefertigt war, und daneben lag Holz. Es war kalt, und wir heizten ein, bis dann um halb zehn Uhr endlich ein kleiner Lastwagen mit einem zweihundert Literfaß eintraf. Im strömendem Regen unter dem Schutz eines Schirms füllten wir die Flächentanks auf.

Ich beginne langsam zu zweifeln, ob es uns bei diesen Wetterverhältnissen noch gelingt, den Mackenzie-Fluß zu erreichen und über den Polarkreis hinauf bis zum Eismeer zu fliegen. Wir haben noch ca. 3000 Kilometer vor uns, und ca. 8000 Kilometer, um über Alaska wieder nach Hause zu kommen. Trotz allem gibt uns der Wetterbericht die Hoffnung, daß es sich im Norden auf unserer geplanten Route aufklaren wird. Wir starten bei Regen und Wind, folgen im Tiefflug dem Peace-River, gehen dann auf größere Höhe und sehen unter uns den Athabasca-See. Im Norden finden wir den Sklavenfluß und fliegen weiter über Gebiete, die Mackenzie erkundet hat. Nach einem bewegten Flug erreichen wir Fort Smith an der Grenze von Alberta und die unermeßlich großen Northwest Territories. Wir landen auf einem kleinen See neben einigen anderen Wasserflugzeugen, die von hier aus einsame Vorposten der Zivilisation versorgen: entlegene Minen, Feuerbeobachtungsstationen, Trapper und Jäger, zu denen keine Straße, oft nicht einmal eine Andeutung von Weg führt.

Am Landungssteg hilft man uns kameradschaftlich, die Maschine zu versorgen. Vor allem beeindruckte micht die Hilfsbereitschaft eines etwa sechzig Jahre alten Piloten - ein Indianer, der sich auch während des ganzen Abends um uns kümmerte und uns Ratschläge aus seiner Flugerfahrung im Norden gab. Er meinte, die Herbststürme könnten jederzeit übers Land fegen. Wir müßten auch bedenken, daß es auf einer Strecke von tausend Kilometern nur einen Ort zum Nachtanken gibt, und der liegt an der Mündung des Hay River am großen Sklavensee. Vor dieser Landung warnte er uns besonders, denn der Fluß gilt als ausgesprochen tückisch. Man hat häufig mit turbulentem Querwind zu rechnen, und auf dem See herrscht immer ein sehr starker Wellengang, zu hoch, um dort zu landen.

Nach einer ruhigen Nacht holt uns, pünktlich auf die Minute, um acht Uhr unser Indianerfreund ab, um uns bei den Flugvorbereitungen zu helfen. Frisch betankt, gut ausgeschlafen und mit der Nachricht ausgestattet, daß wir im Norden in ein Hochdruckgebiet hineinfliegen werden, sind wir zuversichtlicher Stimmung. Über dem großen Sklavensee reißen die Wolken auf, und ein starker Nordwestwind von ca. 40 Kilometer Geschwindigkeit läßt die Maschine wieder tanzen. Der See gleicht eher einem Meer. In der grünen spiegelnden Fläche sehen wir im Gegenlicht hohe Wellen und Schaumkronen. Dies sind genau die Bedingungen, unter denen das Landen in Hay River als so schwierig beschrieben wird. Zweimal kreisen wir über dem Ort und dem Fluß, um die genaue Windrichtung herauszufinden. Dann entschließe ich mich zu einem steilen Anflugwinkel, unter dem ich ganz knapp über dem Wald mit hängender Tragfläche gegen den Wind, eine Bucht ausnutzend, auf den Fluß hinunterkomme. Mit äußerster Konzentration gelingt es, die Maschine weich auf die Wellenkämme zu setzen und bald darauf glücklich das Ufer und den Landungssteg zu erreichen.

Man hat uns beobachtet, und so wird uns wieder beim Anlegen geholfen. Dieses Mal tanken wir nicht nur unsere Maschine randvoll, sondern füllen auch die vier Reservekanister. Bei dem starken Gegenwind müssen wir damit rechnen, daß wir erheblich mehr Treibstoff verbrauchen.

Ich bin inzwischen daran gewöhnt, daß die Maschine bis an die Grenze beladen ist, aber unter den herrschenden Querwindbedingungen fällt es diesmal wirklich schwer, sie aus dem Wasser herauszubringen. Wir fliegen wieder über menschenleeres Land. Im Norden, soweit das Auge reicht, der große Sklavensee, im Süden sind unübersehbar große Waldbrände. Rauchwolken zwingen uns, den Mackenzie-Fluß, den wir gerade erst erreicht haben, wieder zu verlassen und nach Norden über ein Gebirge zu fliegen. Der Fluß fließt eine ganze Strecke direkt nach Westen, woraus Mackenzie seinerzeit schloß, daß er auf dem richtigen Weg zum Pazifik sei. Plötzlich aber wendet sich der Strom direkt nach Norden in Richtung Eismeer. Nach einer

Rechte Seite oben: »Grand Canyon«
Eine der tiefsten Schluchten der Erde im Südwesten Nordamerikas, ein Hindernis für die Entdecker – ein Naturwunder für uns.

Rechte Seite unten: »Monument Valley«
Eine der typischen Felsformationen im Wüstengebiet zwischen Utah und Arizona.

Abbildung Seite 202 oben links: »Navojoindianerin aus dem Monument Valley im Staate Arizona«

Abbildung Seite 202 oben rechts: »Nordwestindianer«
Bei Indianertreffen spürt man das Wiedererwachen des Selbstbewußtseins und die Traditionspflege der einzelnen Stämme.

Abbildung Seite 202 unten: »Mesa Verde«
Im Südwesten Nordamerikas wurden an verschiedenen Stellen prähistorische Bauwerke gefunden, die von interessanten Kulturansätzen zeugen. Der Spanier Cabeza de Vaca berichtet zu Beginn des 16. Jahrhunderts als erster von solchen Bauwerken.

Abbildung Seite 203 oben links: »Kwakiutl - Tanzmaske, Nordwestküste Amerikas«
Tanzmasken wurden in vielen Teilen des Doppelkontinents von Indianerstämmen verwendet.

Abbildung Seite 203 oben rechts: »Totempfahl bei Sittka, Alaska«
Bis heute werden in alter Tradition Totempfähle von Familien und Stammesgemeinschaften errichtet.

Abbildung Seite 203 unten: Totempfahl der Haidaindianer, Queen Charlotte Island, Canada«

Stunde erreichen wir wieder den Fluß, und je weiter wir nach Norden kommen, um so schöner wird das Wetter. Bei nun wolkenlosem Himmel fliegen wir Stunde um Stunde über die weiten Schleifen des Mackenzie-Flusses, über eine Welt, die sich seit Urzeiten nur so weit verändert hat, wie das Klima es diktierte. 500 Kilometer hatten wir kein einziges Boot auf dem Fluß gesehen.

Nachdem wir eine Art Canyon mit großen Stromschnellen überflogen haben, entdecken wir nun Fort Norman. Hier liegen ein paar Dutzend Häuser mit einem kleinen Flugplatz. Die nächste große Stadt ist noch sehr weit entfernt. Über Sprechfunk erfahre ich, daß wir in Fort Norman kein Benzin erhalten können. Da wir die letzten Stunden keinen Gegenwind hatten, reicht der Treibstoff leicht noch bis nach Norman Wells.

Die Landung dort ist problemlos. Die Sonne steht noch so hoch, daß wir über den Polarkreis nach Inuvik weiterfliegen können. Ganz langsam färbt sich der Himmel von Gelb nach Orange und bis zum tiefen Rot. Im Abendlicht leuchten immer wieder neue Flußschleifen auf, die durch endlose Wälder fließen. Immer dramatischer wird der Sonnenuntergang. Bis hin zum Horizont liegen Tausende von kleinen Seen und wie Schlangen gewundene Flußläufe, golden schimmernd in blauschwarzem Land. Noch immer leuchten die Seen rot, als wir um elf Uhr in der Nacht in der Nähe von Inuvik auf einem See landen. Auf einem kleinen Landungssteg errichten wir unter der Tragfläche unser Zelt. Über dem See taucht ein riesengroßer Vollmond auf. Seine Lichtreflexe verwandeln das Wasser in eine silberne Straße.

Schon nach wenigen Stunden dämmert wieder ein glasklarer Morgen herauf. Eine helle Sonne hinter dampfendem Nebel läßt einen guten Tag erwarten. Wir wollen das ruhige Wetter nutzen und noch eine Stunde weiter nach Norden fliegen über das Mackenziedelta hinaus aufs offene Meer, dorthin, wo der große Forscher, nach dem der Fluß und das Gebirge benannt sind, enttäuscht umkehren mußte, ohne sein Ziel, den Pazifik, erreicht zu haben. Ihn fand er erst wenige Jahre später auf einer ganz anderen Route nach unglaublichen Strapazen. Ganz ruhig liegt der schwerbeladene Vogel in der stabilen Luft, ein ideales Wetter für Luftaufnahmen. Unter uns noch immer tausend Seen und Flußläufe, und im Hintergrund die Bergkette, die uns von Alaska trennt. Wir überfliegen den Mc.-Dougall-Paß. In dieser Gegend spielten sich einige grausige Geschichten von Trappern und Goldsuchern

Linke Seite: Aus riesigen Zedernstämmen, deren Holz eine lange Lebensdauer besitzt, wurden die Totempfähle unter Verwendung primitivster Werkzeuge feinst herausgearbeitet. Manche erinnern noch an frühe steinerne Bildwerke in Mittel- und Südamerika.

ab, die Jack London beschrieben hat. Wir überfliegen vom Herbst gefärbtes Land, einsame Täler, grüne und blaue Gebirgsseen.

Wieder beginnen uns Windstöße zu packen. Ein starker Gegenwind läßt unseren Flug entlang dem Porcupine River langsamer werden. Wir sind froh, für den Notfall noch einige volle Ersatzkanister dabei zu haben, und wir erreichen nach viereinhalb Stunden Flug Fort Yukon. Weltverloren liegt dieser Ort, der früher einmal eine Handelsstation war, am Zusammenfluß des Porcupine River und des Yukon. Es ist sehr stürmisch bei der Landung. Am schwierigsten ist es, genau an die richtige Stelle des Ufers zu kommen, denn ich kann die Maschine nicht auf dem Wasser wenden. Wenn eine Windböe unter die Flächen gerät, kann sie das Flugzeug umwerfen. So segeln wir im Zickzack langsam an den Anlegeplatz. Wieder die gleiche Hilfsbereitschaft bei Piloten, die in dieser Gegend von morgens bis abends nicht aus ihren hohen Gummistiefeln herauskommen.

In einem alten, zerbeulten kleinen Lastwagen winkt uns eine Frau heran. Sie hat die Zollformalitäten abzuwickeln. Ganz besonders liebenswürdig bietet sie uns an, uns mit ihrem Wagen zur Tankstelle zu bringen, um dort Treibstoff zu besorgen. Doch zunächst müssen wir unsere Kanister leeren. Das dauert eine halbe Stunde. Sie wartet ruhig ab, fährt uns dann in die Stadt, wartet wieder, bis die Kanister aufgefüllt sind, bringt uns zurück zum Flugzeug und wünscht uns eine gute Reise.

Vor unserem Start beobachte ich, wie ein Buschpilot eine Maschine die unserer gleicht, mit viel Gepäck belädt, und drei Passagiere und sieben Schlittenhunde einsteigen läßt. Er versucht, bei den immer heftiger werdenden Sturmböen zu starten, bringt das Flugzeug aber trotz aller Bemühungen nicht aus dem Wasser. Erst als er zwei Hunde am Ufer zurückgelassen hat, gelingt es ihm, die Maschine in die Luft zu ziehen.

Auch für mich war es schwierig, bei hohem Wellengang um die Flußschleife herum zu starten. Schon bald mußten wir düsteren Regenzonen ausweichen. Das Wasserlabyrinth der Flußschleifen des Yukon ist so unendlich weitläufig, daß wir den Weg ohne Radionavigation nicht gefunden hätten. Die vorgesehene Flugroute führte südöstlich am über 6000 Meter hohen Mount Mc. Kinley vorbei, eine der gewaltigsten Gebirgsketten der Erde. Der Wetterbericht für diesen Streckenabschnitt war nicht schlecht, aber auch nicht gut. Erfahrungsgemäß konnte alles auf uns zukommen. Nach Überfliegen von Fairbanks, einem der wenigen Orte, die man in Alaska als Stadt bezeichnen kann, suchten wir zwischen ziemlich tiefhängenden Wolken, die die hohen Berge verhüllten, den Windy-Paß. Unsere Spannung wuchs, nachdem wir über Funk von einer Maschine hörten, die dort wegen zu starker Turbulenzen umgekehrt war und wieder zurück nach Fairbanks

Der Mackenziefluß, viele hundert Kilometer ohne eine Spur von Menschen

flog. Da das Wetter sehr häufig schnell wechselt, wollten wir es trotzdem versuchen, und tatsächlich war es am Paß gar nicht so schlimm.

Plötzlich lag vor uns eine weite sonnenbeschienene Landschaft: Hügel, Seen, Wälder, Täler und Urströme. Am Horizont die Talkeetna-Berge, ein Land, das ich schon von früheren Flügen her kenne. Nun fühlte ich mich wieder zu Hause. Am Landungssteg unter dem Blockhaus am Stephan Lake begrüßten uns Freunde, mit denen wir verabredet waren. Hier filmten wir Grisly - Bären, Elche und Biber, die beim Pelzhandel eine so große Rolle spielten.

Wenige Tage später erwachten wir in einer Schneelandschaft, und auch unser Flugzeug war vereist. Wir müssen das nächste gute Wetter nützen, um heimwärts zu fliegen. Jochen mußte zur Schule und flog von Anchorage mit einer Linienmaschine nach Hause. Mit mir kam ein langjähriger Freund, Tatzi Glattfelder. Er ist auch Pilot, und wir wollten uns beim Rückflug entlang der Westküste beim Fliegen ablösen. Am ersten klaren Tag starteten wir nach Süden. Vor uns lag eine der schönsten, aber auch gefürchtetsten Strecken der Welt, insgesamt über 3000 Kilometer lang.

Durch eine günstige Wetterlage wurde der Flug zum reinen Vergnügen. Die riesigen Berge, die unvermittelt bis zu 6000 Meter aus dem Meer aufwachsen, waren von kristallener Schönheit. Die sonst so stürmische Luft trug uns sanft und ruhig über smaragdgrüne Seen und Fjorde. Nach etwa fünf Stunden landeten wir in der Nähe von Juneau, um aus unseren Reservekanistern zu tanken. Nicht weit von hier hatten Berings Schiffe geankert, nachdem sie den Golf von Alaska und das Meer, das heute seinen Namen trägt, und viele Stürme überwunden hatten.

Das nächste Mal landeten wir bei Petersburg, dem kleinen Fischerhafen, den ich schon von früheren Schiffsreisen her kannte. Aus den Bergen fließen in langen Schleifen gigantische Gletscher, die direkt ins Meer abbrechen. Zwischen dunkelgrünen Wäldern, die tiefe Fjorde säumen, schwimmen weißblaue Eisberge. Es war Abend, und wir hatten wohl den eindrucksvollsten Flug hinter uns, den ein Mensch machen kann.

Am Morgen zeigt sich die Sonne nur als helle Scheibe ohne Strahlen durch einen gleichmäßig überzogenen graugelben Himmel. Aber es war kein Nebel, der sonst um diese Jahreszeit bei schönem Wetter den Flugbetrieb oft bis über Mittag lahmlegt. Wir starten ohne Schwierigkeit wieder hinein in die überwältigende Fjordlandschaft.

Erst vor Prince Rupert, wo die Grenze zwischen Kanada und Alaska verläuft, wird es in der Luft unruhig. Wir müssen wegen des Zolls und zum Tanken im Hafen landen. Es gibt wenig Papierarbeit, nicht mehr, als eben notwendig.

Dann dürfen wir weiterfliegen. Wir kreisen über Bella Cola, jenem Ort, an dem Mackenzie den Triumph seines Lebens feiern konnte, nachdem es ihm gelungen war, als erstem Europäer Kanada von Ost nach West zu durchqueren.

Die letzte, etwa vier Stunden lange Etappe legen wir bei strahlendem Wetter zurück. Erst ganz kurz vor Vancouver prasseln ein paar Regentropfen gegen die Scheibe. Wir landen direkt vor unserem Haus am Strachan Creek.

Auch hier ist Herbst, der Nordlandsommer geht zur Neige. Die ersten Ahornblätter färben sich, und Wildgänse fliegen im Keil nach Süden, Nebel ziehen durch die Fjorde, und Möven schreien, als ob sie um die Vergänglichkeit der Zeit trauern.

Große Teile Kanadas und Alaskas hatte ich gesehen, einige mir wichtig erscheinende Luftaufnahmen waren für den Mackenziefilm gemacht, und ich wußte nun auch, wo wir eindrucksvolle Passagen aus Mackenzies Tagebuch mit einem Kanu nachvollziehen können.

Um Mackenzies Flußexpeditionen besser verstehen zu können, muß man die Geschichte des Pelzhandels, also den historischen Hintergrund mit einbeziehen. Erst als es den von Osten eindringenden Franzosen gelang, sich dem Leben in der nordischen Fluß- und Waldlandschaft anzupassen, waren sie in der Lage, weiter in die Wälder und ins Innere Kanadas einzudringen. Sie sahen manches von den Indianern ab, was diese über lange Zeiträume zum Überleben in der nordischen Wildnis entwickelt hatten.. Vor allem lernten sie, mit den Rindenkanus wie die Eingeborenen umzugehen, und konnten diese Boote bald selbst herstellen. Vor allem aber waren die Franzosen ausdauernde Ruderer, wahrscheinlich die zähesten und geschicktesten, die es damals auf der Welt gab. Es gelang ihnen, endlos lange, aber auch reißende Ströme zu bewältigen.

Wir haben für den Film über Mackenzie eine starke Rudermannschaft zusammenstellen können. Bei den Dreharbeiten war ich immer wieder erstaunt, wie schnell und wendig das Birkenkanu durchs Wasser gleitet. Wir hatten solch ein Rindenkanu nach alten Bildern sorgfältig nachgebaut. Es unterschied sich optisch kaum von den Vorlagen. Wir fuhren durch die Stille kanadischer Wälder und fühlten uns zurückversetzt in die Zeit von Mackenzie. Vielleicht lag es an dem glücklichen Umstand, daß meine Freunde Hein und Oss Kröher nicht nur den Takt der Ruder wie die alten Voyageurs beherrschten, sondern dabei auch deren französische Lieder sangen, die auf dem Fluß und abends am Lagerfeuer Fern- und Heimweh hervorriefen, wie vor langer Zeit, als die Flüsse und Ströme Kanadas noch unendlich weit von Europa entfernt lagen.

An solchen Abenden lösten Hein und Oss sich einander im Singen und Erzählen ab. Es erklangen die Melodien aus der Bretagne und der Normandie, den Gegenden Frankreichs, aus denen die besten Ruderer kamen. Da war das zarte Lied »A la Fontaine« oder das schwingende und klingende »En roulant ma Boule roulant« oder das erzählende Lied »Derrière chez nous il y a un'Etang« oder auch die langsam ziehende Weise »C'est l'aviron qui nous mène«

So entwickeln Filme mit geschichtlichem Hintergrund während der Arbeit ein gewisses Eigenleben, wenn es gelingt, daß jeder, der dabei ist, auch bewußt mitwirkt, sich ganz den Forderungen des Tages unterordnet und doch ständig kreativ mitgestaltet. Drehbücher über Forscher entstehen nur zum Teil am Schreibtisch.

Nachdem wir nahezu alle notwendigen Aufnahmen gedreht hatten, blieb noch die Frage offen, ob wir es riskieren sollten, mit unserem Birkenkanu in einer Stromschnelle an einem Felsen zu kentern, wie es Mackenzie mehrmals erlebt hatte.

Meine Mannschaft war ohne Zögern dazu bereit. Doch als wir vor einer Stromschnelle standen, wo reißendes Wasser mit Wucht durch Felsen donnerte und einige große Steine im Strom die Gefahr noch erhöhten, bekam ich große Zweifel. Mein Freund Sven, ein Norweger, der seine übermäßige Kraft wo immer möglich einsetzt und im wahrsten Sinne die Legenden von dem furchterregenden Wikinger verkörpert, nahm mir mehr oder weniger die Entscheidung ab, indem er klare Anweisungen gab und jedem Ruderer seine Aufgaben zuwies. Mir blieb lediglich, die Kameras entsprechend aufzubauen und zu beten. Als dann das Kanu von den schweren Wellen hoch emporgerissen fast frei in der Luft hing und im nächsten Moment hinter einem Wasserschwall verschwand und dieses Auf und Ab durch eine volle Drehung im Strudel noch dramatischer wurde, hielt ich den Atem an.

Immer schneller trieb das Boot auf einen großen Felsen zu. Alle Kraft der Ruderer reichte nicht aus, dem Sog zu widerstehen. Das Geräusch von krachendem Holz, verbunden mit einem undefinierbaren Schrei, ließ mich Schlimmes fürchten. Durch den Sucher der Kamera sah ich, wie das Boot hinter einem Felsen unter Wassermassen verschwand. Es erschien mir wie eine Ewigkeit, bis die Männer neben dem kielobentreibenden Boot wieder in der Gischt auftauchten und sich am Boot festkrallen konnten. In wenigen Sekunden war die Szene abgelaufen und das Boot an einem zweiten Felsen endgültig zerbrochen - so wie es Mackenzie beschrieben hatte.

Die zerborstenen Teile des Rindenkanus trieben den Fluß hinunter. Meine Freunde trockneten an einem Feuer ihre Kleider. Wir waren überaus glücklich, daß nur Material beschädigt beziehungsweise verlorengegangen war. Die Berichte Mackenzies wurden uns nun um so lebendiger.

Je intensiver man mit Menschen zu tun hat, um so mehr fasziniert ihre Vielfältigkeit. Mögen auch die Mehrzahl dazu geboren sein, sich der Umwelt kräftesparend anzupassen, so gibt es andere, die sich bis zur Selbstaufopferung für ihr Ziel einsetzen. Weder ein Columbus noch ein Magellan wurden dazu erzogen, ihre Schiffe gegen alle Widerstände mit gnadenloser Härte gegen sich und andere ins Ungewisse zu führen. Kein Bering wurde gezwungen, ein zweites Mal von der sibirischen Küste aus eines der stürmischsten Meere der Welt zu überqueren und Amerika zu suchen. Pizarro, der nicht einmal schreiben gelernt hatte, eroberte dennoch ein großes Reich in einer fernen Welt. Michelangelo konnte ebenso wenig zum Genie erzogen werden wie Beethoven oder Leonardo da Vinci. Humboldt war schon früh über seine Lehrer hinausgewachsen und zu einer freigestaltenden schöpferischen Persönlichkeit geworden, ohne daß es die Lehrer wußten.

Doch sicher ist jeder Mensch auch ein Kind seiner Zeit und übernimmt Substanzen aus seiner Umwelt. Auch Mackenzie, der es verdient, einer der großen Entdecker und Forscherpersönlichkeiten genannt zu werden, hätte sein Ziel nicht ohne fremde Hilfe erreicht. Daß er diese Hilfe fand, gehört ebenso zu den unerlernbaren Eigenschaften wie seine unerschöpfliche Wil-

lenskraft, auch noch unter schwierigsten Bedingungen seine Umgebung zu beobachten und das Gesehene niederzuschreiben.
Mackenzie war weit mehr als nur ein Pelzhändler. Wir verdanken ihm über seine Expeditionstagebücher hinaus ausführliche Beschreibungen der Zustände auf kanadischem Boden jener spannungsgeladenen Kolonialzeit im ausgehenden 18. Jahrhundert.

Die Politik der europäischen Großmächte wirkte sich schon früh auf Nordamerika aus. Von Mexiko aus waren die Spanier bereits im 16. Jahrhundert erstaunlich weit nach Norden vorgedrungen, ohne die Ländereien wirklich in Besitz zu nehmen. Von Osten kamen Engländer, Holländer und Deutsche aus den verschiedensten Gründen: Es waren bedrohte Glaubensgemeinschaften, politisch Verfolgte, aber auch Bauern, denen die Heimat zu klein wurde und die neuen Grund und Boden suchten. Die Franzosen fanden die Einfahrt zum St.-Lorenzstrom und entdeckten die Großen Seen. Bald nach den ersten Siedlern und Soldaten kamen die Handelsgesellschaften, die sich vom friedlichen Tausch - billige Ware gegen wertvolle Pelze - auf die Dauer mehr Gewinn versprachen als vom Gold aus verbrannter Erde.

Es entstand auf dem amerikanischen Boden eine englisch-französische Rivalität, aus der sich ein immer härter werdender Krieg entwickelte, der mit der Niederlage der Franzosen endete. Herren im riesigen, noch weitgehend unbekannten Kanada wurden die Engländer, die damit auch den Pelzhandel beherrschten. Die Engländer blieben auch dann noch die Herren, als sie nach erbitterten Kämpfen ihren anderen amerikanischen Kolonien die Selbständigkeit geben mußten. Das Leben der einfachen Kolonisten, besonders aber der Ruderer, der Voyageurs, änderte sich wenig. Ihre Bestimmung war es, immer ruhelos unterwegs zu sein. Ihr Leben war und blieb hart, denn in der Wildnis herrschten noch immer die gleichen Gesetze. Auf Gedeih und Verderb war einer auf den anderen angewiesen. In den Wildwassern und Schluchten waren sie den verschiedensten Gefahren ausgesetzt. Beim Kampf durch eine Stromschnelle gab es weder Herren noch Diener; auch nationale Zwistigkeiten spielten keine Rolle mehr. Beim Angriff der Indianer half ihnen nur gemeinschaftliche Verteidigung.

Die Indianer schießen schon lange nicht mehr mit Pfeil und Bogen, doch die Wildnis ist in großen Gebieten unverändert geblieben. Wer sich heute dorthin begibt, hat zweifellos größere Chancen zu überleben, denn er ist besser ausgerüstet und auf die Gefahren vorbereitet. Sind diese Voraussetzungen allerdings nicht gegeben, ist jedes Vordringen in die einsamen Flußgebiete immer noch ein Spiel mit dem Leben. Aber wer hat heute noch die Ausdauer, über Wochen und Monate täglich 12 bis 14 Stunden zu rudern, wie es damals viele Voyageurs taten? Jahrelang haben sie aus freiem Willen

Anstrengungen wie Galeerensträflinge auf sich genommen. Dennoch zogen sie dieses unvorstellbar harte Leben im nordischen Urwald dem europäischen Dasein vor.
Diese Tatsache wird nur vor dem Hintergrund der verworrenen Verhältnisse in Europa verständlich. Die Masse der Bevölkerung war unterjocht, arm und unterernährt. Jeder war froh, wenn ihm der Sprung, besser gesagt die Flucht, in die Neue Welt gelang. Die Schinderei aus eigenem Antrieb in der Wildnis erschien erträglicher als die Leibeigenschaft. Das Gefühl einer nie gekannten Freiheit gab ihnen ungeahnte Kräfte, ließ sie Hitze und Kälte vergessen, blutsaugende Insekten und den harten Boden ertragen, auf dem sie die wenigen Stunden bis zum nächsten Aufbruch schlafen konnten. Dennoch träumten sie in ihren Liedern von der alten Heimat irgendwo in Frankreich.

Mit leerem Magen zogen sie los, manchmal auf eiskaltem Wasser gegen den Strom. Mit nur ganz kurzen Unterbrechungen ruderten sie in den Tag hinein. Erst wenn sie einen geeigneten Platz fanden, hielten sie an, um eine Mahlzeit zu sich zu nehmen. Meist gab es eine dicke Erbsen- oder Linsensuppe; war es gelungen, zusätzlich etwas zu fangen oder zu fischen, war man überglücklich. Wurde dazu noch ein Schluck Rum und etwas Tabak gegen die Schwärme von Moskitos spendiert, waren alle zufrieden. Bis zum Abend gab es nichts mehr zu essen, jede Stunde nur eine Pfeifenlänge Unterbrechung. Man hat ausgerechnet, daß die Männer am Tag ungefähr 40 bis 60 tausendmal die Ruder durchzogen. Das konnte eine Tagesleistung von mehr als 100 Kilometer erbringen. Doch die Etappen waren meistens viel kürzer. Starke Strömung und reißendes Wasser, Wind und Wolkenbrüche sowie die Überwindung von Landpassagen reduzierten die Tagesleistung erheblich. Manchmal mußten die schweren Lasten bis zu 20 Kilometer weit getragen werden, Die berühmte 4800 Kilometer lange Pelzroute von Montreal zum Athabasca-See war in zwei Strecken unterteilt. So konnte eine Mannschaft während eines Sommers hin- und wieder zum Ausgangspunkt zurückrudern und war nicht zum Überwintern gezwungen.

Jede Handelskompanie hatte ihr eigenes Zeichen, auf das sie stolz war, stolz wie die Ruderer auf ihre Kraft, die sie täglich beweisen mußten. Oft wurde der Stärkste in Ringkämpfen ermittelt. So ausdauernd und fröhlich diese Männer auch dargestellt werden, es muß depremierend gewesen sein, immer wieder die Boote und Lasten über Land zu tragen. Auf der Hauptpelzroute mußten 120 sogenannter Portagen überwunden werden. Die Lasten bestanden aus Tauschwaren, Nahrungsmitteln sowie der Ausrüstung. Auf dem Rückweg waren die Boote gefüllt mit zusammengepreßten Fellballen. Im Durchschnitt wogen sie 40 bis 50 Kilo; es ist belegt, daß es Männer gab, die drei Lasten auf einmal trugen.

Die sehr leicht gebauten Rindenboote wogen immerhin noch einige Zentner. Sie über schwierige Passagen zu bringen, war oft genug eine Qual. Die Gefahr, sich einen Bruch zu heben, war groß, denn häufig rutschte das gesamte Gewicht des Bootes beim Transportieren über glitschige Felsbrocken auf einen Mann. Manch einer dieser starken Ruderer starb daran. Fast jeden Tag wurden die Kanus beschädigt. Am Abend mußten sie dann oft bis tief in die Nacht mit Harz und Rinde repariert werden. Die Männer waren allerdings auch in der Lage, falls nötig, nur mit dem Material aus den Wäldern, in wenigen Tagen ein neues Boot zu bauen.

Die Portagen leiteten von einem Flußgebiet ins nächste oder um Stromschnellen herum. Die schwere, zeitraubende Schlepperei war verhaßt. So setzten die Ruderer immer wieder ihr Leben aufs Spiel, indem sie durch das strudelnde Wasser schossen. Dabei ertrank eine beträchtliche Zahl von ihnen. Kreuze am Wege beweisen den Todesmut, aber auch die Verzweiflung der erschöpften Männer, die im Wettlauf mit dem einbrechenden Winter alles riskierten. Selbst wenn sich eine Mannschaft nach dem Kentern noch retten konnte, war mit dem Verlust eines mit Fellen schwer beladenen Kanus auf dem Rückweg nach Montreal jeder Gewinn auf lange Zeit zerronnen. Viele, die auf eigene Rechnung und Kredit handelten, verloren so in einem Augenblick den Verdienst vieler Jahre, und ihr Leben endete in Verzweiflung.

Jene Männer, die Schritt um Schritt, besser gesagt von einem Eingeborenendorf zum nächsten zogen, wurden Buschläufer genannt, die wohl eine ähnliche Mentalität wie die Goldgräber hatten. Mackenzie beschreibt sie in seinem Buch:

»Es bedarf hier keiner Untersuchung, aber die Erfahrung beweist es, daß bei einem gebildeten Volke weniger Zeit dazu erfordert wird, zu den Sitten und Gewohnheiten eines wilden Lebens abzuschweifen, als für Wilde, sich zu einem Zustand von Bildung zu erheben. Dies war der Fall bei denen, welche die Eingeborenen auf ihren Jagd- und Handelsstreifereien begleiteten; denn sie gewöhnten sich so an die Lebensart der Indianer, daß sie allen Geschmack an ihren ehemaligen Gewohnheiten und ihrer Heimat verloren. Sie erhielten daher den Namen Buschläufer, wurden eine Art von Hausierern und waren den Pelzhändlern äußerst nützlich. Diese gaben ihnen daher den zur Fortsetzung ihrer Handelsunternehmungen nötigen Kredit. Drei bis vier von ihnen schossen ihr Kapital zusammen, vertrauten ihr Eigentum einem Kanu aus Birkenrinde an, das sie selbst verfertigten, und begleiteten entweder die Eingeborenen auf ihren Streifereien oder gingen auch sogleich in die Gegend, wo jene jagten. Endlich dehnten sie diese Reisen auf zwölf bis fünfzehn Monate aus, da sie dann, mit reichen Pelzladungen und von

großen Haufen von Eingeborenen begleitet, zurückkehrten. Während der kurzen Zeit, die dazu erforderlich war, ihre Rechnungen mit den Kaufleuten abzutun, und sich neuen Kredit auszuwirken, dachten sie gewöhnlich nur darauf, ihren ganzen Gewinn zu verschleudern, und kehrten dann zu ihrer gewohnten Lebensart zurück. Ihre Absichten waren erreicht, und ihre Bemühungen hinlänglich belohnt, wenn sie von zwölf bis fünfzehn Monaten einen in Ausschweifungen und Zerstreuungen hinbringen konnten.

Diese Gleichgültigkeit gegen die Erwerbung von Eigentum, und ihre Neigung zu einer völlig zwanglosen Lebensart führte bald eine Zügellosigkeit der Sitten herbei, welche dem aufmerksamen Beobachtungsgeiste der Missionare nicht lang entgehen konnte, die nicht wenig Ursache hatten, sich über diese Buschläufer als eine Schande des Christentums zu beklagen, da sie nicht nur selbst von den Pflichten der Religion so sehr abwichen, sondern sie dadurch bei den bekehrten Eingeborenen verächtlich machten, und folglich den großen Zweck, dem diese frommen Männer ihr Leben gewidmet hatten, vereitelten. Sie wendeten daher allen Einfluß an, die Aufhebung dieser Klasse von Menschen zu bewirken, und brachten es auch dahin, daß niemand mehr gestattet wurde, ohne besondere Erlaubnisscheine der Regierung zu den Indianern zu gehen.«

Um an genügend wertvolle Pelze zu kommen, mußten die Händler immer tiefer ins Neuland vorstoßen und die Indianer dazu bringen, mehr und mehr Biber und andere Tiere zu fangen. Hätte nicht eine verheerende Pockenepedemie ganze Indianerstämme bis auf wenige Eingeborene vernichtet, wären die Biber damals möglicherweise ausgerottet worden, wie es um ein Haar den Pelzrobben und vor allem auch den Seeottern widerfahren ist. Um eine Vorstellung davon zu vermitteln, wie intensiv gejagt wurde, hier einige Zahlen aus dem Jahre 1798: 116000 Biber, 32000 Marder, 17000 Bisam, 6000 Luchse, 4600 Otter, 4000 Füchse, 3800 Wölfe, 2100 Bären und noch über 5000 andere Tiere.

Doch die Lage des Pelzhandels vor 200 Jahren wurde immer schwieriger. So blieb es nicht aus, daß es unter den einzelnen Händlern, mehr noch unter den Gesellschaften zu Rivalitäten und Auseinandersetzungen kam, die nicht ohne Blutvergießen abgingen. Je weiter die Vorposten ins Landesinnere drangen, um so weiter entfernt war auch die Gerichtsbarkeit. Aber immer wieder gab es außergewöhnliche Persönlichkeiten, denen es gelang, zwischen den Rivalen zu vermitteln und Frieden zu stiften. So trug der eigenwillige junge Schotte Alexander Mackenzie wesentlich dazu bei, daß sich die beiden schärfsten Konkurrenten - die Northwest Company und die Hudson Bay Company vereinten, obgleich dies anfänglich unmöglich schien, da ein Mord die Gemüter aufs Heftigste erregt hatte.

Mackenzie zeigte sich als ein Mann, der unerschütterlich das Ziel im Auge hatte, ohne sich von Gefühlen hinreißen zu lassen und dadurch Fehler zu begehen – Eigenschaften, die ihn in den folgenden Jahren zu einem der größten Entdecker des nordamerikanischen Kontinents werden ließen.

Der Name Mackenzie ist in die Geschichte Kanadas eingegangen. Der zweitgrößte Fluß Nordamerikas trägt seinen Namen, ebenso ein riesiges Gebirge und ein Distrikt, der fünfmal so groß ist wie Deutschland.

Mackenzie war einer der willensstärksten, aber auch gleichzeitig einer der bescheidensten Forscher seiner Zeit. Das Vorwort seines abschließenden Reisewerks, das 1801 in London und ein Jahr später in Deutschland verlegt wurde, spiegelt anschaulich seinen Charakter wider:[16]

»Wenn indessen die in meinem Tagebuch aufgezeichneten Ereignisse wenig enthalten mögen, was die Einbildungskraft derer reizt, die sich gern in Erstaunen setzen lassen, und die Neugierde derer befriedigt, die romantische Abenteuer lieben, so werden doch diese Nachrichten Interesse bei den Lesern erregen und mir ihre Achtung erwerben, wenn sie bedenken, daß ich jene Gewässer erforschte, die vorher nie von anderen Fahrzeugen als von Kanus der Wilden besucht wurden, und daß ich jene Wüsten durchstreifte, wo nie ein Europäer den schwärzlichen Eingeborenen zu Gesichte gekommen war, und wenn sie dabei den wichtigen Zweck meiner Reise nebst den Gefahren und Schwierigkeiten erwägen, die ich zur Erreichung desselben zu bestehen und zu besiegen hatte.

Ehe ich schließe, muß ich meinen Lesern noch sagen, daß sie hier nicht die Reize einer verschönernden Erzählung oder lebhafte Beschreibung erwarten dürfen, nur auf der Einfachheit und Wahrheit gebührenden Beifall wage ich Anspruch zu machen, und diesen Anspruch wird man mir hoffentlich erlauben. Ich beschrieb, was ich sah, nach den Eindrücken des Augenblicks.

Die allmählichen Umstände meiner Reise sind ohne Übertreibung und Prahlerei erzählt. Selten habe ich mir Mutmaßungen erlaubt, und wo dies der Fall war, wird man gewiß die Mäßigung eines Mannes finden, der nicht zu hoch von sich denkt.

Ich besitze nicht die Kenntnisse eines Naturforschers, und hätte ich sie mir auch erworben, so würde ich doch als solcher meine Forschbegierde auf dieser Reise nicht haben befriedigen können. Ich konnte nicht stehen bleiben, um in der Erde zu graben, über deren Oberfläche ich mit schnellen Schritten hineilen mußte, auch konnte ich nicht vom Wege abgehen, um die Pflanzen zu sammeln, welche die Natur ausgestreut haben mochte, zu einer Zeit, da meine Gedanken ängstlich damit beschäftigt waren, für den gegenwärtigen Tag Proviant zu verschaffen. Ich hatte Gefahren zu Lande und zu Wasser zu bestehen, den Wilden, der unser Führer war, zu bewachen, oder gegen diejenigen seines Stammes, die auf unseren Untergang denken mochten, auf der Hut zu sein. Auch hatte ich die Leidenschaften und die Furcht meiner Gefährten zu beobachten und zu besiegen. Heute mußte ich ihr aufkeimendes Mißvergnügen besänftigen und morgen ihren Kleinmut aufheitern. Die Anstrengungen bei unseren Schiffahrten waren anhaltend und oft außerordentlich, und auf unserer Reise zu Lande hatten wir gegen die Strenge der Elemente keinen anderen Schutz und keine andere Bequemlichkeit als die wir auf den Schultern in Packen tragen konnten, welche unseren sauren Marsch noch erschwerten und die Mühseligkeiten unseres Weges vergrößerten . . . «

Die übermenschlichen physischen und psychischen Leistungen, die Mackenzie bei seinen zwei großen Expeditionen vollbracht hat, lassen sich tatsächlich oft nur zwischen den Zeilen seines Tagebuchs herauslesen.

Ganze Seiten sind gefüllt mit Zahlen seiner Ortsbestimmung, mit Landschaftsbeschreibungen und den Begegnungen mit den Indianern, und deren verschiedenen Sprachen und Gebräuchen.

Auch war es eine einmalige Leistung für jene Zeit, daß er seine Expedition in aller Stille und mit geringsten Mitteln vorbereitete und durchführte, während andere Unternehmungen versuchten, mit militärischer Hilfe Gebietserweiterungen zu erreichen. Durch sein Vorbild entwickelte sich zweifellos eine neue Art von Kleinexpedition, die bald darauf in ähnlicher Form von Alexander von Humboldt, bei der Forschungsreise durch Süd- und Mittelamerika übernommen wurde.

Mackenzie wußte genau, daß trotz sorgfältiger Vorbereitung genügend unvorhergesehene Gefahren auf sie warten würden, zu deren Bewältigung auch ein hohes Maß an Glück gehörte.

Schon auf den bekannten Strecken wußte er von Unglücksstellen, deren Namen ihm geläufig waren: Kessel der Ertrunkenen, Strudel der Verdammten. Sein Ziel war die erste Durchquerung Nordamerikas von Ost nach West hoch im Norden. Er wollte versuchen, unter Nutzung von Flußsystemen den Pazifik zu erreichen. Ausgangspunkt war der Athabasca-See im Innern Kanadas, wo er als Pelzhändler den am weitesten vorgeschobenen Posten leitete. Mit äußerster Sachlichkeit beginnt der erste Eintrag seines Expeditionsberichtes:

»Am 3. Junius 1789 begann unsere Reise um 9 Uhr früh bei dem Fort Chinivian an der Südseite des Berges in zwei aus Birkenrinde verfertigten Kanus. 58 Grad, 40 Minuten nördliche Breite und 110 Grad 30 Minuten westliche Länge von Greenwich.«

Mit ihm saßen fünf Männer im Boot, von denen zwei ihre Frauen dabei hatten, die sowohl für das Kochen wie auch für das Ausbessern der Kleidung und des Schuhwerks verantwortlich waren. Das zweite kleinere Kanu war mit drei Indianern besetzt. Bei Berührung mit anderen Indianergruppen sollten sie als Dolmetscher eingesetzt werden und im übrigen durch Jagd die Versorgung des Unternehmens sichern. Das Ziel war nur Mackenzie bekannt. Für seine Begleiter war das Unternehmen ein Vorstoß, um neue Gebiete für den Pelzhandel zu erschließen. Mackenzie nennt die 102 Tage dauernde, oft dramatische Expedition später einfach nur »Reise nach dem Eismeer.«

Seine Aufzeichnungen sind so sachlich gehalten wie irgendmöglich. Ob es sich um die Begegnung mit friedlichen oder feindlichen Indianern handelt oder um die tödliche Gefahr beim Kentern eines Bootes – nie läßt er sich zur Pathetik verleiten, was durchaus verständlich gewesen wäre. Dagegen notiert Mackenzie mit pedantischer Genauigkeit über viele viele Seiten jede Flußbiegung:

»Der Friedensfluß ist ungefähr eine Meile breit und sein Strom stärker als der Strom des mit dem See in Verbindung stehenden Kanals. Er nimmt hier den Namen Sklavenfluß an. Die Fahrt an diesem Tage war N.W. 2 Meilen, N.N.W. durch Inseln 6 Meilen, N. $4\frac{1}{2}$ Meilen, N.z.O. 2 Meilen, W.z.N. 6 Meilen, N. 1 Meile, N.O.z.N. 2 Meilen, N. 1 Meile.

Jetzt fuhren wir wir über eine Stromschnelle und kamen dann N.W. $7\frac{1}{2}$ Meile N.W. 9 Meilen, N.z.W. 6 Meilen, N.W.z.W. $1\frac{1}{2}$ Meile, N.W.z.N. $\frac{1}{2}$ Meile N.N.W. 6 Meilen, N. 1 Meile, N.W.z.W. 4 Meilen, N.N.O. 1 Meile. Hier gelangten wir an die Mündung des Hundeflusses, wo wir abends nach $\frac{1}{2}$7 Uhr an der Ostseite und dicht an den Stromschnellen landeten und die Kanus ausluden. Auf dieser Stelle ist der Fluß beinahe zwei Leagues breit.

Am fünften schifften wir uns um drei Uhr ein, mußten aber unsere Kanus bei der ersten Stromschnelle abladen. Nachdem wir wieder eingeladen hatten, liefen wir in einen kleinen Kanal und kamen ungefähr nach einer halben Stunde zu dem Trageplatze. Er ist 380 Schritte lang und, das andere Ende ausgenommen, sehr bequem. Wir fanden es etwas schwer hier, wegen der Menge des noch nicht aufgetauten Eises, wiederum einzuladen. Von hier sind es ungefähr sechs Meilen bis zum schwierigen Trageplatze, der von dem Treibholze verursacht wird, das den kleinen 1020 Schritte langen Kanal anfüllt. Von diesem bis zum folgenden beinahe ebenso langen nicht über 150 Ruten. Etwa vier Meilen weiterhin folgt der bergige Trageplatz. Dann liefen wir in den großen Fluß ein. Der kleinere Kanal gewährt bei weitem die beste Fahrt, da dabei nichts zu wagen ist, wie wohl vielleicht außerhalb der Inseln ein kürzerer Weg ohne viel Trageplätze zu finden sein dürfte. Der sogenannte bergige Trageplatz ist 335 Schritte lang. Von diesem bis zum nächsten, der Pelikan genannt, ist etwa eine Meile voll gefährlicher Stromschnellen. Der Landungsplatz ist sehr steil und dicht am Falle. Die Länge dieses Trageplatzes beträgt 820 Schritte.

Die ganze Gesellschaft mußte jetzt das Gepäck und das Kanu auf den Berg tragen. Eines von den indianischen Kanus ging den Wasserfall hinunter und wurde in Stücke zerschlagen. Die Weiber, die es regiert hatten, retteten zwar ihr Leben dadurch, daß sie es noch zeitig genug verließen, verloren aber das darauf geladene geringe Eigentum. Die Fahrt von dem am Morgen verlassenen Orte ist nordwestlich und beträgt eine Entfernung von 15 Meilen ... Von hier nach dem nächsten und letzten Trageplatze sind ungefähr neun Meilen, während welcher drei Stromschnellen vorkommen. Die Richtung ist N.W.z.W. Der Trageweg ist sehr schlecht und 535 Schritte lang. Nachdem unsere Kanus erleichtert waren, gingen wir auf die Außenseiten der Inseln gegenüber, wodurch das Tragen des

Gepäcks in der Tat sehr abgekürzt wurde, da es nicht über die Länge eines Kanus betrug. Im Herbste des Jahres 1786 ertranken hier, auf einer unter Anführung des Hrn. Cuthbert Grant unternommenen Reise nach dem Sklavensee in der Stromschnelle auf der anderen Seite des Flusses fünf Mann, daher die Stelle den Namen >Portage des Noyées< erhielt. Auch wurde einiges Gepäck verloren. Sechs Meilen weiterhin lagerten wir uns auf der Felsenspitze um halb fünf Uhr nachmittags.

Die Mannschaft war sehr ermattet doch schafften die Jäger sieben Gänse, vier Enten und einen Biber herbei.«

Mackenzies Reisetagebuch umfaßt in der deutschen Übersetzung nahezu 600 Seiten. Vor jedem Kapitel war der Inhalt in Stichworten angegeben. Eine solche Übersicht läßt klar sein Bemühen erkennen, ein möglichst umfangreiches Gesamtbild zu vermitteln:

»Dritter Abschnitt: Fortsetzung der Reise. Verengung des Flusses. Verlust des Senkbleis, Fahrt durch einen kleinen Fluß. Heftiger Regen. Landung auf einer kleinen Insel. Besorgnis vor Stromschnellen. Verbergung von Proviant. Ansicht der Gebirge. Vorüberfahrt an mehreren Lager der Eingeborenen. Ankunft zwischen den Inseln. Ersteigung eines Berges. Heftigkeit des Stromes. Eis längs des Ufers des Flusses. Landung bei einem Dorfe der Eingeborenen. Ihr Benehmen und ihr Aussehen. Ihre fabelhaften Geschichten. Mißvergnügen des Anführers und der Indianer. Ein neuer Wegweiser. Besondere Gewohnheiten der Einwohner, ihre Tänze, Kleidung, Zierrat, Kriegs- und Jagdwaffen, Kanus, etc. Fahrt durch die Inseln. Lagerung unter einem Berge, dessen Besteigen durch die Moskiten behindert wird. Landung bei einem Lager. Benehmen der Einwohner. Ihre fabelhaften Erzählungen von bevorstehenden Gefahren. Landung bei anderen Lagern. Überfluß an Hasen und Rebhühnern. Heimweh unseres Wegweisers. Landung bei den Hasenindianern, die dadurch sehr beunruhigt werden. Wechsel der Wegweiser. Witterungszustand.«

Zwangsläufig nimmt jeder gekürzte Text dem Gesamtwerk ungebührlich viel von seinem Aussagwert. Doch hoffe ich, mit einigen auf speziellen Themen hin ausgewählten Abschnitten sowohl die Arbeitsweise Mackenzies als auch seine Umgebung einigermaßen beschreiben zu können und darüber hinaus den Leser dafür zu interessieren, das Gesamtwerk zu lesen. Die folgende völkerkundliche Passage muß meiner Ansicht nach jedoch ungekürzt bleiben:

»Wir suchten mit großer Anstrengung, ans Ufer zu gelangen. Als wir näher kamen, sahen wir, daß die Eingeborenen in großer Verwirrung umherliefen. Einige

nahmen den Weg nach den Wäldern, andere eilten zu ihren Kanus. Unsere Jäger landeten vor uns und redeten die wenigen, die nicht entflohen waren in der Chepweyan-Sprache an, die sie - so groß war ihre Bestürzung und ihr Schrecken - nicht zu verstehen schienen. Da sie aber sahen, daß sie uns, nachdem wir alle gelandet waren, nicht ausweichen konnten, so gaben sie uns ein Zeichen, daß wir uns entfernt halten möchten. Dies taten wir denn auch und besorgten erst die Ausladung unseres Kanus und die Aufschlagung unserer Zelte, ehe wir einen Versuch machten, uns ihnen zu nähern. Unterdessen wurde der Führer nebst den beiden Indianern dazu gebraucht, sie für uns zu gewinnen. Und nachdem sie sich von ihrer Furcht vor feindseligen Absichten erholt hatten, zeigte es sich, daß sie die Sprache unserer Indianer vollkommen verstanden. Auch ließen sie sich endlich, wie wohl nicht ohne sichtliche Zeichen von Abneigung und Furcht, überreden, zu uns zu kommen. Sie werden indessen bald durch ihre Aufnahme beruhigt, und sie eilten, ihre Gefährten aus ihrem Zufluchtsorte herbeizurufen.

Es waren fünf Familien, die aus 25 bis 30 Personen bestanden, die von zwei verschiedenen Stämmen, den Sklaven und Hunderibben-Stamme. Wir ließen sie rauchen, ungeachtet sie den Gebrauch des Tabaks nicht kannten, und gaben ihnen Rum mit Wasser zu trinken. Wahrscheinlich nahmen sie aber unsere Höflichkeiten mehr aus Furcht als aus Neigung an. Einen wirksameren Einfluß erhielten wir auf sie durch Verteilung von Messern, Glaskorallen, Ringen, Gürteln, Feuerstählen, Flinten und Äxten, so daß sie sogar zutraulicher wurden, als wir erwartet hatten; denn wir konnten sie nicht aus unseren Zelten bringen, wiewohl ich nicht bemerkte, daß sie etwas zu entwenden suchten.

Die Nachrichten, die sie uns von dem Flusse gaben, hatten soviel Fabelhaftes, daß ich sie nicht ausführlich mitzuteilen nötig finde. Ich begnüge mich mit der Angabe, daß sie uns zu bereden suchten, wir würden, um zum Meere zu kommen, mehrere Winter nötig haben, und alt werden, ehe wir zurückkämen. Auch sollten wir auf Ungeheuer von scheußlichen Gestalten und so verheerender Stärke treffen, als nur immer in ihrer wilden Einbildungskraft existieren möchten. Außerdem versicherten sie, der Fluß hätte zwei unübersteigliche Fälle, deren ersten wir nach dreißig Tagen erreichen würden.

So wenig ich auch diesen sonderbaren Erzählungen glaubte, so machten sie doch auf unsere Indianer, die der Reise bereits sehr überdrüssig waren, einen sehr starken Eindruck. Ihre Meinung und ihr ernstlicher Wunsch waren, daß wir uns ohne Bedenken zur Rückreise entschließen möchten. In dem Lande weiterhin, sagten sie, wäre sehr wenig Wild. Der Mangel würde groß werden, und wir würden, wenn nicht andere Unfälle uns träfen, unvermeidlich Hungers sterben müssen. Es kostete nicht wenig Mühe, sie von der Torheit dieses Raisonnements zu überzeugen, und auf mein Verlangen bewogen sie einen dieser Indianer durch das Geschenk eines kleinen Kessels, einer Axt, eines Messers und einigen anderen Artikel, uns zu begleiten.

Ungeachtet es jetzt bereits drei Uhr nachmittags war, so ließ ich doch sogleich das Kanu wieder beladen, und da wir zum Aufbruch bereit waren, wurde der neue Begleiter aufgefordert, sich in Bereitschaft zu setzen. Gern hätte er sich von der Verbindlichkeit wieder losgemacht. Da aber keiner seiner Freunde an seine Stelle treten wollten, so schiffte er sich nach etwa einer Stunde halb und halb gezwungen ein. Vor seiner Abreise fand eine Zeremonie statt, deren Absicht ich nicht erfahren konnte. Er schnitt sich eine Haarlocke ab und teilte diese in drei Teile, wovon er den einen auf dem Kopfe seines Weibes, die anderen zwei aber auf den Köpfen seiner Kinder befestigte. Bei allen dreien blies er auf die Locken, so stark er nur konnte, und sprach dabei gewisse Worte aus.

Während unseres kurzen Aufenthaltes bei diesem Volke belustigten sie uns durch Tänze, wozu sie sangen, aber weder ihr Gesang, noch ihr Tanz waren sehr mannigfaltig. Männer und Weiber schlossen vermischt einen Kreis. Die ersten hatten einen knöchernen Dolch oder einen kleinen Stecken zwischen den Fingern der rechten Hand, die sie in beständiger Bewegung über den Kopf ermporhielten. Die Linke hoben sie selten so hoch, sondern warfen sie rückwärts und vorwärts in horizontaler Richtung, während sie umherliefen und verschiedene sonderbare Stellungen nach dem Takte der Musik annahmen. Bei jeder Pause brachten sie die Fersen dicht aneinander. Von Zeit zu Zeit heulten die Männer wie dieses oder jenes Tier, und wer dies am längsten aushält, scheint für den besten Schauspieler zu gelten. Die Weiber lassen ihre Arme bewegungslos hängen.

Sie sind ein mageres, häßliches und übelgebildetes Volk, besonders um die Füße herum, die sehr plump und voller Grind sind, welches wahrscheinlich daher rührt, daß sie beständig vor dem Feuer stehen. Einige scheinen sich in einem sehr schlechten Gesundheitszustande zu befinden, woran ihre Unreinlichkeit schuld sein mag. Sie sind von einem mäßigen Wuchse, und so viel ich durch die Hülle von Schmutz und Fett, womit sie bedeckt waren, sehen konnte, von schönerer Farbe als die Indianer der wärmeren Himmelsstriche.

Einige tragen ihre Haare sehr lang, andere lassen sie hinten in Zöpfen herabfallen und beschneiden die übrigen so kurz, daß ihre Ohren freistehen, verwenden aber sonst weiter keine Aufmerksamkeit darauf. Die Bärte einiger Alter waren lang, andere hatten sich die Barthaare bis auf die Wurzeln ausgerupft.

Die Männer haben zwei doppelte schwarze oder blaue Streifen auf jedem Backen, vom Ohre bis zur Nase tätowiert. Der Nasenknorpel ist so durchbohrt, daß in denselben eine Gänsespule und ein kleines Stück Holz gesteckt werden können, das durch das Mundloch geht.

Ihre Kleidung besteht aus zugerichteten Häuten von Ren- oder Elchtieren mit den Haaren (doch gewöhnlich mehr aus den ersteren). Sie machen daraus

Röcke, die bis auf die Mitte der Schenkel reichen. Einige sind sehr schön mit Stacheln vom Stachelschwein und mit den Haaren vom Elch besetzt, die rotschwarz, gelb und weiß gefärbt sind. Ihr Oberrock ist weit genug, um den ganzen Körper zu bedecken. Er ist unten mit einer Borde besetzt und wird Tag und Nacht gebraucht. Ihre mit den Schuhen zusammengenähten Strümpfe gehen bis auf die Hälfte der Schenkel hinauf und sind rings um die Knöchel und auf allen Säumen gestickt.

Die Weiber haben dieselbe Kleidung. Die ersteren bedecken ihre Schamteile nur mit einem ledernen Quast, der an einer kleinen Schnur hängt, wahrscheinlich um die Fliegen abzuhalten. Ob unter ihnen Beschneidung gewöhnlich sei, kann ich nicht sagen, der Anschein war aber bei allen, die ich sah. Ihr Schmuck besteht in Kragen, Arm- und Handgelenkbänder aus Holz, Horn oder Knochen, in Gürteln, Strumpfbändern und einer Art von Bändern, um den Kopf, die aus 1½ Zoll breiten Lederstreifen bestehen mit Stacheln vom Stachelschwein eingefaßt und rings herum mit einwärtsgekehrten Klauen von Bären und wilden Geflügel besetzt sind, an denen kurze Streifen von dem Felle eines dem Hermelin ähnlichen Tieres als Trotteln hängen. Ihre Gürtel und Strumpfbänder werden aus Stacheln vom Stachelschwein, die mit Sehnen verwebt sind, sehr geschickt und nett gearbeitet, auch haben sie andere von verschiedenen Materialien von nicht so schöner Arbeit. An beiden befestigen sie eine lange Borte von ledernen Riemen, die ringsherum mit Haaren von verschiedenen Farben besetzt sind. Ihre Handschuhe hängen vom Halse herab.

Ihre Hütten sind sehr einfach gebaut. Einige Stangen auf Gabeln in einem Halbzirkel mit einigen Zweigen oder einem Stück Rinde zur Bedeckung macht ihre ganze Baukunst aus. Zwei dieser Hütten stehen immer einander gegenüber, und dazwischen brennt das Feuer. Sie haben einige platte Schüsseln von Holz, Rinde oder Horn. Die Geschirre, in denen sie ihr Essen kochen, haben die Form eines Kürbisses, sind oben eng und unten breit und aus Watape so verfertigt, daß sie Wasser halten, welches durch das Hineinwerfen glühender Steine zum Kochen gebracht wird. Diese Geschirre fassen vier bis acht Liter. Auch haben sie eine Menge kleinerer lederner Säcke zur Aufbewahrung ihrer gestickten Arbeiten, ihre Stricke und Netze. Die Netze sind drei bis vierzig Faden lang und dreizehn bis sechsunddreißig Faden tief. Die weniger tiefen werfen sie in den wirbelnden Strömen der Flüsse, die langen in den Seen aus.

Die Angelruten werden aus Rentiersehnen, die Haken aus Holz, Horn oder Knochen gemacht. Ihre Waffen und Jagdwerkzeuge bestehen aus Bogen und Pfeilen, Dolchen oder Keulen. Die Bogen sind fünf bis sechs Fuß lang und die Schnur aus Sehnen oder rohen Lederstreifen. Die Pfeile sind dreieinhalb Fuß lang, den Widerhaken eingerechnet, der aus Knochen, Horn, Feuerstein, Eisen oder Kupfer besteht und mit drei Federn beschwingt ist. Das Pogamagon wird aus dem Geweihe der Rentiere verfertigt, von dem alle Zacken, der äußerste ausgenommen, abgebrochen werden. Dies Instrument ist ungefähr zwei Fuß lang und wird gebraucht, ihre Feinde in der Schlacht und die in Schlingen gefangenen Tiere zu töten.

Diese Schlingen sind ungefähr drei Faden lang und werden aus den frischen Häuten der Ren- und Elchtiere gemacht, die in so kleine Streifen geschnitten werden, daß zu einer mäßigen Schnur, die stark genug ist, jedes Tier festzuhalten, zehn bis dreißig Faden genommen werden müssen. Auch verfertigen sie Schlingen zum Fange kleinerer Tiere als Hasen und Rebhühner, die sehr zahlreich sind aus Sehnen.

Ihre Äxte werden aus einem Stücke braunem oder grauen Steins sechs bis acht Zoll lang und zwei Zoll dich verfertigt. Die innere Seite ist flach, die äußere rund und läuft schmal zu in eine zollbreite Spitze. Sie werden in der Mitte, die flache Seite einwärts gekehrt, vermittelst eines Stricks aus frischer Haut an einen zwei Fuß langen Griff befestigt. Mit diesem wahrscheinlich einzigen Werkzeug der Art hauen sie das Holz.

Feuer machen sie dadurch, daß sie ein Stück Schwefelkies und einen Feuerstahl über Zunder schlagen. Gewöhnlich sind sie mit einem Beutel versehen, der alle diese Materialien enthält, so daß sie immer in Bereitschaft sind, Feuer anzumachen.

Von den benachbarten Stämmen, den Rothmesser-Indianern und Chepewyans, verschaffen sie sich durch den Austausch von Marder- und einigen Biberfellen kleine Stücke Eisen, aus denen sie Messer verfertigen, die sie an kleine Stücke befestigen. Mit diesen und den Biberzähnen vollenden sie alle ihre Arbeiten. Sie tragen diese Werkzeuge so wie ihre hörnernen und eisernen Pfriemen in einer Scheide am Halse.

Ihre Kanus sind klein, an beiden Enden spitzig, haben einen flachen Boden und sind vorn bedeckt. Sie werden aus Birkenrinde und Fichtenholz verfertigt, sind aber so leicht gebaut, daß der, der darauf fährt, es auf dem Rückwege ohne Schwierigkeit tragen kann. Selten schifft sich darauf mehr als einer ein, und mehr als zwei trägt keines. Die Ruder sind sechs Fuß lang und zur Hälfte mit einem acht Zoll breiten Verschlag versehen. Übrigens erfuhren wir von diesem Volke, daß wir bei großen Gesellschaften von Indianern vorbeigekommen wären, welche die Gebirge am östlichen Ufer des Flusses bewohnen.

Um vier Uhr nachmittags schifften wir uns wieder ein, und unsere neuen Bekannten versprachen uns, bis zum Herbst am Ufer zu bleiben, im Falle wir etwa zurückkehrten.«

Man muß sich vorstellen, daß Mackenzie solche Beobachtungen während der Rastpausen machte. In gleicher Detailbeschreibung läßt er uns jede Begegnung mit den vielen Indianerstämmen miterleben. Außerdem verfaßte

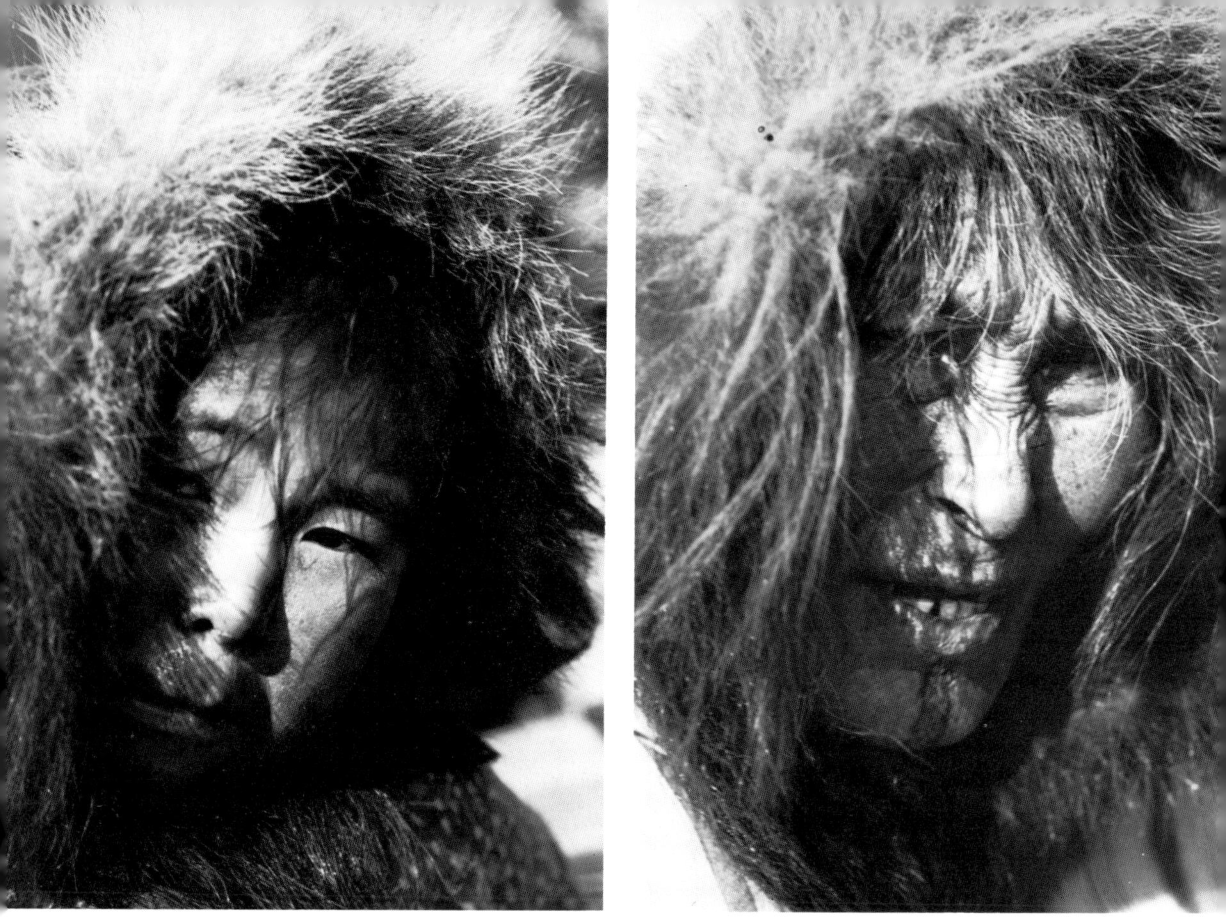

Mackenzie beschrieb die Eskimos noch als kriegerisch und gefährlich.

er ein Wörterbuch aus den verschiedenen Indianersprachen, die ihm begegneten, das einfache Begriffe wie Werkzeuge, Nahrungsmittel, Umgangsworte etc. beinhaltet.

Mackenzies Beschreibungen lassen deutlich erkennen, daß er seine Reise nicht nur als einfache Fahrt betrachtete, um Pelzgeschäfte anzubahnen, wie er dies nach außen zum Anschein brachte, sondern als eine wissenschaftliche Expedition. Nichts konnte ihn von seiner Arbeit abbringen, nicht seine oft verzweifelte Mannschaft, nicht einmal die Tatsache, daß er nach 2500 Kilometern härtesten Ruderns erkennen mußte, daß er anstatt den Pazifik im Westen das Eismeer im Norden erreichen würde, also weit entfernt von seinem vorgefaßten Ziel war.

Immer wieder wollten seine Begleiter umkehren; denn jeder von ihnen wußte, daß sie später die ganze Strecke gegen die Strömung wieder zurückrudern mußten - dann auch noch mit der Furcht vor dem vielleicht früher einbrechenden Winter im Nacken.

Heute kommen sie uns besonders friedfertig entgegen.

Wie es Mackenzie dennoch fertigbrachte, seine aus Männern und Frauen zusammengesetzte Mannschaft etwa zwei Monate lang weiter nach Norden zu locken oder zu zwingen, zeugt von seiner enormen Fähigkeit, Menschen zu führen. Sein Einfluß konnte selbst Aberglauben und die Angst vor Feinden, die sie töten könnten, zerstreuen.

Die Expedition kam in das Gebiet der Eskimo, die von den Indianern als Feinde betrachtet und gefürchtet wurden. Die Eskimo lebten im Labyrinth der vielen tausend Seen und Flußläufe, das man heute Mackenzie-Delta nennt. Die Männer waren höchst erstaunt, daß hier die Sonne nicht unterging:

»Ich blieb die ganze Nacht auf, um die Sonne zu betrachten. Um halb ein Uhr weckte ich einen Reisegefährten auf, um ein Schauspiel zu sehen das er bisher nie beobachtet hatte. Als dieser die Sonne so hochstehen sah, hielt er es für ein Zeichen zum Aufbruch und weckte die übrigen, die sich kaum von mir überzeugen

ließen, daß die Sonne dem Horizont nicht näher gekommen wäre und daß es jetzt kaum eine Viertelstunde nach Mitternacht sei.

Bald äußerte unser Wegweiser, so wie es seine Vorgänger getan hatten, den Wunsch, zurückzukehren, und die Besorgnis, wir möchten nicht auf diesem Wege zurückkommen. Auch fürchtete er sich vor den Eskimo, die uns erschlagen und die Weiber wegnehmen möchten. Unsere Indianer versicherten ihm jedoch, daß wir uns gar nicht fürchteten und daß er für sich selbst nicht unruhig zu sein brauchte. Auch überzeugten sie ihn, daß wir auf demselben Wege zurückkommen würden, so daß er sich endlich ohne weiteres Sträuben wieder einschiffte.«

Wenngleich Mackenzie längst erkannt hatte, daß er zurück mußte und jeder Tag kostbar war, wenn er nicht vom Winter eingeholt werden wollte, ließ er sich nicht davon abbringen, vorher noch Kenntnisse vom Eismeer zu sammeln:

»Kaum hatten wir uns in der letzten Nacht, wenn man anders diesen Ausdruck in einem Lande brauchen kann, wo die Sonne nie untergeht, zur Ruhe begeben, als einige von den Leuten wieder aufstehen mußten, um wegen des Steigens des Wassers das Gepäck zu entfernen. Am 13. früh um acht Uhr war das Wetter schön und ruhig, so daß wir die Netze untersuchen konnten. Eines derselben war vom Winde und Strom weggetrieben worden, wurde jedoch nachher von einem der beiden jungen Indianer mit drei unbekannten Fischen wiedergefunden. Jetzt fingen wir sieben unbekannte Fische, die unschmackhaft waren, einen köstlichen Weißfisch und einen anderen Fisch ungefähr von der Größe eines Herings, den außer dem Anführer, der an demselben einen in der Hudson Bay häufig vorkommenden Fisch erkannte, niemand unter uns je gesehen hatte.

Gegen Mittag strich der Wind stark aus Westen.

Nachmittags erstieg ich einen Berg, konnte aber nicht entdecken, daß das Eis durch die Kraft des Windes in Bewegung wäre gesetzt worden. Im Eis konnte ich deutlich zwei kleine Inseln unterscheiden, die nach dem Kompaß N.W. lagen. Wir befanden uns 69° 14' N.Breite, die Abweichung der Magnetnadel war 36° östlich. Ich gab nun meinen Leuten ein neues Netz um soviel wie möglich Nahrungsmittel aus dem Wasser zu schöpfen, da unsere Vorräte auf 500 Pfund herabgeschmolzen waren, die, ohne Zuschuß, für 15 Leute nicht über 12 Tage gereicht haben würden.

Abends erhob sich ein starker Wind aus Nordwesten, der in der Nacht fortdauerte. Da ich bis drei Uhr früh am 14. aufgeblieben war, so schlief ich länger als gewöhnlich. Unterdessen sah einer von der Gesellschaft mehrere große Tiere im Wasser, die er zuerst für Eisschollen hielt. Um neun Uhr wurde ich geweckt, um die Zweifel über diese Erscheinung zu lösen. Ich bemerkte sogleich, daß es Walfische waren. Wir schifften uns ein, um sie zu verfolgen. In der Tat war dies eine sehr planlose und unüberlegte Unternehmung, und es war ein sehr glücklicher Umstand, daß wir durch den Nebel daran gehindert wurden, sie zu erreichen, da ein Schlag eines dieser großen Tiere mit dem Schwanze unser Kanu zerschmettert haben würde. Unser Wegweiser sagte uns, daß es der nämliche Fisch wäre, der das vorzüglichste Nahrungsmittel der Eskimo ausmacht, und daß man deren oft von der Größe unseres Kanus sähe. Der Teil derselben, der über dem Wasser erschien, war ganz weiß.

Um zwölf Uhr zerstreute sich der Nebel. Begierig, das Eis in Augenschein zu nehmen, ließ ich das Kanu in Bereitschaft setzen. Wir schifften uns darauf ein, und die Indianer folgten uns. Wir waren indessen noch keine Stunde auf dem Wasser gewesen, als der Wind plötzlich nordöstlich wurde und uns zu wenden nötigte. Auch wurde der Nebel so stark, daß wir nicht unsere Entfernung vom Eise bestimmen konnten. Ja selbst die eben verlassene Insel konnte kaum dunkel gesehen werden. Ungeachtet wir uns dicht am Winde befanden, so wagten wir es doch, die Segel aufzuziehen. Bei der Heftigkeit des Steigens des Wassers aber waren kaum zwei Mann imstande, das Wasser aus dem Kanu zu schöpfen. Wir waren in wirklicher Gefahr und fühlten uns daher sehr froh, als wir das Land erreichten. Glücklicherweise waren die Indianer mehr windwärts gekommen, so daß das steigende Wasser sie gegen das Ufer trieb, ungeachtet ihre Kanus beinahe voll Wasser waren. Wären sie geladen gewesen, so würden wir sie nicht wiedergesehen haben.

Da ich meine Neugier nicht mehr auf Kosten solcher Gefahren befriedigen wollte, so setzten wir unsere Fahrt längs der Inseln fort, die uns gegen den Wind schützten. Ich war jetzt entschlossen, die Inseln genauer zu untersuchen, in der Hoffnung, auf Eingeborene zu treffen, von denen ich einige interessante Nachrichten erhalten könnte, ungeachtet mein Wegweiser mir den Mut dadurch zu benehmen suchte, daß er sie als ein sehr scheues und unzugängliches Volk schilderte. Zugleich bemerkte er jedoch, daß wir wahrscheinlich einige finden würden, wenn wir den Kanal benutzten, den er gleich anfangs empfohlen hatte. Um acht Uhr lagerten wir uns am östlichen Ende der Insel, die ich die Walfischinsel genannt hatte. Sie ist ungefähr 7 Leagues lang, östlich und westlich nach dem Kompaß, aber nicht mehr als eine halbe Meile breit. Wir sahen mehrere Rotfüchse, von denen einige erlegt wurden. Auch fanden sich auf der Spitze, wo wir unseren Standort genommen hatten, mehrere sehr alte Hütten. Unsere Netze wurden nun ausgeworfen, eines fünf Faden Wassertief in einem nordöstlichen Strome nach dem Kompaß.

Am Morgen ließ ich einen Pfahl dicht bei unseren Zelten errichten, auf welchen ich die Breite des Orts, meinen Namen, die Zahl meiner Gefährten und die Zeit, die wir hier zubrachten, eingrub ...«

Es war der 14. Juli 1789, zufällig der gleiche Tag, an dem haßerfüllte Bürger in Paris die Bastille erstürmten, der Auftakt zur großen Französischen Revolution. Bis Mackenzie davon hörte, verging allerdings fast noch ein Jahr. Wie bei manch anderer Expedition, wurde auch sein Rückweg immer beschwerlicher. Nur Männer, die gewohnt waren, das Rudern als ein tägliches Handwerk anzusehen, waren in der Lage, die 2500 Kilometer gegen den Strom auch ohne längere Rast zurückzulegen. Dabei mußten sie noch durch Fischfang, Jagd und Beerensuche für den Hauptteil der Ernährung sorgen.

Sie machten Bekanntschaft mit dem vielfältigen Leben in den Tundren, den Wäldern und den Flußläufen. Von Tag zu Tag wurde diese Urlandschaft immer farbiger, denn der Herbst hatte begonnen.

Woche um Woche kämpfte sich die Expedition gegen den Strom zurück.

»So wie das Wetter am 28. unerträglich heiß gewesen war, so war es am 29. dagegen so kalt, daß wir nicht Kleider genug anziehen konnten, um uns warmzuhalten. Wir schifften uns bald nach vier Uhr ein, den Wind hinter uns, so daß wir großenteils fortgetrieben wurden, ungeachtet der Strom gegen uns stark war. Um zehn Uhr kamen wir an die Stromschnelle, die wir stärker fanden als bei der Herreise. Wir mußten das Kanu auf dem westlichen Ufer ziehen lassen. Einer meiner Jäger entging kaum dem Ertrinken bei dem Vorbeifahren an einem von Westen her eintretenden Flusse, der außer dem Bergflusse der beträchtlichste ist, der in dieser Richtung geht. Wir hatten den ganzen Tag über einen kalten Nordwind. Bald nach acht Uhr schlugen wir unser Nachtquartier auf. Wir erlegten eine Gans und fingen einige junge Gänse. Nach einer sehr regnerischen Nacht setzten wir unsere Reise am 30. früh um vier Uhr fort. Das Wetter war trübe, aber die Kälte hatte abgenommen.«

Die Reise wurde von Tag zu Tag anstrengender:

»Als wir tags darauf unsere Netze untersuchten, fanden wir auch nicht einen Fisch. Das Wasser war jetzt so seicht, daß wir uns nicht auf die Wirbel wagen konnten, und der Strom war ebenso stark wie tags vorher, sowie auch das Gehen auf dem Ufer ebenso beschwerlich war. Doch die Luft war jetzt so kalt, daß wir uns kaum durch die heftigste Bewegung erwärmen konnten. Wir umfuhren mehrere Landspitzen, welches bei beladenen Kanus nicht hätte geschehen können, wurden aber sehr ermüdet und waren froh, um sechs Uhr unseren beschwerlichen Marsch zu vollenden. Die Indianer schossen zwei Gänse. Die Weiber, die das Kanu nicht verließen, waren unausgesetzt damit beschäftigt, für die Männer Schuhe aus Elchtierhäuten zu verfertigen, da ein Paar nicht länger als einen Tag

aushielt. Am 6. konnten wir, des Regens wegen, erst um halb sieben Uhr aufbrechen ...«

Es gab für Mackenzie und seine Mannschaft genügend Anzeichen des herannahenden Winters: Zugvögel, die nach Süden zogen, Karibus, die ihre Wanderung in mildere Gefilde antraten. Der Indianersommer des Nordens konnte von einem Tag zum anderen zu Ende sein. Schöne Tage wechselten mit Wind, Regen und Schneetreiben. Instinktiv wußten die Indianer, und natürlich auch Mackenzie, daß ihre Chancen, ohne Nahrungsmittel den Winter zu überstehen, äußerst gering waren; denn selbst die kleinen Gruppen jagender Indianer lebten mit der ständigen Angst vor Hunger und Kälte in einem strengen Winter. Es war hier keine Seltenheit, daß sich Menschen gegenseitig aufaßen.

»In der Nacht regnete und stürmte es. Am 10. früh hörte der Regen auf. Der Wind aber wurde heftiger. Um halb sechs Uhr setzten wir unsere Reise mit einem Nordwestwinde fort. Um sieben Uhr spannten wir das Segel auf. Vormittags gab es häufiger Regenschauer und nachmittags zweimal Schneegestöber. Der Wind wurde sehr stark. Abends um sechs Uhr landeten wir bei einer Hütte von Knisteneaux-Indianern, die aus drei Männern und fünf Weibern und Kindern bestand. Sie waren auf dem Rückwege aus dem Kriege, und einer war sehr krank. Sie hatten sich von der übrigen Gesellschaft im feindlichen Lande getrennt, um nicht zu verhungern, hatten auf ihrem Wege noch eine Familie vom feindlichen Stamme vertilgt und wußten jetzt nichts von dem Schicksale ihrer Freunde, glaubten aber, daß sie entweder an den Friedensfluß zurückgekehrt oder verhungert sein würden.

Ich gab den Gesunden Munition zum Jagen, die sie sehr bedurften, da sie seit sechs Monaten ganz von dem Ertrage ihrer Bogen und Pfeile gelebt und viel gelitten hatten, und dem Kranken Arznei. Dieser war der Meinung, die Feinde hätten ihm eine Arznei zugeworfen, die ihn krank gemacht hätte. Eine Idee, die schon an sich diese abergläubigen Leute zu töten fähig ist. Auch verzweifelte er an seiner Genesung. Diese Schwachheit benutzte ich und versicherte ihm, daß wenn er nie mehr gegen solche wehrlosen Menschen in den Krieg zu ziehen verspräche, ich ihn heilen wolle. Er willigte sogleich ein, und da ich ihm meine Arznei (Turlingtons mit Wasser vermischten Balsam) gab, erklärte ich ihm, daß sie ihre Wirkung verfehlen würde, wenn sein Versprechen nicht aufrichtig wäre.

In kurzem genas er wirklich, war seinem Versprechen getreu und bezeugte mir bei allen Gelegenheiten seine Dankbarkeit.

Die Nacht hindurch fror es stark, und am 11. war es den ganzen Tag sehr kalt. Wir schifften uns um halb fünf Uhr ein und setzten unsere Reise bis sechs Uhr abends fort, da wir dann auf dem Platze lagerten, wo wir am 3. Juni übernachtet hatten. Am 12. war das Wetter trübe und wiederum sehr kalt. Um zehn Uhr drehte sich der Wind westlich und war so stark, als wir ihn nur mit dem hohen Segel aushalten konnten, so daß wir in Fort Chepewyan um drei Uhr nachmittags ankamen. Hier endigte sich dann diese Reise, die 102 Tage gedauert hatte.«

Ohne die geringste Zeit zum Ausruhen zu haben, mußte sich Mackenzie sofort dem Pelzhandel widmen, denn dies war die Aufgabe, für die er von seiner Gesellschaft bezahlt wurde. Die Konsequenzen, die er aus dieser Expedition zog, kennzeichnen ihn. Einen der größten Flüsse Nordamerikas entdeckt und erforscht zu haben genügte ihm nicht. Er dachte weiterhin nur an sein eigentliches Ziel: die Ost-West-Durchquerung Kanadas. Das nächste Mal wollte er nichts dem Zufall überlassen, sondern mit exaktesten Messungen zum Pazifik vordringen. Da er hierfür keine Instrumente besaß und auch nicht mit ihnen umgehen konnte, blieb ihm nichts übrig, als nach England zu fahren.

Um von Athabasca dorthin zu kommen, mußte Mackenzie zunächst etwa 4000 Kilometer im Birkenkanu unter expeditionsähnlichen Bedingungen über Flüsse und Seen durch Mittel- und Ostkanada reisen. Von Montreal aus fuhr er dann weiter über den Atlantik mit einem jener Segelschiffe, von denen jedes Jahr einige spurlos in den Stürmen verschwanden.

In England studierte Mackenzie Navigation mit dem Sextanten für genaue Ortsbestimmungen und die spätere Herstellung präziser Karten. Nach vielen Monaten mühevollen Lernens kehrte er nach Kanada zurück. Zwei Jahre später erreichte der besessene Mann, nachdem er wieder etwa 4000 Kilometer Flußstrecken und Portagen hinter sich gebracht hatte, kurz vor Wintereinbruch das Fort am Athabasca-See.

Unverzüglich begann er mit den Vorbereitungen zu einer neuen Expedition. Nach einer genauen Standortmessung errichtete Mackenzie trotz des beginnenden Winters noch ein Lager am Peace River, denn er wollte im kommenden Frühjahr schon einen kleinen Vorsprung haben. Dies sollte für das Unternehmen von ausschlaggebender Bedeutung sein. Der Aufbau dieses Lagers und das Überwintern selbst forderte von jedem einen hohen Einsatz.

In winzigen Blockhütten, eng aneinandergekauert, schützten sich die Männer vor der grausamen Kälte. Um überleben zu können, mußten sie auf die Jagd gehen und auch gleichzeitig Vorräte für das geplante Expeditionsunternehmen heranschaffen. Vor allem stellten sie Pemmikan her, eine von den Indianern entwickelte Dauernahrung aus zerstampftem Trockenfleisch, Fett, Salz, Pfeffer und Waldbeeren. Die zusammengepreßte Masse war über Monate haltbar.

Neben allen anderen organisatorischen Aufgaben übernahm Mackenzie auch die medizinische Versorgung der Mannschaft:

»Am 27. war die Kälte so stark, daß die Äxte der Arbeiter so zerbrechlich waren wie Glas. Das Wetter war sehr abwechselnd bis zum 2. Dezember, da mein Fahrenheitsches Thermometer durch einen Zufall so beschädigt wurde, daß es nicht mehr zu brauchen war. Ich kann daher nur eine genaue Tabelle der Witterung vom 16. November bis zum 2. Dezember mitteilen. Ich lebe jetzt unter Menschen, die schlechterdings keine Kenntnis von allem hatten, was zur Heilung von Krankheiten und zur Abhilfe bei Zufällen gehört, denen der Mensch überall in den entlegensten Wüsten wie in der bevölkertsten Stadt unterworfen ist, unter Menschen, die nicht die geringste Bekanntschaft mit jener Urmedizin hatten, die in den erprobten Heilkräften von Pflanzen besteht und die man häufig unter unzivilisierten und wilden Nationen trifft. Diese Lage nötigte mich, ihr Arzt und Wundarzt zu sein. So heilte ich die geschwollene Brust einer Indianerin, die man, um sie zu kurieren, mit Feuersteinen geritzt hatte, durch Reinhaltung, weiche Umschläge und Heilsalbe. Eine andere Kur mußte ich an einem Manne verrichten, der im Walde arbeitete. Er wurde auf einmal von einem Schmerze an seinem Daumen überfallen, der ihn außerstande setzte, eine Axt zu halten. Bei der Untersuchung seines Arms erstaunte ich, einen ungefähr halb Zoll breiten roten Streifen vom Daumen an bis zur Schulter zu finden. Der Schmerz war heftig und von fieberhaften Anfällen begleitet. Dies war ein Fall, der meine Geschicklichkeit zu übersteigen schien. Indessen mußte ich doch etwas tun, den Schmerz des Mannes zu erleichtern, im Fall ich auch nicht imstande war, seine Beschwerde zu heben. Ich bereitete daher eine Salbe von Rum und Seife, womit ich ihm den Arm einreiben ließ, aber mit wenigem oder gar keinem Erfolge. In der Nacht war er in einem wahnwitzigen Zustande, und der rote Streifen nahm nicht nur zu, sondern er bekam auch an seinem Leibe mehrere Plattern und überdies Magenschmerzen. Jetzt kam mir der Gedanke, ihm Ader zu lassen, und ich versuchte aus Not, diese Operation zum ersten Male, aber mit einem Erfolge, der die Behandlung rechtfertigte. In der folgenden Nacht schlief er, und in kurzem gelangte er wieder zu seiner vollen Gesundheit und Tätigkeit.

In der Nähe war eine Hütte von Indianern, die vor Kälte und Hunger umkamen. Sie hatten kürzlich einen nahen Verwandten verloren und ihren Gebräuchen zufolge alles ihm gehörige weggeworfen, ja selbst die wenigen Kleidungsstücke, die sie besaßen, verkauft, wahrscheinlich um alles loszuwerden, was sie an den Verstorbenen erinnern konnte.
Die Kälte dauerte bis 16. März.«

Nachdem im Frühjahr die Flüsse vom Eis befreit waren, begann die Expedition am 9. Mai 1793. Das randvolle Kanu wurde gegen den Strom des Peace

Rivers geschoben. Wenn die Strömung zu stark war, zogen die Männer das Boot am Ufer entlang.

»Wir kamen mit unendlicher Schwierigkeit bei dem Fuße eines Felsens vorüber, der glücklicherweise nicht hartsteinig war, so daß wir zwanzig Fuß hin Tritte einhauen konnten. Von hier sprang ich mit Lebensgefahr auf einen kleinen Felsen hinunter, wo ich die, die mir folgten, auf meine Schultern aufnahm. Auf diese Art kamen vier von uns hinüber und zogen das Kanu heran. Dieses aber wurde bei dem Versuch beschädigt. Sobald das Kanu wieder ausgebessert war, zogen wir es am Taue längs dem Felsen hin bis zur nächsten Spitze weiter, wo wir uns, da wir jetzt das Tau nicht weiterbrauchen konnten, wieder einbooteten und fuhren dann längs den Felsen einer runden hohen Insel hin, bis wir an eine kleine sandige Bucht kamen. Da wir am Kanu noch stärkere Beschädigungen fürchten mußten, war es durchaus notwendig, uns mit Rinde zu versorgen. Es wurden daher zwei Leute danach geschickt, die bald mit dem nötigen Vorrat zurückkamen. Wir begannen unsere Reise von neuem mit Hilfe von Stangen, mit denen wir uns forthalfen, bis wir unter einen steilen Abhang kamen, wo wir keinen Boden finden konnten, so daß wir von Neuem genötigt waren, unsere Zuflucht zum Taue zu nehmen, dessen Behandlung aber ebenso schwierig wie gefährlich war. Wir besiegten jedoch diese Schwierigkeit, so wie wir viele andere vorher überstanden hatten. Jetzt mußten wir wieder auf das andere Ufer setzen, über so reißendes Wasser, daß einige unserer Leute das Hemd auszogen, um bequemer schwimmen zu können, im Falle, wie wir sehr ernstlich fürchteten, irgendein Unfall dem Kanu zustieße. Unser Versuch gelang aber, ohne daß das Kanu einen anderen Schaden nahm, als daß es Wasser schöpfte.

Bald darauf kamen wir an einen Wasserfall, wo wir einen Teil der Ladung aus dem Boote zu nehmen für gut fanden. Um Mittag hielten wir an, um eine Höhe zu nehmen, einem kleinen Flusse gegenüber, der links abbog. Während dieses Geschäfts gingen meine Leute an Land, um das Kanu anzubinden. Dies geschah aber auf eine sehr nachlässige Art, weil hier der Strom nicht sehr stark war. Doch zeigte er sich noch mächtig genug, das Kanu loszureißen, und hätte nicht ein Kanuführer, der wegen gänzlicher Ermattung in den Zelten zurückgeblieben war, das Ende des Taues gehalten, so würden wir aller Mittel zur Fortsetzung der Reise beraubt worden sein. Trotz meinem damaligen Gemütszustande aber fand sich doch die Höhe, die ich nahm, und die 56° nördliche Breite erwies sich hinterher als ziemlich genau. Unsere letzte Richtung war S.S.W. 2¼ Meilen. Von hier setzten wir unsere mühsame und gefährliche Reise mit dem Taue fort.

Weiterhin mußten wir, wegen des reißenden Stromes, auf zwei Meilen viermal ausladen, und außer dem Kanu alles tragen. Auch konnten wir an einigen Stellen nur mit Mühe verhindern, daß es nicht durch die Gewalt der Wirbel an den Inseln zerschmettert wurde. Um fünf Uhr kamen wir an einen Ort, wo der Fluß eine ununterbrochene Stromschnelle war. Hier nahmen wir wieder alles aus dem Kanu, um es am Taue zu ziehen, ungeachtet die Felsen so steil waren, daß die Mühe und die Gefahr dieses Geschäfts sehr vergrößert wurde.

Endlich aber wurde die stürmische Bewegung der Gewässer so groß, daß eine Welle, die an den Bug des Kanus schlug, das Tau zerriß und uns mit unaussprechlicher Angst erfüllte, da weder das Fahrzeug dem Zerschmettern, noch die darin befindlichen Menschen dem Untergange entgehen zu können schienen. Indessen stieß eine andere günstigere Welle das Fahrzeug aus dem Wassersturze, so daß die Leute sich imstande sahen, es ans Ufer zu bringen, wo sich dann zeigte, daß es ungeachtet von den Wellen über Felsen geführt wurde, doch keinen wesentlichen Schaden erlitten hatte. Die Kanuführer aber befanden sich nach dieser Unruhe in einem Zustande, daß es nicht nur unnütz, sondern auch unklug gewesen sein würde, jetzt die Fortsetzung der Reise vorzuschlagen, um so mehr, da der Fluß oberhalb unseres gegenwärtigen Standortes einen einzigen weißen Bogen schäumenden Wassers ausmachte...«

Nach den schweren Monaten der Überwinterung und den Tag um Tag wachsenden Drangsalen wie Nässe, Kälte und auch Todesgefahr ist es gut zu verstehen, daß die Mannschaft, die der Verzweiflung nahe war, nun auf Rückkehr drängte. Mackenzie schreibt in sein Tagebuch:

»Statt aber auf dies Murren aufmerksam zu sein, befahl ich den Mißvergnügten, den vor uns liegenden Berg zu ersteigen und dort das Nachtlager aufzuschlagen. Unterdessen brach ich mit einem Indianer auf, um den Fluß zu untersuchen. Ungeachtet ich aber diesen Marsch so lange fortsetzte, als es noch hell genug war, so konnte ich doch das Ende der Stromschnellen und Wasserfälle nicht absehen und wurde völlig von der Unmöglichkeit der weiteren Reise zu Wasser überzeugt. Sehr ermüdet und mit zerrissenen Schuhen und verwundeten Füßen kamen wir von unserer Erkundung zurück. Unterdessen hatten meine Leute durch Fällen von Bäumen auf dem Abhange des ersten Berges den Gipfel desselben erreicht. Nach einer Streiferei auf den Bergen erzählte mir Mackay, daß er verschiedene Risse im Erdboden gefunden hätte, aus denen Hitze und Rauch emporstiegen, die einen starken Schwefelgeruch verbreiteten. Gewiß würde ich dieses Phänomen besucht haben, wenn ich hinlänglich physikalische Kenntnisse hätte, um darüber wissenschaftliche Bemerkungen oder Mutmaßungen aufzustellen.

Am 28. regnete es bis um acht Uhr. Und da meine Leute noch sehr müde und mutlos waren, so ließ ich sie bis um diese Zeit ausruhen.

Der Fluß war hier, wie ich bereits bemerkt habe, so beschaffen, daß uns kein anderer Weg zur Fortsetzung unserer Reise übrigblieb als das Gebirge, über das

Mit unserem Kanu in einer Stromschnelle für Filmaufnahmen zu einer Tagebuchaufzeichnung von Mackenzie

wir sowohl Kanu als auch das Gepäck tragen mußten. Da dies eine sehr abschreckende Unternehmung war, so schickte ich Mackay mit drei Kanuführern und den beiden Indianern ab mit dem Auftrage, von dem Gipfel des Berges geradeaus fortzugehen und mit dem Flusse in gleicher Linie zu bleiben, bis sie ihn schiffbar fänden ...«

Mackenzie hatte bei der Auswahl seiner Mannschaft darauf geachtet, daß einer der Männer mehrere Dialekte beherrschte. Dennoch war er wegen der widersprüchlichen Aussagen der Eingeborenen immer wieder auf seinen Instinkt angewiesen, denn die Flußroute nach Westen hat manche Gabelung, und jeder Fehler kostet unwiederbringliche Zeit.

»Auf meine Frage darüber an den Dolmetscher erfuhr ich, daß der Indianer von einem großen Flusse spräche, der gegen die Mittagssonne laufe, von welchem ein Arm nahe an der Quelle dessen hingehe, den wir jetzt befuhren. Und daß es dort nur drei kleine Seen und ebensoviele Tragplätze gäbe, die an einen kleinen Fluß führten, der in einen großen Fluß münde, der wiederum sich nicht ins Meer ergieße. Die Einwohner dort bauten Häuser und wären ein zahlreiches und kriegerisches Volk.

Ich bat ihn, den Weg nach dem anderen Flusse durch eine Zeichnung mit Kohlen auf eine Birkenrinde zu beschreiben, und er erfüllte diesen Wunsch. Die Meinung, daß der Fluß sich nicht ins Meer ergieße, schrieb ich sehr zuversichtlich seiner Unbekanntschaft mit dem Lande zu.«

Trotz der gewaltigen Nervenanspannung beschreibt Mackenzie die Indianerstämme, denen sie begegnen, seitenlang mit größter Genauigkeit. Volle vier Wochen kämpften sie sich nach Westen gegen den Strom vor. Nacht für Nacht mußte das Kanu ausgebessert werden und wurde dadurch immer schwerer. Endlich hatten sie die Hochfläche erreicht: eine Seenplatte und einen Ausfluß nach Südwest. Nun glaubten sie, das Schlimmste hinter sich zu haben. Doch inzwischen waren sie Gefahren gegenüber zu sehr abgestumpft und riskierten zuviel:

»Das Kanu wurde nun wieder eingeladen, um mit dem sehr schnellen Strome weiterzugehen. Um unser Fahrzeug zu erleichtern, wollte ich mit einigen anderen zu

Rechte Seite: »Martin Schliessler mit Kamera und Ausrüstung auf den Spuren der Entdecker«

Abbildung Seite 238 und 239: »Auf dem Flug zum höchsten Berg Nordamerikas, dem Mount Mc. Kinley (6187 Meter)«

Fuß wandern. Meine Leute verlangten aber sehr ernstlich, daß ich mitfahren sollte, mit der Erklärung, daß, wenn sie ihren Untergang fänden, ich mit ihnen umkommen müßte. Ich dachte damals nicht, daß ihre Besorgnisse sobald gerechtfertigt würden. Wir stießen nun vom Ufer und waren noch nicht weit gekommen, als das Kanu sich wendete und trotz aller unserer Anstrengungen durch die Heftigkeit des Stromes seitwärts den Fluß hinabgetrieben und an der ersten Ruderstange zerbrochen wurde. Ich sprang sogleich in das Wasser, und meine Leute folgten mir. Ehe wir aber das Kanu gerade richten oder nur aufhalten konnten, kamen wir in tieferes Wasser, so daß wir schleunigst wieder einsteigen mußten. Einer der Kanuführer, der nicht geschwind genug war, mußte, so gut er konnte, versuchen ans Ufer zu kommen. Wir waren kaum wieder im Kanu eingerichtet, als wir an einen Felsen getrieben wurden, der das Hinterteil des Fahrzeugs so zerschmetterte, daß es bloß noch am Dollbord hing, so daß der Steuermann nicht länger auf seinem Platz bleiben konnte.

Die Gewaltsamkeit dieses Stoßes trieb uns nach der entgegengesetzten Seite des nur schmalen Flusses. Hier hatte der Bug des Kanus dasselbe Schicksal, welches das Hinterteil gehabt hatte. Sogleich ergriff der Vordermann einige Zweige eines kleinen Baumes in der Hoffnung, das Kanu anzulegen. Ihre Elastizität war aber so groß, daß er in einem Augenblicke ans Ufer geschleudert wurde, und zwar mit einer Gewalt, daß wir ihn für verloren hielten. Unsere Lage erlaubte es aber nicht, uns nach ihm umzusehen, denn in wenigen Augenblicken kamen wir über einen Wasserfall, der mehrere große Löcher in den Boden des Kanus riß und alle Ruderstangen zerbrach, eine hinter dem Schaufelsitze ausgenommen. Indessen hätte ohne diesen Zufall das Fahrzeug unvermeidlich umschlagen müssen.

Sobald das Wrack wieder flach auf dem Wasser stand, sprangen wir soeben alle heraus, als der Steuermann, der seinen Platz hatte verlassen müssen und sich noch nicht von seinem Schrecken erholt hatten, seinen Gefährten zurief, sie möchten sich zu retten suchen. Meine entscheidenden Befehle besiegten jedoch die Wirkungen seiner Furcht, und sie hielten sich alle fest an das Wrack. Dieser glücklichen Entschlossenheit danken wir unsere Rettung, da wir sonst durch die Gewalt des Wassers an den Felsen zerschmettert oder über die Fälle getrieben worden wären.

In dieser Lage wurden wir mehrere hundert Ruten fortgetrieben, und auf jedem Schritte waren wir am Rande des Abgrundes. Endlich langten wir jedoch sehr glücklich in seichtes Wasser und in einen leichten Wirbel, wo wir mehr durch die

Linke Seite oben und unten: »Im Norden Amerikas«
Eine Urlandschaft, die sich nur durch die klimatischen Bedingungen über Jahrtausende verändert hat.

Schwere des auf Steinen ruhenden Kanus als durch den Aufwand unserer erschöpften Kräfte stehenbleiben vermochten. Jetzt, da wir wieder ein wenig Atem schöpften, riefen wir die am Ufer stehenden Leute zum Beistand herbei, und sie kamen zugleich. Von allen aber zuerst der Vordermann, der dem außerordentlichen Sturze ans Ufer ohne Schaden entgangen war. Die Indianer weinten, statt uns zu helfen. Ich blieb im Kanu, bis alles ans Ufer gebracht war, in einem sehr unangenehmen Zustande, da ich so sehr erfroren war, daß ich mich endlich durch Erstarrung kaum mehr aufrecht erhalten konnte. Der Verlust, den wir bei diesem Unfall des Kanus erlitten hatten, war beträchtlich, denn wir vermißten unseren ganzen Vorrat von Gewehrkugeln und einige Gerätschaften. Aber der Gedanke daran verlor sich in dem Eindrucke, den unsere wunderbare Rettung auf uns machte.

Jetzt wurden alle ans Ufer gebrachten Vorräte getrocknet. Glücklicherweise hatte das Pulver keinen Schaden gelitten, und auch meine Instrumente waren gerettet. Ihre Besorgnis in Rücksicht der verlorenen Kugeln beruhigte ich durch die Erinnerung, daß wir noch Materialien genug zur Verfertigung anderer hätten. Übrigens waren meine Leuten, nachdem sie sich von ihrem Schrecken erholt hatten, keineswegs über den erlittenen Unfall traurig, weil sie hofften, daß er unserer Reise ein Ende machen würde.

Unter solchen Umständen die Reise fortzusetzen schien ihnen unmöglich. Ich erwiderte indessen auf alle diese Bemerkungen nicht eher etwas, als bis sie sich von ihrem panischen Schrecken ganz erholt, durch eine derbe Mahlzeit und Rum in Menge erwärmt und neuen Mut bekommen hatten.

Jetzt aber hielt ich eine Rede an sie. Ich ermahnte sie, ihre wunderbare Errettung mit Dank anzuerkennen, zeigte aber zugleich, daß die Befahrung dieses Flusses nicht an sich unmöglich, sondern nur wegen unserer Unbekanntschaft schwierig wäre. Daß wir unsere Reise mit größerer Sicherheit fortsetzen.«

Die Rede Mackenzies war ein einziger Appell an die Ehre der Mannschaft. Er sprach von ihrer großen Tradition und von dem Mut ihrer Vorfahren, den Normannen, die sich einst gegen alle Stürme und Feinde in ferne Welten vorgewagt und nie und unter keinen Umständen vor dem Ziel aufgegeben hätten. Schließlich habe er vor der Reise die Schwierigkeiten und Strapazen in vollem Umfange vorausgesagt, und sie hätten sich seiner Führung aus freiem Willen anvertraut. Das Boot ließe sich wieder herrichten, und der größte Teil der Ausrüstung sei noch vorhanden. Wichtig wäre, nun mit gleicher Entschlossenheit und ohne Zeit zu vergeuden an die Arbeit zu gehen. In unerschütterlicher Ruhe begann er selbst, mit dem Sextanten den Standort zu errechnen und in seine Karte einzutragen. In seinem Tagebuch ist vermerkt:

»Nachmittags nahm ich eine Höhe, die 54° 23' N.Br. gab. Um vier Uhr nachmittags, berechnete ich die Zeit, in der Hoffnung, in der Nacht eine Beobachtung des Jupiters und seiner Trabanten anzustellen, fand aber, wegen der Nähe der Berge, den Horizont zu klein. Hierauf vereinigte ich mich mit meinen Leuten zu dem Geschäfte, unser Wrack, so gut es die Umstände erlauben möchte, auszubessern und ging ihnen mit meinem Beispiele voran.

Als das Kanu so gut als möglich ausgebessert war, brachten wir es bis an die Spitze der Fälle, wo es aus dem Wasser genommen und eine beträchtliche Strecke von niedrigem morastigen Boden getragen wurde. Ich brauchte zu diesem mühsamen Geschäfte vier Mann, die dasselbe auch mit Lebensgefahr vollzogen, denn das Kanu war jetzt bei der zum Ausbessern gebrauchten Menge von Rinde und Harz so schwer geworden, daß zwei Menschen es nicht tragen konnten.«

Über kleine Flußläufe erreichten sie einen großen Fluß:

»So hatten wir denn endlich, nach so vieler Anstrengung und Angst, das unaussprechliche Vergnügen, uns an den Ufern eines schiffbaren Flusses auf der Westseite der ersten großen Gebirgsreihe zu befinden.«

Zunächst ging es in ruhiger Fahrt und doch sehr zügig flußabwärts. Aber bald entstand erneut eine dramatische Situation, als ihnen Indianer zu verstehen gaben, daß der Fluß, auf dem sie nun ohne Schwierigkeiten den Pazifik zu erreichen glaubten, und der heute nach seinem späteren Entdecker Fraser River heißt, sich in einer gewaltigen Schlucht durch das Gebirge preßte und dort über weite Strecken unbefahrbar war. Sie waren an einem Seitenfluß vorbeigefahren, der sie noch weiter nach Westen gebracht hätte. Von dort aus wäre der Weg zum Meer nicht mehr weit gewesen.

Mackenzie war in einer sehr schwierigen Situation, denn nun mußte er wieder mühsam zurückrudern, um die richtige Abzweigung zu finden. Außerdem waren die Männer gezwungen, ein neues Boot zu bauen, weil das alte durch die zahlreichen Reparaturen zu schwer geworden war. Dazu kam noch, daß die Indianer am Fluß zum Teil sehr feindselig waren:

»Sie bedrohten uns, wie meine Dolmetscher, die ihre Sprache verstanden, mir sagten, mit augenblicklichen Tod, im Falle wir dem Ufer nächerrückten, und begleiteten diese Drohung mit einer Ladung von Pfeilen, von denen einige nahe bei dem Kanu niederfielen ...«

Trotz dieser Bedrohung gelang es Mackenzie, einen Indianer ausfindig zu machen, den sie überreden konnten, ihre Expedition als Wegweiser, wie er die landeskundigen Führer nennt, zu begleiten. Auch konnten sie geeignetes Material finden und ein neues Boot bauen. Nach seinen Beschreibungen ruderten sie mühsam gegen den Strom des großen Flusses zurück, bis sie den besagten Zufluß aus dem Westen fanden. Ihm folgten sie solange, bis sie durch Stromschnellen gezwungen wurden, das Boot zurückzulassen.

»Wir beluden uns mit 4½ Säcken Pemmikan, jeder 85 bis 90 Pfund schwer, einem Instrumentenkasten, einem 90 Pfund schweren Ballen von zu verschenkenden Waren und einem gleich schweren Ballen Munition. Jeder Kanadier trug eine Last von ungefähr 90 Pfund nebst einem Gewehr und einige Munition. Die Indianer hatten, außer ihren Flinten, etwa 45 Pfund Pemmikan zu tragen. Dies machte sie, da sie bisher immer sehr geschont worden waren, so mißvergnügt, daß sie uns unverzüglich verlassen haben würden, wenn sie es hätten wagen dürfen. Meine eigene und Mackays Last bestand aus 22 Pfund Pemmikan, einigem Reis, etwas Zucker und dergleichen, im ganzen bei jedem 70 Pfund. Außer unseren Gewehren und Munition hatte ich auch das Rohr meines Teleskops auf den Schultern.

Übrigens war beschlossen worden, täglich nur zwei Mahlzeiten zu halten, und diese waren leicht abgetan, da unsere Speisen nicht des Kochens bedurften. So ausgerüstet, traten wir unsere Reise um 12 Uhr mittags an.«

Nur selten hatten sie in den nächsten Tagen gutes Wetter. Drohend stand die Kette des Küstengebirges vor ihnen. Daß ihnen beim Anblick der mit Gletschern bedeckten Gipfeln zum Schluß ihr Ziel nicht mehr unerreichbar schien, verdankten sie den Begegnungen mit Indianern, die von der Küste kamen. Obwohl es inzwischen Sommer geworden war, gelangten sie in Schneeregionen:

»Der Schnee war so hart geworden, daß unsere Füße kaum einen sichtbaren Eindruck machten. Wir sahen jedoch die Fährte einer Herde von Hirschen, die hier eben vorbeigekommen sein mußte und der unser Indianerführer und meine Jäger sogleich nachsetzten. Von hier an war unser Weg fast eben und ohne Schnee, aber auch ohne jeden Baum. Das Gras war sehr kurz und der Boden roter, mit kleinen Steinen vermischter Ton. Die Berge, an den Stellen, wo sie nicht mit grün bedeckt sind, sehen in einiger Entfernung so aus, als wären sie vom Feuer verwüstet worden.

Es fing jetzt an zu hageln, zu schneien und zu regnen, auch konnten wir nur unter der Leeseite eines hohen Felsens Schutz finden. Bald ging der Wind in Sturm über, und das Wetter wurde so schrecklich, als ich es je gefunden hatte.

Nach eineinhalb Stunden kamen unsere Jäger mit einer einzigen kleinen Rentierkuh zurück, ungeachtet sie zwölf mal geschossen hatten. Ein Mißgeschick, das sie dem Wetter zuschrieben. Ich riet ihnen, die Hälfte des Wildes im Schnee zurückzulassen, aber meine Leute wollten es lieber tragen, so erschöpft sie sich auch fühlten. Vor uns zeigt sich ein ungeheurer Berg, dessen mit Schnee bedeckter Gipfel sich in den Wolken verlor.

Zwischen diesem strömte der Fluß, auf den wir zugingen. Sobald wir Holz genug zusammenbringen konnten, hielten wir an, um etwas von unserem Wilde zuzurichten, und es bedarf wohl nicht der Erinnerung, daß wir mit herzlicherem Appetite aßen, als seit vielen Tagen. Auch barbierten wir uns und wechselten die Wäsche, um wieder ein menschlicheres Ansehen zu bekommen.

Weiterhin kamen wir an einen großen Teich, an dessen Ufer wir ein erst kürzlich gemachtes Grab und daneben, wie gewöhnlich, einen Pfahl fanden, an welchem zwei Vögel gemalt waren, woran unser Führer den Stamm erkannte, zu welchem der Verstorbene gehört hatte. Einer von ihnen eröffnete ohne weitere Zeremonie die Rinde und zeigte uns die darein gewickelten Knochen, da hingegen der andere die Stangen niederriß, die daran gebundenen Federn sich zueignete und an seinen Kopf steckte. Aus allen diesen Umständen schloß ich, daß diese Denkmale die Leiche eines Stammes bezeichneten, mit dem sie in Feindschaft lebten.

Wir setzten unsere Reise ziemlich geschwind fort. Indessen schien sich das vor uns liegende Gebirge, je weiter wir kamen, immer mehr zu entfernen, und das dazwischen liegende platte Land, das wir jetzt ansichtig wurden, schien ihre schreckliche Höhe nur noch zu vergrößern. Wir gingen indessen jetzt mehr bergab, bis wir zu dem Rande eines Abhangs kamen, auf welchem unser Führer uns den Fluß vor uns und ein Dorf an dessen Ufer zeigte ...«

Erschöpft schleppten sie sich weiter, hinunter in eine andere Welt, in die Welt der üppigen, moosbehangenen, nebeligen Regenwälder. So kurz vor dem Ziel ließ sich Mackenzie auch nicht von der Nachricht eines Indianers schrecken, die Küstenindianer würden sie alle umbringen. Und wie schon so oft gelingt es ihm die Eingeborenen von ihrer feindseligen Haltung abzubringen, so daß sie schließlich sogar als Gäste aufgenommen und bewirtet werden:

»Als ich am 18. früh um fünf Uhr erwachte, fand ich, daß die Eingeborenen ein Feuer für uns angemacht hatten, an welchem sie saßen. Mein gastfreundschaftlicher Wirt brachte mir sogleich einige Beeren und gerösteten Lachs, und seine Gesellschafter folgten seinem Beispiele. Die Stachelbeeren, Himbeeren und Heidelbeeren, die mir hier geboten wurden, waren die schönsten in ihrer Art, die ich je sah oder aß. Auch brachten sie getrocknete Fischrogen, um ihn zu den Beeren zu essen. Lachs ist in diesem Flusse so häufig, daß die Bewohner immer Überfluß an diesem trefflichen Fische haben. Um ihn leichter zu fangen, haben sie mit gro-

Edward S. Curtis fotografierte um die Jahrhundertwende unübertroffen die gerade noch ursprünglichen Indianer der Nordwestküste und dokumentierte ihre Kultur für die Nachwelt.

ßer Mühe ein Wehr über den Fluß gebaut, um ober- und unterhalb desselben ihre Maschinen anzulegen.

Ich äußerte den Wunsch, dies sehenswürdige Werk zu besuchen, fand aber die Leute so abergläubig, daß sie mir keine nähere Untersuchung erlaubten, als die, dasselbe vom Ufer aus zu sehen.

Um acht Uhr morgens kamen fünfzehn Männer, Freunde und Verwandte dieser Leute, auf die ihnen in der Nacht unmittelbar nach der Ankunft unserer Wegweiser zugesendete Nachricht bewaffnet zu Lande an. Sie sind stärker und von besserem Aussehen als die Einwohner des inneren Landes. Ihre Sprache ist von allen verschieden, die ich bisher gehört hatte. Die mehrste Ähnlichkeit haben sie mit den Atnah- oder Kinn-Indianern, in soweit ich davon nach den wenigen, die ich von diesem Volke sah, urteilen kann. Ihre Kleidung besteht aus einem einzigen, über die Schulter gebundenen Mantel, der hinten bis auf die Fersen, vorn aber nur etwas über die Knie herabfällt und ringsum den Saum besetzt ist.«

Mackenzie beschreibt auch diesen Stamm bis ins kleinste Detail und erwähnt die Gesichtsform mit den hohen Backenknochen. Er war erstaunt über die hochstehende Kultur, die sie hier vorfanden. Nach Austeilen von Geschenken hatten sie das Glück, ein Kanu zu erhalten, mit dem sie bis zum Meer fahren konnten.

»Am 20. standen wir sehr zeitig auf. Ich schlug den Indianern vor, entweder uns in ihrem Kanu weiterzubringen oder ein anderes an dessen Stelle zu verschaffen. Gegen beide Vorschläge aber waren sie taub, in der Voraussetzung, daß ich zufrieden damit sein könnte, daß ich nun die See im Gesicht hätte. Zwei von ihnen weigerten sich bestimmt weiterzugehen. Da aber die beiden anderen dareinwilligten, bei uns zu bleiben, so verschafften wir uns ein anderes, größeres Kanu, das jedoch ziemlich schadhaft war. Ich hatte mir Hoffnung gemacht, hier einen Abstand des Mondes und der Sterne zu beobachten, aber das trübe Wetter hinderte mich daran. Auch befanden wir uns überhaupt in einer üblen Lage, da unser Proviant so zusammengeschmolzen war, daß wir nur noch 20 Pfund Pemmikan, 15 Pfund Reis und 6 Pfund Mehl für zehn halbverhungerte Menschen hatten, bei einem schadhaften Kanu und an einer barbarischen Küste, wo wir keinen Beistand erwarten durften. Unsere Richtung von dem Flusse aus war W.S.W., zehn Meilen, gewesen.«

Gerade dieses Boot war letztlich ausschlaggebend für den endgültigen geographischen Erfolg der Expedition. Mit ihm fuhren sie einen Fjord so weit hinaus, bis sie an einen Punkt kamen, von dem aus Mackenzie bei günstigem Wetter seine Messungen vornehmen wollte. Doch war keine Sonne zu

Kriegskanus, wie sie von Mackenzie beschrieben wurden

sehen. Hier begegneten sie zwei mit einigen jungen Indianern besetzten Kanus, die früher schon mit Schiffsbesatzungen europäischer Schiffe in Berührung gekommen waren und dabei anscheinend Auseinandersetzungen gehabt hatten. Sie machten einen feindseligen Eindruck.

»Dies veranlaßte meine Leute, mir sehr ernstliche Vorstellungen wegen Beschleunigung unserer Abreise zu tun. Da ich aber entschlossen war, diesen Platz, im Falle ich nicht durchaus gezwungen würde, nicht eher zu verlassen als bis ich seine Lage bestimmt hätte, so wurden diese Bitten nicht wiederholt. Während ich eben mit der Aufnahme einer Mittagshöhe beschäftigt war, kamen aus dem südwestlichen Hauptkanal zwei große und wohlbemannte Kanus. Sie schienen die Vorläufer von anderen zu sein. Unser Indianer war so ängstlich, daß er seine Bitte wiederholte, sofort abreisen zu können, da sie bald anfangen würden, Pfeile auf uns zu schießen und Speere nach uns zu werfen. Bei der Vorstellung dieser Gefahr war seine Unruhe so heftig, daß sein Mund schäumte.

Ungeachtet ich nun bei dieser Gelegenheit nicht ohne Furcht war, so mußte ich sie doch verbergen, da meine Leute so vom panischen Schrecken durchdrungen waren, daß einige fragten, ob ich dableiben wollte, um aufgeopfert zu werden. Ich antwortete wie bei früheren Zudringlichkeiten, daß ich nicht weichen würde, bis ich meinen Zweck erreicht hätte.«

Die Zeitspanne des Wartens wurde für Mackenzie zur schwersten Geduldsprobe während der ganzen Expedition. Seine Männer begannen, die Nerven zu verlieren und sich vor der Übermacht zu fürchten. Sie hielten ihre Waffen bereit und wollten sich den Rückweg so schnell wie möglich frei-

kämpfen. Dies war das einzige Mal, daß Mackenzie seine Mannschaft ganz unerwartet mit veränderter Stimme anbrüllte und sie zur Ruhe und zum Gehorsam zwingt. Von diesem Moment an wartete er mit eisernem Willen volle zwei Sunden, bis die Sonne zwischen den Wolken auftauchte. Alles andere um ihn schien versunken. Mit höchster Konzentration bestimmte er den Standort:

»Meine Höhe mit einem künstlichen Horizonte gab 52° 51H 33", die mit dem natürlichen Horizonte 52° 20' 48" R. Br. Nach diesem Geschäfte malte ich auf die Südostseite des Felsens, auf dem wir die letzte Nacht geschlafen hatten, mit Karmin und geschmolzemem Fett in großen Buchstaben folgende kurze Denkschrift:

Alexander Mackenzie, aus Kanada zu Lande (hierher gekommen)
den 22sen Julius 1793.

Ich beobachtete einen Austritt von Jupiters dritten Trabanten, der 8° 32' 2" Längen Unterschied gab; und dann einen Austritt von Jupiters ersten Trabanten, der 8° 31' 48"gab. Das Mittel dieser Beobachtungen war also 8° 32' 2"gleich 128° 2' W.L. von Greenwich.

Diese Bestimmung des Standorts war der glücklichste Umstand meiner langen, beschwerlichen und gefahrvollen Reise, da einige trübe Tage mich gehindert haben würden, die Länge desselben zu bestimmen.«

Der nun folgende Rückweg, mehr als 2000 Kilometer über Gebirge und Ströme, war noch voller Leiden. Aber wie ein Wunder erreichten alle Männer kurz vor Wintereinbruch wieder den Ausgangspunkt am Athabasca-See. Eine der ungewöhnlichsten Entdeckungsreisen hatte ihr Ende genommen.

Alaska wird entdeckt

Alaska ist ein dramatisch schönes, aber auch mitleidlos lebensfeindliches Land, in dem der Mensch auch heute noch die ständige Bedrohung durch die Elemente zu spüren bekommt.

Von fast allen Orten am Ufer des Pazifiks und den Inseln der Alëutenkette aus kann man bei klarem Wetter Vulkane sehen, die zum großen Teil noch aktiv sind. Alle paar Jahre bricht glühende Lava aus dem Innern der Berge und spiegelt sich gespenstisch in Wasser und Eis.

Wenn die Erde zu beben beginnt, fürchtet jeder die Gewalt der Natur, wie sie Alaska in diesem Jahrhundert schon mehrmals traf. Noch ist nicht vergessen, wie der Boden an vielen Stellen aufriß, ganze Ortschaften, aber auch Berge und Gletscher zusammenstürzten und wie Riesenwellen gegen die Küsten brandeten. Ein gigantischer Brecher von über 30 Meter Höhe hat große Teile der Alëuteninseln verwüstet, Schiffe ans Ufer geworfen; zurück blieben geisterhafte Landschaften.

Man nennt die Alëuteninseln auch »Wiege der Stürme«. Alles in allem herrscht in diesem Teil der Welt wohl das schlechteste Wetter.

Auf verschiedenen Reisen und Expeditionen konnte ich Alaska über eine Zeitspanne von mehr als 25 Jahren erleben. Wie kaum ein anderer Teil der Erde hat mich dieses Land herausgefordert. »Challenge«, dieses Wort hört man häufig in Alaska - von Trappern, Jägern, Hundeführern, Bergsteigern, Buschfliegern - aber auch von Farmern im Matanuska-Valley, Ingenieuren an der Pipeline oder den Ölfeldern über dem Polarkreis. Vielleicht ist das Dasein in Grenzbereichen diese dauernde Herausforderung, sich mit der Natur zu messen, eine notwendige Form der Befriedigung von Abenteuerlust, die mehr oder weniger tief im menschlichen Wesen verankert ist. Herausforderung, »Challenge« - in diesem Wort schwingt hier noch etwas von dem Stolz, ein weitgehend unberührtes Land zu besitzen, in dem es noch ursprüngliche Abenteuer zu erleben gibt, das nicht anders aussieht als schon vor vielen tausend Jahren.

Die Weite des Landes ist mir immer wieder bewußt geworden, wenn ich am Steuer eines kleinen Wasserflugzeuges allein über die unendliche Einsamkeit Alaskas und Kanadas flog und oft viele Stunden kein Hinweis auf Menschen zu sehen war. Wo anstatt Ortschaftsnamen auf der Karte »Sparsely Settled« steht – dünn besiedelte Gegend.

Im Geländefahrzeug, einem Unimog, drangen wir im Norden und auch im Süden Amerikas in manches wenig bekannte Gebiet vor

Und doch haben Jäger und Forscher das Land schon lange durchstreift, Schritt um Schritt auf einen unbekannten Horizont zu, verloren sich hinter ihnen die Spuren im Schnee oder Moos oder irgendwo im Sumpf einer Tundra.

Die Küsten Alaskas sind erstmals durch eine russische Expedition, die unter der Leitung von Vitus Bering stand, ins Blickfeld Europas gedrungen. Durch die Teilnahme eines deutschen Naturforschers, Georg Wilhelm Steller, der sehr genau Tagebuch führte, können wir unmittelbar den Spuren dieser Expedition folgen.

Bei allen meinen Filmexpeditionen kam es mir darauf an, den Verlauf der Entdeckungsreisen, die Widrigkeiten und verschiedenartigsten Ereignisse möglichst atmosphärisch nachzuzeichnen. So machte ich mich auch diesmal auf zu den für Bering und seine Mannschaft schicksalhaften Gegenden, zu den einsamen Plätzen irgendwo an der Küste, die teilweise heute noch genauso schwer erreichbar sind wie vor 200 Jahren.

Ein Ziel waren die kalbenden Gletscher Südostalaskas, etwa die Stelle, an der Bering von Sibirien kommend, das erste Mal Alaska sah, wo hinter tiefen Fjorden riesige schneebedeckte Berge aufragen, wo Eisströme bis ins Meer fließen.

Ich wollte so nah wie möglich an die kalbenden Gletscher herankommen. Erst nach langem Zureden hatte mir der Kapitän für mein Unternehmen das kleine Beiboot geliehen. Nachdem seine Warnungen vor den Flutwellen und sein Hinweis auf die Witterung, den oft tagelangen dichten Nebel und alles durchdringenden Regen meinen Entschluß nicht geändert hatten, wünschte er mir viel Glück und ließ mich zu Wasser. Bald darauf verschwand das Schiff wieder hinter der dunklen Felswand. Nun war ich allein. Am nächsten Tag wollte man wieder nach mir schauen.

Bis auf die Haut durchnäßt, kroch ich am Abend in mein Zelt; selbst der Schlafsack war durchgeweicht. Wenigstens funktionierte meine Stirnlampe, und so versuchte ich, das in den letzten Stunden Erlebte möglichst genau niederzuschreiben. Hieraus stammt der folgende Bericht:

»Es herrscht eine unheimliche Stille. Graue Nebelbänke liegen vor den blauweißen Gletschermassen, die am Ende des Fjords in einer etwa hundert Meter hohen, zerborstenen Mauer zwischen gewaltigen Bergwänden ins Meer fließen. Etwa 700 Meter trennen mich vom Eisbruch, dazwischen schwimmen einige große Eisberge und unzählige kleine Eisschollen.
Da und dort liegen Seehunde träge herum. Manchmal taucht plötzlich, ganz in der Nähe des Bootes, einer von ihnen auf, und schaut mich für Augenblicke mit großen Augen neugierig an. Ich rudere zwischen den Eisschollen zur westlichen Felswand. Mit dem Fernglas habe ich eine kleine Plattform entdeckt, wo ich glaube, ein Zelt aufstellen zu können, um mit der Kamera auf das Herunterbrechen des Gletschers zu warten. Aber je näher ich der Stelle komme, um so kleiner und weniger brauchbar sieht die Felsstufe aus. Vor allem höre ich Steinschlag über die Wand poltern, und jetzt, wo es stärker regnet, wird es immer unruhiger in den Felsen.

Schon das Aussteigen aus dem Boot ist gar nicht einfach. Das Gestein ist steil und glitschig. Ich binde das Ankerseil fest und klettere weiter über die Felsplatten hoch, um zu sehen, ob der Platz einigermaßen steinschlagsicher ist. Wieder höre ich Steine kommen, ganz in der Nähe pfeifen Splitter vorbei und klatschen dicht am Boot ins Wasser. Ein unheimliches Gefühl.

Es ist mir bald klar, daß ich hier verschwinden muß, wenn ich nicht getroffen werden will. Auch senkt sich der Meeresspiegel rapid. Das Boot ragt bereits mit dem Bug hoch aus dem Wasser. Ich habe bei den vielen Eindrücken nicht mehr daran gedacht, daß hier in Alaska der Tidenhub über sechs Meter beträgt. Gerade noch kann ich ins Boot klettern. Es bietet jetzt zweifellos den sichersten Platz. Da kommt mir die Idee, von einem der großen Eisberge aus zu filmen und dort vielleicht auch die Nacht zu verbringen. Einige Eisberge schwimmen im Fjord, und ein ganz besonders großer scheint auf

Grund gelaufen zu sein; er liegt schon eine ganze Weile an derselben Stelle. Ich rudere langsam, unentschlossen auf die Eisinsel zu, dabei fühle ich mich unheimlich verlassen und unbekannten Gefahren ausgeliefert.

Plötzlich wird die Stille wie von einer Explosion durchbrochen. Ein kirchturmgroßes Stück bricht aus der Eiswand des Gletschers ab und versinkt unter der Wasseroberfläche. Es dauert lange bis der Eisturm wieder aus der Tiefe taucht, hoch aus dem Wasser, wie ein gewaltiger Schiffsrumpf, dann bricht er in zwei Teile und kommt nur langsam zur Ruhe. Eine Flutwelle läuft mir entgegen, aber ohne Brecher. Mein Boot wird in die Höhe getragen. Die Wasseroberfläche beruhigt sich wieder. Ich rudere weiter zum Eisberg, der auf der einen Seite blendendweiß vor den grauen Wolken steht, auf der anderen Seite dunkelgrün, fast schwarz und flach wie ein Strand im Wasser liegt. Dort sehe ich eine Möglichkeit zum Anlegen. In einigem Abstand umkreise ich den Eisberg, bis ich mich dann endlich entschließe, zu landen. Vorsichtig steige ich auf das eisige Ufer, auf dem teilweise feiner Geröllsplit liegt. Auf den rauhen Teilen halten die Profilsohlen der Bergschuhe, ich umgehe die spiegelglatten Stellen, die durchsichtig sind wie Glas. So kann ich ein Stück Höhe gewinnen. Zuerst will ich mein Zelt oben aufstellen, dann fällt mir ein, ich könnte es besser auf dem Boot aufspannen. Zum Schlafen hätte ich mit angezogenen Beinen gerade noch Raum, mich auf der ausgebreiteten Schwimmweste niederzulegen.

Nun erst denke ich ans Filmen, weswegen ich ja in erster Linie hier bin. Ich hole das schwere Stativ aus dem Seesack und baue die Kamera auf. Wieder bricht ein Stück vom Gletscher ab, ich habe Glück und kann das Kalben auf dem Film festhalten. Wieder kommt eine Flutwelle, ohne Schaumkronen gespenstisch langsam auf meine Insel zu. Ich bin froh, daß ich mein Boot so weit wie möglich nach oben gezogen habe, denn die Woge kommt ziemlich weit herauf. Immer noch ist in mir die bedrückende Angst vor etwas, wogegen ich mich nicht wehren kann. Bald wird es dunkel sein, es regnet andauernd, und ich kann nirgends einen besseren Platz sehen. Dazu höre ich in mir eine warnende Stimme, die sagt, daß ich nicht bleiben darf. Ohne zu wissen, was ich eigentlich tun soll, packe ich sorgfältig die Kamera ein und verstaue auch das Stativ im Boot. Da durchfährt es meinen ganzen Körper. Ich schaue gerade auf die Eiswand des Gletschers, als der ganze mittlere Teil nach vorn und mit einem gewaltigen Donner ins Meer kippt.

Erstarrt sehe ich eine riesige Flutwelle wie eine Wand auf mich zukommen und weiß, daß mich diese Welle, wenn kein Wunder geschieht, mitsamt dem Boot über den Eisberg wegspülen wird. Blitzschnell nehme ich die einzige Chance, reiße die Ankerleine von dem Stein, der festgefroren im Eis Halt geboten hat, bringe das schwere beladene Boot über die geneigte Eisfläche ins Schlittern, springe mit einem Satz hinterher, hänge noch mit einem Bein für einen kurzen Augenblick im eiskalten Wasser. Mit aller Kraft, die nur die Verzweiflung bringt, werfe ich mich in die Ruder und komme – im Wettlauf mit dem Wellenberg – noch gerade am Eisberg vorbei ins freie Wasser. Die Welle erfaßt mich erst, als ich am Ende des Eisberges bin, hebt mich hoch empor und überflutet neben mir den größten Teil des Eisberges, an dem ich nur mit Haaresbreite vorbeigespült werde. Einige Zeit höre ich noch Eisschollen gegeneinanderschlagen. Am Steilufer des Fjords rauscht die riesige Welle entlang. Dann ist wieder Totenstille um mich.

Das Herz schlägt wie ein Hammer in der Brust. Nie zuvor habe ich eine solche Todesangst verspürt. Ich rudere weg vom Eisberg, weg vom Gletscher, ich rudere wie besessen. Mein Körper ist gespannt, ich verfüge plötzlich über ungeahnte Kräfte. Die Dämmerung läßt die Landschaft noch düsterer erscheinen. Meine Augen tasten die Felsplatten ab nach einer Möglichkeit, an Land zu gehen, aber es gibt keine Bucht oder etwas Ähnliches, was mir erlauben würde aus dem Wasser zu kommen. Ich werde rudern, wenn es sein muß, bis morgen früh, bis ich einfach nicht mehr kann.

Ein weißes Band treibender Eisschollen zieht in der Mitte des Fjords dahin. Nach ein paar Stunden sehe ich gegen den Horizont auf der anderen Seite schemenhaft eine kleine Insel sich schwarz vor dem Grau des Himmels abheben. Vielleicht kann ich dort mein Zelt aufstellen. Noch zweimal höre ich hinter mir das Donnern des kalbenden Gletschers. Jedesmal warte ich mit Angst auf die großen Wellen. Ich finde die Insel, finde auch einen Platz zum Landen, sehe aber keine Konturen im Fels.

Meine Taschenlampe funktioniert nicht mehr. Das Gestein ist von Algen überzogen und glitschig. Die Hände finden kaum Halt. Mehrmals setze ich an, bis ich endlich eine günstige Stelle finde, um auf die flache Felskuppe zu gelangen, die etwa acht Meter aus dem Wasser ragt. Die Bootsleine binde ich an einem Felsen fest. Es gelingt mir auch, meinen Seesack heraufzuziehen und das Zelt aufzustellen. Zur Verspannung nehme ich ein paar Felsbrocken und das große, schwere Stativ. Wie blind sammle ich das nasse Zeug zusammen. Jetzt ist Ebbe, und wenn die Flut kommt, darf es nicht abtreiben. Endlich kann ich ins Zelt kriechen. Als Unterlage dient die eine Schwimmweste, die andere behalte ich vorsichtshalber auch im Schlafsack an.

Eine Flutwelle könnte mich wegspülen, dehalb hole ich mir die Bootsleine heran und behalte sie die ganze Nacht über ums Handgelenk gewickelt. Alles ist feucht, wo ich auch hingreife. Aber ich bin so müde, daß mir langsam alles gleichtgültig wird. So dämmere ich vor mich hin, nur alle Stunde ziehe ich mit dem Steigen der Flut das Boot ein Stück näher zu mir heran. Zum Schluß ist es ganz dicht bei mir. Der Wasserspiegel liegt kaum zwei Meter unter dem Zeltplatz, die Insel ist ganz klein geworden, aber seit kurzem hat die Ebbe wieder eingesetzt. Nur ein leises Plätschern ist noch zu hören. Ich werde zu schlafen versuchen.

Am Morgen war das Meer wieder tief abgesunken, und das Boot hing vor mir auf dem Granitfelsen. Der Nebel war so dicht, daß ich keine 50 Meter sehen konnte. Nieselregen wie am Tag zuvor. Ich blieb im Schlafsack liegen und trug mein Tagebuch nach. Plötzlich meinte ich, Motorengeräusch zu hören, aber nicht das dumpfe, langsame Stampfen eines großen Schiffes. Wer konnte das sein? Ich schaute gebannt in die Nebel. Da schob sich der weiße Rumpf eines Motorbootes aus dem grauen Schleier langsam am Ufer entlang, auf dem Dach drehte sich eine Radarantenne.

Ich rief. Das Boot wendete zu mir. Man hatte mich gefunden. In dem »How are you?« war kein Unterton von Vorwurf zu hören.«

Obwohl die Kamera selbst innen ziemlich naß war, als ich den Film wechselte, wurden die Aufnahmen nicht beschädigt.

Dreharbeiten für historische Dokumentationen an den Originalschauplätzen verursachen häufig Probleme, vor allem, wenn sie in Gebieten liegen, in denen wir auch heute noch mit Naturgewalten konfrontiert werden. In Kodiak mußten wir fast eine Woche warten, bis sich die See so weit beruhigt hatte, daß wir es mit unserem kleinen Schiff wagen konnten, ein Stück an der Küste entlangzufahren, um in einigen Fjorden Aufnahmen zu machen.

Kodiak ist sowohl der Name einer großen Insel im Golf von Alaska, als auch der einzigen Stadt, die es dort gibt. Eine Kirche mit blauem Zwiebelturm wie auch die Namen auf vielen Grabsteinen erinnern an die Zeit, da Alaska noch zu Rußland gehörte. Auf dieser Insel leben die größten Braunbären der Welt, die Gewässer sind voller Lachse und im Meer gibt es die sogenannten King Crabs – Riesenkrabben mit einer Spannweite von einem Meter.

Neben dem Kapitän waren wir zu dritt als Kamerateam; ein Jagdführer und zwei amerikanische Jäger. Schon bald nachdem wir den Hafen verlassen hatten und das Schiff mühsam begann, gegen die Wellen anzustampfen, wurde einer der amerikanischen Jäger, der kurz zuvor noch mit Begeisterung Geschichten erzählt hatte, zusehends einsilbiger. Eine Stunde später saß er stumm zwischen zwei festgezurrten, mit Zeltplanen überspannten Kisten vor der Kabine im Windschatten an der frischen Luft. Nachdem sich das Schiff Stunde um Stunde mal weniger, mal mehr auf- und niedergebäumt hatte und wir anderen, die nicht seekrank geworden waren, in der gemütlichen Kabine dem lieben Gott für diese Gnade dankten, wurde der arme Mensch, der nichts mehr von uns und der Welt wissen wollte, draußen im

Wind, in sich zusammengekauert, immer weniger – eine fast hilflose Kreatur.

Dabei war das Wetter eigentlich gar nicht schlecht. Es hatte überhaupt nichts mit den schweren Stürmen zu tun, die hier oft über lange Zeit den Ozean zu Riesenwellen peitschen, wo Schiffe, steuerlos den Gewalten ausgeliefert, jeden Moment zertrümmert werden können. Ich mußte an die ersten Segelboote denken, an ihre Kapitäne und Besatzungen, wie sie die Herausforderung dieses kalten Meeres annahmen, obwohl sie wußten, daß sie mit großer Wahrscheinlichkeit nicht zurückkehren würden.

Bevor die Dämmerung anbrach, fuhren wir in einen Fjord zwischen hohen, baumlosen Bergen. Die ersten Frostnächte des Herbstes hatten alle Vegetation in braune Farbe verwandelt. Einige Hänge wurden von der tiefstehenden Sonne angestrahlt und leuchteten golden gegen düstere Wolken auf. Im Hintergrund blaue Berge, vom Neuschnee in Silber getaucht. Wir filmten und fotografierten die Abendstimmung, und wie schon so oft empfand ich zu diesem einsamen Land eine unerklärliche starke Zuneigung. Ich kann verstehen, wie die wenigen hier geborenen Menschen das Land als ihre Heimat lieben, verstehe, daß die Natur, so unerbitterlich sie auch verfährt, ihnen ein Gefühl besonderer Freiheit gewährt. So eingeschränkt diese Freiheit von außen auch erscheinen mag – sie muß einen ganz besonderen Reiz auf eine bestimmte Art von Menschen ausüben, es muß von ihr eine ganz besondere Faszination ausgehen, ähnlich der Freiheit, die in den Seemannsliedern verherrlicht wird.

Wir ankern in einer Bucht. Am Strand liegt an einer windgeschützten Stelle die alte Blockhütte eines Fallenstellers. In der Nähe schlagen wir unser Zelt auf. Ein Pfad führt vorbei mit tief ausgetretenen Spuren großer Bären. Wir haben noch immer keine Seeottern gesehen, aber Jim, der Jagdführer, hat mir fest versprochen, daß wir morgen diese Tiere sogar beim Spiel beobachten können. Die Seeottern haben eine ganze Zeitspanne der Geschichte Alaskas geprägt und sind schließlich dem Land zum Schicksal geworden. Ihre Pelze wurden mit Gold aufgewogen. Sie schmückten die Prunkkleider der Kaiser und Könige und galten als Zeichen von Reichtum. Der Verkauf Alaskas an Amerika hing direkt mit der Ausrottung der Seeottern zusammen. In jener Zeit war die Pelzausbeute so gering geworden, daß der Zar das Interesse an dem fernen Land verlor. Die 7,5 Millionen, für die Alaska zu haben war, bedeutete, wenn man den Goldwert ansetzt, eine verlockende Summe für den im Kriegszustand befindlichen Zarenstaat und doch gleichzeitig so gut wie nichts im Vergleich zu den Werten, die im Boden Alaskas und seinen Gewässern lagen und noch immer liegen.

Der Tag, da der Zarenadler dem Sternenbanner wich – es war am 1. Oktober 1867 –, wird noch heute von fast allen Einwohnern gefeiert. Sittka, die einstige Hauptstadt Alaskas, wo eine Festung als Bollwerk gegen feindliche Indianer stand, ist der Ort, an dem die Übergabe vor mehr als hundert Jahren stattfand. Für alle Betroffenen war es ein gravierendes Ereignis. Die russischen Bewohner fühlten sich damals von ihrem Kaiser im fernen Petersburg im wahrsten Sinne des Wortes verkauft. Wie schlecht das Geschäft für sie gewesen war, konnten die Russen seinerzeit nicht absehen. Die russischen Siedler, später Bürger der Vereinigten Staaten von Amerika, blieben zum großen Teil weiter unter der Obhut ihrer russisch-orthodoxen Kirche. Im Inneren der Sankt-Michaels-Kathedrale und einigen anderen Kirchen in Alaska können wir noch erlesene Kunstschätze sehen, hauptsächlich in goldgefaßte Ikonen von hohem Wert. Seit seiner Gründung, Anfang des 19. Jahrhunderts war Sittka Bischofssitz. Auch heute noch, da die Stadt erheblich an Bedeutung verloren hat, ist der Bischof gleichzeitig Oberhaupt der gesamten russisch-orthodoxen Kirche Nordamerikas. Es ist eine hier durchaus noch lebendige Kirche.

Einst wurde Sittka, als es noch Hauptstadt und Zentrum eines blühenden Pelzhandels war, das Paris des Pazifischen Ozeans genannt. Die Stadt war berühmt für ihre rauschenden Feste im Rhythmus russischer Musik. Nicht nur in Sittka werden wir an die einstigen Herren Alaskas erinnert; an vielen Orten, hauptsächlich an der Küste und noch viel stärker auf den Inseln der Alëuten-Kette, finden wir Zeichen russischer Vergangenheit. Weit ins Innere waren die Russen während ihrer Kolonialzeit nicht gekommen. Erst vor rund 250 Jahren, als schon große Segelschiffe über alle Weltmeere fuhren, tasteten sich von Sibirien aus russische Schiffe nach Osten vor, um die amerikanische Küsten zu erkunden. Sie waren vom Zaren Peter dem Großen ausgesandt, der anderen Nationen in diesem entlegenen Teil der Erde zuvorkommen wollte.

Der Russe Ivan Dezhnew hatte bereits 1648 das heute nach ihm benannte Nordostkap Asiens entdeckt – eine Tatsache, die der erste Historiker Sibiriens, der Deutsche Gerhard Müller, während der Großen Nordischen Expedition Berings erstmals dokumentierte. Noch war nicht endgültig bewiesen, daß keine Landverbindung zwischen Asien und Amerika besteht. Diese und andere geographische Fragen sollten indes bald abschließend geklärt werden. Peter der Große hatte seinen Regierungssitz systematisch zu einem Zentrum der Wissenschaften, speziell der Geographie gemacht. Nach dem Aufbau einer starken Flotte war ihm daran gelegen, von den Weltmeeren seines Machtbereiches brauchbares Kartenmaterial zur Verfügung zu haben. Der Zar war in seinen jungen Jahren selbst ein leidenschaftlicher Schiffsbauer gewesen, der sich in den besten Werften Englands und Hollands hatte ausbilden lassen.

Vitus Bering 1680-1741

Er war fest entschlossen, die Macht und Besitzansprüche Rußlands weiter auszudehnen, auch als erste Nation in Richtung Amerika.

Die Geschichte Alaskas wird immer mit einem Namen verbunden sein: Vitus Bering, dem dänischen Kapitän, der im Dienste Peter des Großen stand. Dieser sandte ihn 1723 aus, um konkrete Angaben über die Küstenregionen im Osten zu erarbeiten. Sein offizieller Auftrag bestand darin, festzustellen, ob es eine Landbrücke nach Amerika gibt oder ob die beiden Kontinente durch ein Meer voneinander getrennt sind.

Allein um an die Ostküste Ostsibiriens zu gelangen, mußte Bering eine Strecke von ca. 8000 Kilometern in Expeditionsstil zurücklegen, wozu er nahezu eineinhalb Jahre brauchte. Nur mit knapper Not entging er dem Hungertod, von anderen Gefahren, speziell der eisigen Kälte des Winters, der noch früher eingebrochen war als gewöhnlich, abgesehen. Nach vielen Abenteuern erreichten sie die karge Küste von Ochotsk. Hier wurden in zwei harten Arbeitsjahren die Erkundungsschiffe »Fortuna« und »St. Gabriel« gebaut. Mit diesen nicht besonders seetüchtigen Segelschiffen gelang es den beiden Kapitänen Bering und Chirikov, 1728 weit nach Norden bis ins Tschuktschen Meer vorzustoßen und damit der endgültige Beweis, daß es keine Landverbindung zwischen Asien und Amerika gibt. Weiter nach Osten zu segeln war wegen der schlechten Wetterbedingungen nicht möglich, und im Norden versperrten Eisfelder ein weiteres Vordringen. Nachdem Bering den Winter in Kamchatka verbracht hatte, versuchte er im folgenden Jahr, nach Amerika zu kommen, aber das sehr schlechte Wetter hinderte ihn daran. Vor ihm lag wieder die Reise von 8000 Kilometern von Sibirien nach Europa. Erst nach über einem Jahr erreichte er Petersburg, das er fünf Jahre zuvor verlassen hatte. Vieles war in der Zwischenzeit geschehen. Peter der Große war gestorben und auch seine Frau, die nach ihm regierende Zarin Katharina I.. Die Expeditionsergebnisse, die im Grunde die ihm gestellten Aufgaben voll erfüllten, erschienen der jetzt herrschenden Zarin Anna so dürftig, daß sie nur widerwillig seinen ausstehenden Sold bezahlte und Bering nicht einmal beförderte.

In wissenschaftlichen Kreisen hielt man ihn trotzdem für den fähigsten Mann für die Leitung einer weiteren Expedition im Nordpazifik. Daß Bering noch einmal einen solchen Auftrag übernommen hat, zeigt, daß er zu jenen besessenen Entdeckern gehörte, die berufen waren, Geschichte zu machen. Er unterschrieb seinen Expeditionsvertrag nur, damit das Unternehmen überhaupt in Gang kam und nicht schon von Anbeginn am Zarenhof in Ungnade fiel, denn die Aufgaben, die ihm diesmal auferlegt wurden, waren im höchsten Maße unrealistisch. Sibirien sollte studiert und kartographiert werden, ebenso Japan. Das Hauptziel der Expedition aber war, die ganze Küste Nordamerikas zu vermessen, zu kartographieren und Besitzansprüche geltend zu machen. Auch sollten an möglichst vielen Orten Schulen und Kirchen errichtet werden. Daß Bering unter dieser Aufgabenstellung litt, ist leicht nachzuvollziehen. Er benötigte allein ein Heer von tausend Mann, um das Material für die Expedition und den Bau der Schiffe »St. Peter« und »St. Paul« durch Asien zu transportieren. Die Vorbereitung der Reise selbst und der Bau der beiden Schiffe dauerte über sieben Jahre. Endlich, am 4. Juni 1741, wurden auf den gutausgerüsteten Schiffen die Segel gesetzt. Jedes war über 20 Meter lang und etwa sechs Meter breit. Wie auf jedem dieser Schiffe nahezu 80 Mann Besatzung Platz fanden, ist fast unvorstellbar. Offenbar rechnete man damit, daß der Tod bald Raum schaffen würde.

So drangen nun die beiden Schiffe in die Weite eines Weltmeeres vor, vor dem sich heute Kapitäne und Matrosen fürchten. Die »St. Peter« stand unter dem Kommando von Vitus Bering. Auf seinem Schiff befand sich auch der deutsche Naturforscher Georg Wilhelm Steller, dem wir, neben den Aufzeichnungen des Kapitäns, außerordentlich interessante, sorgfältig notierte Beobachtungen verdanken. Steller, der zunächst Theologie studiert hatte, wandte sich bald verschiedenen Naturwissenschaften zu, hauptsächlich der Anatomie und Botanik, wurde aber auch als Arzt ausgebildet und anerkannt. Als er von den damals großzügig unterstützten russischen Forschungsunternehmen in Sibiren und an der Ostküste Asiens hörte, machte er sich ganz aus eigener Initiative auf den Weg nach Petersburg. Einziger Beweggrund war, sich, wenn irgend möglich, einer der Expeditionen anzuschließen. Für die damals entstehende Akademie der Wissenschaften arbeiteten mehrere bedeutende Wissenschaftler. Es gelang Steller nach großen Anstrengungen, Mitglied der »Großen nordischen Expedition« zu werden.

Die »St. Peter«, das zweite Schiff, war dem bewährten Kapitän Chirikov, der sich bei der ersten Expedition glänzend bewährt hatte, anvertraut. Zunächste wollten die beiden Kapitäne mit ihren Schiffen zusammenbleiben, denn jeden Moment konnte man im Nebel oder Sturm auf ein Riff laufen oder gegen die Küste geschmettert werden, ohne daß dann das zweite Schiff Hilfe hätte bringen können. Doch bereits nach zwei Wochen, am 20. Juni, verlor man sich aus den Augen, und trotz verzweifelten Suchens fanden die Schiffe nicht mehr zusammen. So begann für jedes eine eigene dramatische Odyssee. Jeder der Kapitäne war nun auf sich selbst angewiesen, und jeder versuchte die nordamerikanische Küste, das Hauptexpeditonsziel, zu erreichen. Viele Wochen kreuzten die Schiffe ohne genaue Orientierung im Nordpazifik. Es war äußerst schwierig, den jeweiligen Standort zu errechnen, denn nur wenn die Wolken in der Nacht die Sterne freigaben, war mit den damaligen Instrumenten eine Bestimmung durchzuführen. Sechs Wochen segelte Chirikov mit Hauptkurs Ost-Nordost ins Ungewisse, bis endlich große Inseln und das Festland von Nordamerika auftauchten. Dies war in der Gegend des Alexander Archipels im südlichen Teil des heutigen Alaskas – eine wildzerrissene Küste mit einer Unzahl von Inseln und Kanälen und dunklen, regenverhangenen Wäldern, aus denen da und dort die Rauchsäulen von Feuern der Eingeborenen zu sehen waren.

Als sie in großer Entfernung einige Eingeborenenboote sehen, die nicht näher kommen, sendet Chirikov 15 gutbewaffnete Männer in einem seiner Beiboote ans Ufer. Sie sollen Näheres über die Verhältnisse an Land in Erfahrung bringen und frisches Wasser besorgen. Der düstere Wald schließt sich hinter der Gruppe. Schweigend liegt die Küste vor den Augen der Mannschaft, die immer unruhiger wird; nichts rührte sich, nicht am Abend und nicht am nächsten Tag. Von Stunde zu Stunde wächst die Spannung und Sorge. Man erwartet einen Angriff der Eingeborenen, aber es geschieht nichts, keine Menschenseele ist mehr zu sehen.

Eine ganze Woche wartet Chirikov, dann stellt er eine Suchexpedition mit nur vier Mann zusammen. Es sind die einzigen, die er noch entbehren kann. Mit dem letzten noch zur Verfügung stehenden Boot rudern sie, versehen mit den besten Waffen, an Land. Und auch hinter ihnen schließt sich der Wald, und auch sie verschwinden in dem nebligen düsteren Gebiet. Bevor es zu einer Panik kommt, befiehlt der sonst so nervenstarke und furchtlose Kapitän, die Rückfahrt ohne neues Trinkwasser anzutreten. Regenwasser mußte genügen. In furchtbaren Stürmen und Nebel kämpft sich, einem Totenschiff gleich, die schwerangeschlagene »St. Paul« unter dem Befehl des selbst ums Leben ringendem Kapitäns Chirikov mit zerfetzten Segeln durch die kalte Hölle des Nordpazifik. 21 Matrosen sterben. Die Überlebenden betreten am 10. Oktober wie Gespenster wieder das asiatische Festland. Die Besatzung hatte über vier Monate lang das Schiff nicht verlassen können.

Die »St. Peter«, von Kapitän Bering befehligt, irrt derweil unter eher noch

Filmaufnahmen im Sturm

schlimmeren Bedingungen, weit nach Norden abgetrieben, zwischen menschenleeren Inseln umher. Die Besatzung, dezimiert und krank, kaum noch in der Lage, das Schiff zu steuern, die Segel zu richten, treibt auf dem Meer umher, das später den Namen Bering-See tragen wird. Sie hatten zuvor in sechs Wochen den amerikanischen Kontinent erreicht und dort über der Küste himmelhoch aufragende, von Eis bedeckte Riesenberge gesehen, die Gebirgsgruppe des Mount St. Elias, heute auf den Karten mit nahezu 6000 Meter Höhe vermerkt. Nirgends auf der Welt ragen vergletscherte Berge so unmittelbar mit einem solch gewaltigem Höhenunterschied aus dem Meer. Eisberge schwimmen zwischen dunklen Inseln.

Schon zu dieser Zeit ist Bering krank. Angstvoll, was die Rückfahrt bringen wird, gibt er den Befehl, an der vorgelagerten Insel nur einen Tag zu ankern, um die Wasservorräte zu ergänzen. Steller notierte in seinem Tagebuch die Befürchtungen des Kapitäns:[17]

»Wir meinen nun, wir haben alles gefunden, aber man bedenkt nicht, wo wir das Land angelaufen, wie weit wir nach Hause haben und was sich noch zutragen kann.

Wer weiß, ob nicht Passatwinde einfallen, die uns nicht zurücklassen. Das Land kennen wir nicht, mit Proviant zum Überwintern sind wir auch nicht versehen.«

Bering sah das Kommende voraus. Für den Naturforscher Georg Steller jedoch gab sich hier die einzige Gelegenheit, Studien über das neue Land durchzuführen. Um arbeiten zu können, hatte er alle Mühsale der letzten Monate und Jahre auf sich genommen.

»Als ich nun begehrte, daß man mich mit Meister Chytrew zugleich an Land gehen lassen sollte, weil dieser noch nicht alles allein wußte, auch selbst darum bat, so wurde solches abgeschlagen. Man versuchte mir erst durch Erzählungen grausamer Mordgeschichten Angst zu machen, und weil ich erwiderte, daß ich niemals so weibisch gewesen, mich vor Gefahren zu fürchten, auch gar nicht verstehen könne, warum man mich nicht nach dem Lande lassen wollte, da doch dieses mein Hauptwerk, Beruf und Schuldigkeit, auch mein fester Wille sei, der Krone wie bisher, auch ferner nach Vermögen zu dienen, ja daß ich, wo man mich aus nachteiligen Absichten nicht gehen lassen wollte, dieses Verfahren unter dem verdienten Titel angeben würde, so nannte man mich einen wilden Menschen, der sich auch nicht durch Bewirtung mit Schokolade, die eben damals in der Arbeit war, von Verrichtungen wollte abhalten lassen. Weil ich nun sah, daß man mich mit Gewalt und wider meinen Willen zu unverantwortlicher Verabsäumung meiner Dienste zwingen wollte, setzte ich endlich alle Achtung aus dem Auge und betete ein besonderes Gebet, wodurch sich der Herr Kommandeur sogleich erweichen ließ, mich mit den Wasserträgern, ohne die geringste Hilfe und ohne einen Menschen als den Kosaken Thoams Lepechin, den ich selbst mitgenommen hatte, nach dem Lande fahren zu lassen.«

Wahrscheinlich hat Bering befürchtet, daß Steller sich so in seine Arbeit vertiefen würde, daß dadurch Verzögerungen zur Weiterfahrt entstanden wären.

Steller arbeitet wie ein Besessener. Er nutzt jede Sekunde aus, um seiner Reise einen Sinn zu geben:

»Zehn Jahre währte die Vorbereitung zu diesem großen Endzweck, zehn Stunden wurde der Sache selbst gewidmet.«

Wie es Steller gelungen ist, in diesen zehn Stunden doch viele wissenschaftlich interessante Informationen zu sammeln, angefangen mit Werkzeugen der Urbewohner, die er an verlassenen Feuerplätzen fand, über Pflanzen und Tiere bis zu Erd- und Gesteinsproben, erscheint wie ein Wunder. Hier

Im Insellabyrinth der Nordwestküste Amerikas

begegnet Steller auch erstmals den Seeottern, die später in der Geschichte Alaskas eine so große Rolle spielen werden. Steller versucht, sich ein Allgemeinbild zu verschaffen.:

»Ich richtete sogleich meinen Weg gegen das feste Land zu, um Menschen und Wohnungen zu entdecken. Kaum war ich eine Werst längs dem Ufer hingegangen, als ich auf einer Stelle Kennzeichen von Einwohnern und ihrer Beschaffenheit antraf. Ich fand unter einem Baum einen alten abgehauenen Stamm, wie ein Trog ausgehöhlt, darinnen die Wilden vor ein paar Stunden in Ermangelung an Kesseln und Geschirr nach vormaliger Kamtschadalischer Art Fleisch mit glühenden Steinen gekocht hatten, und lagen die Knochen, deren einige den Merkmalen nach, nach dem darin befindlich gewesenen Fleisch, am Feuer waren gebraten worden, so wie sie gegessen hatten, herum. Ich sah an den Knochen deutlich, daß sie von keinen See-, sondern einem Landtier gewesen, und dünkte mich ihrer Gestalt und Größe nach, sie von Rentierknochen erklären zu können, un-

geachtet dergleichen Tier auf der Insel nicht zu sehen, und vermutlich vom festen Land hierher gebracht worden war. Außerdem lagen Überbleibsel von Jukola oder getrockneten Fischbrocken umher, dergleichen auf Kamtschka bei allen Mahlzeiten statt des Brotes dienen müssen, auch sah man eine große Menge Schalen von sehr großen Jakobmuscheln, über acht Zoll breit, wie auch blaue Muscheln, denen auf Kamtschatka befindlichen ähnlich, so ohne Zweifel nach hiesiger Art roh mochten verzehrt worden sein. In verschiedenen Schalen fand ich völlig nach Kamtschatkischer Art zubereitetes süßes Kraut. Noch entdeckte ich neben dem Baum, worauf noch die frischen Kohlen befindlich waren, auch ein hölzernes Feuerzeug, von eben der Beschaffenheit, wie die auf Kamtschatka gebräuchlichen zu sein pflegen.

Der Zunder aber, den die Kamtschadalen von einer Grasart machen, war hier verschieden und eine Art Quellenmoos (alga fontinalis), welches von der Sonne weiß gebleicht war und wovon ich eine Probe zum Verschicken beibehalten habe. Aus diesem allen glaube ich schließen zu können, daß die Bewohner dieser amerikanischen Küste mit dem Kamtschadalen einer Herkunft sind.«

Steller schließt ganz folgerichtig, daß Amerika an einer Selle Asien viel näher sein müsse, denn er hielt es für ausgeschlossen, daß die Eingeborenen die Strecke, die sie mit ihrem Schiff zurückgelegt hatten, mit ihren einfachen Kanus bewältigen konnten. Diese Annahme basierte auf der ähnlichen Lebensweise der im Norden Sibiriens lebenden Tungusen und Koräken. Man muß immer bedenken, daß in jener Zeit das gesamte Alaska noch völlig unbekannt und keine Küste auf einer Karte eingezeichnet war. Auf vielen, vielen Seiten beschreibt Steller das Gesehene; auch nahm er Geräte der Eingeborenen mit, aber nicht, ohne dafür einen Gegenwert am Fundort zu hinterlassen.

»Indessen beschrieb ich am Ufer ganz abgemattet die raresten Pflanzen ... Hier erteilte man mir nochmals den strengen Befehl, wo ich nicht dieses Mal nach dem Fahrzeug kommen würde, man weiter nicht auf mich achten könne. Demnach verfügte ich mich endlich mit dem, was ich eingesammelt hatte, nach dem Fahrzeug, und wurde jedoch, zu meiner größten Verwunderung mit Schokolade bewirtet.«

Steller versucht, Bering mit allen möglichen Argumenten dazu zu bewegen, noch hier zu bleiben. Doch dieser fühlt seine schwindende Kraft, und vor allem hat er Angst, in die Herbststürme zu geraten. So gibt er den endgültigen Befehl zur Umkehr. Obwohl sie immer wieder Land sichten, ankern sie nur noch einmal für wenige Tage zwischen den Shumagin-Inseln, um Wasser zu holen und mit Eingeborenen, die in kleinen Kajaks zum Schiff kommen, Handel zu treiben. Gegen billige Tauschartikel können sie feinste Pelze von Seeottern erhandeln. Der Rest dieser Fahrt ist ein einziges Drama. Für eine Strecke, die auf der Anreise vier Tage gefordert hatte, brauchen sie volle vier Wochen.

Steller hat Tag um Tag Aufzeichnungen gemacht. Auszüge davon geben uns ein Bild dieser Reise wieder:

»Den 25. September trieb man bis Mittag bei vergrößertem und anhaltendem Sturm mit den Untersegeln, Bisant und Fok, um vom Lande abzukommen nach Südosten, in beständiger Gefahr, wegen des allzu gewaltigen Windes die Stänge und Masten zu verlieren.

Den 30. bekamen wir in der Morgenstunde um fünf Uhr einen so gewaltigen und verdoppelten Sturm aus Südwesten, als wir weder vorher oder noch nach diesem gehabt, uns auch unmöglich vorstellen konnten, daß er größer sein oder wir denselben auszustehen imstände wären. Wir warteten alle Augenblicke auf die Zerscheiterung unseres Fahrzeuges, und es konnte niemand weder sitzen, liegen noch stehen. Keiner vermochte mehr auf seinem Posten zu bleiben, sondern wir trieben unter Gottesgewalt, wohin der erzürnte Himmel mit uns wollte. Die Hälfte

Die Expeditionsrouten der Beringfahrten

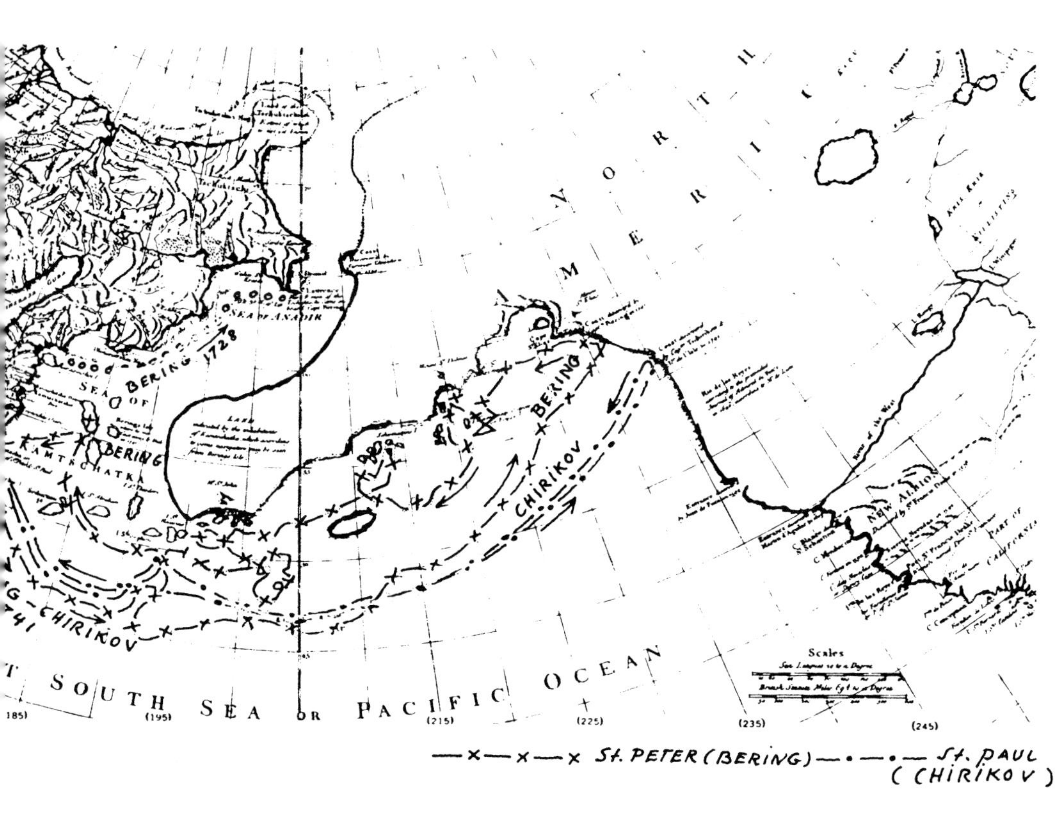

von unseren Leuten lag krank und schwach, die andere Hälfte war aus Not gesund, aber von der entsetzlichen Bewegung der See und des Fahrzeuges ganz verrückt und sinnlos.

Es wurde zwar viel gebetet, allein die binnen zehn Jahre in Sibirien angesammelten Flüche wollten keine Erhörung gewähren.

Über das Fahrzeug hinaus konnte man nicht einen Faden in die See sehen, weil man beständig zwischen den grausamen Wellen begraben lag.

Zudem kam noch, daß man weder kochen, noch etwas Kaltes zu genießen hatte außerhalb verbrannten Zwieback, der doch auch schon auf die Neige ging. Weder Mut noch Rat war mehr zu finden.

Man fing an, allzuspät zu bereuen, daß man die Sache nicht recht angegriffen und dieses und jenes versehen.

Niemand bilde sich ein, daß diese unsere Umstände hier zu gefährlich vorgestellt sind, sondern glaube vielmehr, daß auch die beredetste Feder unser Elend zu beschreiben sich zu schwach würde gefunden haben. Den ersten Oktober hielt dieser entsetzliche Sturm mit gleicher Heftigkeit an ... Den dritten Oktober trieben wir wegen allzu heftigem Sturm unter dem Bisantsegel, haben zwar zum erstenmal die Luft sehr klar und außerordentlich kalt ... Den 8. Oktober war am Tage Wind und Wetter wie am gestrigen, gegen Abend um drei Uhr setzte der unglückliche Südostwind mit größter Macht auf einmal an. Zwei Stunden darauf bekamen wir mit Westen Wind abermals einen sehr harten Sturm mit untermengtem Regen und Hagel. Es schien, als wollte man sich endlich nach Amerika zu gehen resolvieren, weil man auch unterm Sturm mit Untersegeln Nordosten antrieb.

Den 9. Oktober wurde der Sturm noch heftiger, daher trieb man den ganzen Tag nach Nordosten, doch hatten wir heute Sonnenschein und eine sehr helle Nacht. Den 10. dauerte der Sturm mit gleicher Heftigkeit fort. Der Leutnant Waxel ließ sich eifrig angelegen sein, den Herrn Kapitän, der wieder wegen allzuviel genossener Ruhe sehr hart am Skorbut darniederlag, zu bereden, daß er doch mit einstimmen sollte, daß man sich dem Lande Amerika nähern möchte, um daselbst zu überwintern, weil man doch die Unmöglichkeit vor Augen sähe, auch binnen einiger Tage nicht mehr imstande sein würde, Segel und Fahrzeug, wegen der vielen Kranken, zu regieren, da wir dann ohne Rettung verloren sein würden. Allein der Herr Kommandeur, welcher nun so oft hintergangen wurde, traute nun mehr einem so wenig als dem anderen und schloß seine ganze Meinung in dem Befehl ein, man möchte ein Gelübde tun und Gelder einsammeln, die Russen vor die Expeditionskirche in Awatscha, die Lutheraner aber vor die Kirche in Wyburg legen sollen ...

Den 31. Oktober, ingleichen den 1. 2. und dritten November fiel nichts Merkwürdiges vor, außer daß unsere Kranken sehr eilig und viele auf einmal dahin-

starben und man kaum mehr das Fahrzeug regieren oder an den Segeln was ändern konnte. Wir gingen auf Gottes Gnade unter zwei Anführern verraten und verkauft nach Norden auf den 51. 52. 53. 54. 55 und bis zum 56. Grad. Den vierten November mitten in der Nacht fing man an, mit dienlichen Winden nach Westen gen Süden zu gehen.

Den 5. morgens befahl man, die Segel zu mindern, um nicht auf das Land zu laufen. Jeder Mann stand auf dem Deck und sah sich nach Land um, weil die Sache nach allzu mathematischer Gewißheit angegeben wurde. Zu unser aller Erstaunen fügte es sich, daß man gegen neun Uhr Land sah. Wie groß und ausnehmend die Freude über diesen Anblick gewesen, ist nicht zu beschreiben. Die Halbtoten krochen herfür, um solches zu sehen, und jedermann dankte Gott herzlich für diese große Gnade. Der sehr kranke Kapitän richtete sich nicht wenig auf, und ein jeglicher sprach davon, auf welche Art man seine Gesundheit nach solch schrecklichem gestandenem Ungemach pflegen und ausruhen wollte.«

Bering, der glaubt an der Küste Asiens gelandet zu sein, will noch versuchen, einen Hafen zu finden, den er ganz in der Nähe vermutet. Doch er wird so heftig von seinen Offizieren attackiert, daß ihm keine andere Wahl bleibt, als in der vorgefundenen Bucht an Land zu gehen.

»Diesen Tag brachte man viele Kranke vom Fahrzeug, worunter einige, sobald sie an die Luft gekommen, andere im Boot bei der Überfahrt, andere gleich am Ufer wegstarben. Man sah am Lande allerorts nichts als betrübte und schreckliche Anblicke. Die Toten wurden, ehe man sie noch begraben konnte, von den Füchsen verstümmelt, welche sich sogar über die lebendigen und hilflosen Kranken, die ohne Bedeckung am Strande herumlagen, herzumachen nicht scheuten, und sie nach Hundeart berochen. Von diesen schrie der eine über Frost, der andere vor Hunger und Durst, weil viele vom Skorbut so erbärmlich im Munde zugerichtet waren, daß sie wegen großer Schmerzen nichts mehr genießen konnten, da

das Zahnfleisch wie ein Schwamm aufgeschwollen, braunschwarz über die Zähne emporgewachsen war und selbige bedeckte.«

Die wenigen, die sich noch auf den Beinen halten können, bringen vom Schiff soviel Habseligkeiten wie möglich ans Ufer, gerade noch bevor der Sturm ihr Schiff auf ein Riff wirft. Man schreibt den 28. November des Jahres 1741. Zehn Tage später stirbt Vitus Bering unter schwersten Schmerzen an Skorbut.

»So jammervoll sein Tod seinen Freunden sein mußte, so bewunderungswürdig war seine Gelassenheit und ernstliche Zubereitung zum Scheiden, welches bei völliger Vernunft und Sprache erfolgte.«

Ohne daß Steller offiziell den Befehl zur Leitung des weiteren Unternehmens erhalten hätte, übernimmt er dennoch die Führung. Es bleibt unbestritten, daß er über das größte Wissen verfügt, um die Voraussetzungen für das Überwintern zu schaffen. Sehr bald stellte sich jedoch heraus, daß sie sich noch nicht auf dem Festland, sondern vielmehr auf einer Insel befinden.

»Den 26. Dezember kamen unsere zum zweitenmal ausgeschickten Kundschafter mit der Nachricht zurück, daß wir uns auf einer Insel befänden, welche sie nach Osten umgangen hätten, doch hatten sie so viele Wahrzeichen als Ruder, Boden von Fischfässern und dergleichen am Strande gefunden, daß man nicht anders vermuten konnte, als daß Kamtschatka in einer geringen Entfernung von hier sein müsse.«

Aus angetriebenem Holz werden Erdhütten gebaut, und es gelingt Georg Steller, durch natürliche und vor allem vielseitige Nahrung sowie vorbildliche Anordnungen den Skorbut zu bekämpfen.

»Was uns den größten Nutzen aus dem Gewächsreiche darbot, sind außer den roten Heidelbeeren und schwarzen Moosbeeren oder Shikska, so in größter Menge hier angetroffen werden, die herrlichen antiskorbutischen Kräuter.«

Schon vor der Schiffsreise hat sich Steller über die Ursachen des Skorbut Gedanken gemacht und in Kamtschatka wissenschaftlich darüber gearbeitet. Es ist ihm aufgefallen, daß die dortigen Eingeborenen – im Gegensatz zu den dort arbeitenden Russen aus Europa – nicht an Skorbut erkranken, was er darauf zurückführt, daß die Eingeborenen ihren Nahrungsmitteln die Zwiebeln einer bestimmten Lilienart zusetzen. Diese werden im Frühjahr

Zeichnungen verschiedener Meerestiere aus dem Reisewerk von Georg Steller.

ausgegraben, zerkleinert und in Fässern eingesalzen das ganze Jahr über aufbewahrt.

Leider gelangte er erst kurz vor der Expedition zu dieser Erkenntnis, so daß es ihm nicht mehr möglich war, daraus die Konsequenzen für diese Reise zu ziehen.

Steller vergißt während der ganzen Zeit trotz der schlimmen Umstände nie seine wissenschaftlichen Aufgaben. Er nutzt jede Gelegenheit, die Insel zu erforschen, die augenscheinlich nie zuvor ein Mensch betreten hat, denn die Tiere begegnen ihnen völlig arglos und ohne Fluchtbereitschaft. Steller beschreibt und zeichnet unter anderem auch eine zehn Meter große Seekuh, die sich jagen läßt und besonders gute Nahrung abgibt. Das ist wohl auch der Grund, weswegen dieses große Meerestier schon wenige Jahrzehnte nach seiner Entdeckung ausgerottet worden ist. Nur noch der Name »Stellersche Seekuh« und seine Skizzen erinnern an dieses urzeitliche Säugetier.

Das Überwintern verlangt von den schon so schwer geprüften Männern die größte Disziplin und einen unbeugsamen Lebenswillen. Zwei Tagebuchauszüge mögen dies veranschaulichen:

»Zum Glück für sie alle, hörte der Schneefall mit Tagesanbruch auf, und kaum hatten wir den Eingang unserer Hütte durch den Schnee ausgearbeitet, als drei von unseren Leuten, welche beisammen geblieben waren, ohne Verstand und Sprache und so steif wie Maschinen, der Unterchirurgus aber gänzlich blind, bei uns ankamen. Wir entkleideten sie sogleich, bedeckten sie mit Betten und brachten sie mit Tee wieder zu sich. Nach einer Stunde war endlich auch der Gardemarin, in noch weit elenderem Zustand am Ufer herumschweifend, von drei Leuten gefunden und zu uns gebracht. Er war die Nacht in einen Bach gefallen und hatte alle Kleider am Leibe, ja auch die Glieder beinahe hart gefroren, so daß wir glaubten, er würde Hände und Füße verlieren, doch half ihm seine gute Natur wieder zurecht. Der Unterchirurgus erhielt erst nach acht Tagen den Gebrauch seiner Augen wieder ...

Einige Tage vor uns war der Untersteuermann Juschin, unser einziger Schiffszimmermann, der allein fähig war, ein neues Fahrzeug aus dem Wrack unseres Schiffes zu erbauen und auf dem also alle Hoffnung unserer Erlösung beruhte, mit noch drei Personen auf die Jagd gegangen. Da nun diese ebenfalls vom Sturm genötigt eine Kluft zur Zuflucht gesucht und dicht an der See gefunden hatten, geschah es, daß sie vom hohen Wasser darin sieben Tage lang ohne Proviant und Holz eingesperrt gehalten wurden und erst den neunten Tag wiederkamen, da wir dieselben schon entweder für ersoffen oder durch den von den Gebirgen herabstürzenden Schnee erdrückt hielten.«

Trotz allem ist der Gesundheitszustand der Mannschaft nach dem grausamen Winter erheblich besser als im Herbst, so daß man beginnen kann, aus den Wrackteilen der »St. Peter« ein hochseetüchtiges kleines Schiff zu bauen. Mit etwas über zehn Meter Länge ist es gerade groß genug, um die Überlebenden aufzunehmen.

»Den 13. August gingen endlich alle mit vieler innerlicher Bewegung aus ihren Wohnungen nach dem Fahrzeug, welches uns entweder nach unserem Vaterlande führen oder auf irgendeine Art unserm Schicksal den Ausschlag geben sollte.

Als wir auf dem Fahrzeug beisammen waren, sah man erstlich, wie eng der Raum und wie beschwerlich die Reise daher werden würde. Einer lag auf dem andern und kroch über den andern her. Der Leutnant Waxel, Meister Chytref, ich und des Leutnants Sohn hatten endlich noch den besten Raum in der Kajüte. Die übrigen 42 Mann lagen im Raum, der mit Wasserfässern, Proviant und der Baggage so voll gepackt war, daß die Leute kaum zwischen denselben und dem Deck liegen konnten. Drei Mann bekamen zwei Plätze, da die Mannschaft in drei Wachen eingeteilt war. Da aber der Raum noch zu eng blieb, fing man an, Kissen, Betten und Kleider, die vom Lande mitgenommen, in die See zu werfen. Indessen sah man am Ufer die Steinfüchse mit größter Freude und Geschäftigkeit unsere Wohnungen durchsuchen und die Überbleibsel von Fett und Fleisch sich teilen.«

Am 13. August segelt die kleine »St. Peter« von der Insel ab in Richtung Westen. Die letzte Etappe der düsteren, eisigen Odyssee beginnt. Nach kaum zwei Wochen erreichen sie einen Hafen an der sibirischen Küste. Die Totgeglaubten, in Felle gehüllten Wesen treffen auf Menschen, denen sie wie Fremde aus einer anderen Welt erscheinen müssen. Die Expedition ist fürs Erste beendet. Wenige Monate später stirbt Steller, 34 Jahre alt, auf dem Weg nach Europa an Erschöpfung.

Alaska, das große weite Land, war entdeckt, jedoch unter schwersten Leiden und größten Opfern. Für die Eingeborenen – die Alëuten, Eskimo und Indianer – sollte damit eine nicht weniger qualvolle Zeit anbrechen. Die Kostproben an wertvollen Pelzen, die Berings Expedition mitgebracht und die in Petersburg Aufsehen erregt hatten, gaben den Anstoß dafür, daß sich schon wenige Jahre später, trotz der unheilvollen Berichte der Überlebenden, eine ganze Reihe verwegener russischer Jäger und Händler in kleinen Schiffen zu den Inseln der Alëuten wagten. Dort wurden unter primitivsten Bedingungen Handelsstationen aufgebaut, und auch einzelne Familien ließen sich nieder. Die Eingeborenen kamen von weit her, um Pelze gegen Werkzeuge und Metallgeräte einzutauschen. Schon bald trafen auch die ersten Geistlichen der russisch-orthodoxen Kirche ein, um die Eingeborenen zu missionieren und eine ordnende Verwaltung in den russischen Gemeinden zu installieren. Auf der Suche nach immer neuen Jagdgründen lernten die russischen Seeleute und Händler mehr und mehr Inseln kennen, und auch das Landesinnere wurde langsam erforscht.

1778 kam auch James Cook auf seiner dritten und letzten Weltumsegelung von Süden an die Nordwestküste von Amerika zu jenen von Bering beschriebenen Inseln und Fjorden. Cook, der auf der Suche nach der Nordwestpassage war, hatte für die damalige Zeit die besten Voraussetzungen, um die wissenschaftlichen Erkenntnisse zu erweitern. Neue Navigations-

bzw. Meßgeräte erlaubten erstmals genaue Standortmessungen. Neben diesen Aufzeichnungen verdanken wir dem Zeichner der Expedition, dem Schweizer Johann Wäber hervorragende Darstellungen der Lebensverhältnisse der Eingeborenen – sowohl der Indianerstämme der bewaldeten Nordwestküste Amerikas wie auch jener der fast baumlosen Alëuten-Inseln. Allerdings ging es Wäber nicht viel anders als einige Jahrzehnte früher dem Naturforscher Steller. Auch er mußte unter großem Zeitdruck arbeiten, da es auch bei der Cook-Expedition wenige Gelegenheiten für auch nur kurze Landgänge gab. Aus seinen flüchtigen Skizzen entstanden jedoch später ganz hervorragende und aufschlußreiche Kupferstiche.

Die kurze Sommerzeit mit den langen Tagen wollte Cook dazu benutzen, die weiten Räume des Nordpazifik zu ergründen, um – wenn irgend möglich – im gleichen Sommer die nördliche Durchfahrt über die Beringstraße und weiter ins Eismeer zu erzwingen. Diese Suche war für die Expeditionsteilnehmer eine sehr nervenaufreibende Zeit, obwohl sie im Gegensatz zu Berings Mannschaft vom Wetter sehr begünstigt wurden. Darüber hinaus hatte Cook Mittel gegen den Skorbut mitgenommen, speziell Sauerkraut in großen Mengen, so daß sich seine Mannschaft in bester Gesundheit befand. Er verlor durch Krankheit nicht einen einzigen Mann.

Cook versuchte immer wieder, in Fjorde vorzudringen, in der Hoffnung, durch das Landesinnere die Hudson Bay zu erreichen. Immer weiter abgedrängt, blieb er später im Treibeis stecken und kam nur unter großen Mühen aus der Umklammerung frei. Bis auf die umfangreichen kartographischen Vermessungen blieb Cooks Expedition weitgehend erfolglos und ohne Einfluß auf die Entwicklung Alaskas, außer, daß man in Petersburg nun alle Kräfte mobil machte, um auch politisch festen Fuß in Alaska zu fassen. Man befürchtete, daß die Engländer, die zweifellos bei Cooks Reise Kenntnis vom Pelzreichtum bekommen hatten, ihrerseits auch militärische Stützpunkte anlegen würden. Die Nachricht über recht chaotische Zustände in den russischen Siedlungen an der Küste hatte ebenfalls dazu beigetragen, daß die so endlos weit entfernte russische Zentralverwaltung versuchen mußte, die Situation in den Griff zu bekommen.

Alexander Baranof, ein russischer Pelzhändler, erwies sich dafür als richtiger Mann. Aufgrund seiner starken Persönlichkeit gelang es ihm, nur mit einer Vollmacht versehen, die Anordnung des Zaren bei seinen rauhen und oft brutalen Landsleuten durchzusetzen. Rückblickend kann man sagen: Bering hatte Alaska entdeckt, Cook mit wissenschaftlicher Genauigkeit seine Küsten vermessen und Baranof dem Land seine Prägung gegeben.

Baranof war eine eigenartige Mischung aus zähem Händler und hartem und zuverlässigem Politiker; darüber hinaus war er ein sensibler, geistreicher und gütiger Mensch. Daß es ihm gelang, fern der Heimat eine funktionierende Provinz Rußlands aufzubauen, war eine außerordentliche Leistung. Im Grunde war er ganz auf sich gestellt, dazu noch von egoistischen und auch hinterhältigen Landsleuten umgeben. Sie machten seine Bemühungen mit den Eingeborenen, die eine hohe eigenständige Kultur hatten, friedlich zusammenzuleben, nahezu unmöglich. Die von ihm zunächst aus diplomatischen, später auch aus sehr menschlichen Gründen vollzogene Verbindung mit einer Häuptlingstochter wurde von den Repräsentanten der russisch-orthodoxen Kirche nicht geduldet. Für sie war Baranof noch immer mit seiner Frau, die er über acht Jahre nicht gesehen hatte, unlösbar verheiratet. Daran wäre nahezu das ganze Unternehmen gescheitert, denn der Stamm, dem diese Häuptlingstochter zugehörte, hatte hierfür kein Verständnis.

Anna, die Tochter des Häuptlings, versuchte mit dem ersten Kind, das sie von Baranof hatte, aus verletztem Stolz und Trauer Selbstmord zu verüben, was unweigerlich zum Krieg zwischen den russischen Siedlern und den Indianern ihres Stammes geführt hätte. Diese traditionsbewußten Eingeborenen waren nur nach einer Eheschließung Baranofs mit Anna bereit, mit den Russen zusammenzuarbeiten. Zuvor war es immer wieder zu grausamen Kämpfen mit Eingeborenen gekommen, die oft genug Grund hatten, die Russen und in zunehmendem Maße auch andere Europäer zu hassen.

Mehr und mehr Schiffe kreuzten vor der Küste Alaskas, um Jagd im großen Stil zu treiben, besonders auf hilflose Tiere, die sie in riesigen Mengen umbrachten. Man schreckte selbst nicht davor zurück, Kinder und Frauen solange gefangen zu halten, bis die Männer eine vorbestimmte Anzahl von Seeottern gejagt hatten, oft unter Einsatz ihres Lebens – eine grausame Form der Erpressung, die fast zur völligen Ausrottung der Seeottern führte. Für viele Jahrzehnte wurde tatsächlich keines dieser Tiere mehr gesehen, bis dann plötzlich in unserem Jahrhundert weit im Süden an der Küste wieder einige Seeotterpaare auftauchten. Sie wurden unter solch strengen Schutz gestellt, daß es gelang, diese seltene Tiergattung vor dem Aussterben zu bewahren. Heute kann man sie wieder an der ganzen Nordwestküste und in den Buchten der Alëuten antreffen.

Nach Baranofs Abreise, dem großen russischen Gouverneur, der auf dem Heimweg nach Rußland starb, war der Regierungssitz Sittka der lebendigste Platz an der ganzen nordamerikanischen Westküste. Doch bald darauf ging der Einfluß Rußlands immer mehr zurück, bis er praktisch ganz erlosch. Noch Jahrzehnte blieb das Innere des Landes so gut wie unerforscht. Erst um die Jahrhundertwende brachte die Nachricht von Goldfunden Tausende von Abenteurern in das Land, die zu Fuß oder mit Schlittenhunden allen

Flüssen und Tälern des Landes folgten. Damit wurde ein weiterer Abschnitt der Entdeckungsgeschichte eingeleitet. Nach den wirren Zeiten des Goldrausches zerrannen viele Kräfte und Hoffnungen im durchwühlten Boden. Es gab kaum einen Bach, in dessen Bett nicht mit Schaufel und Goldpfanne gesucht worden war. Nach einigen Jahren kehrte wieder Ruhe ein. Damals blieben nur wenige Siedler, die vom Land fasziniert, aber in ihren Ansprüchen bescheiden geworden waren und hier ihr Auskommen fanden. Da und dort gibt es sie noch: die Oldtimer, die Pioniere, die Trapper und Hundeführer, die den Namen »Sourdoughs« deshalb erhalten hatten, weil sie auf ihrem Weg ins Innere Sauerteig zum Brotbacken mitbrachten und ihn von Blockhütte zu Blockhütte wie einen Schatz mit sich führten.

Mit der Erfindung des Flugzeugs brach eine neue Zeit der Erschließung an. Buschflieger setzten neue Maßstäbe für den Transport von Menschen und Material. Sie halfen, wissenschaftlich genaue Karten herzustellen. Und

Einer der vielen Riesengletscher an der Nordwestküste Alaskas, die ins Meer brechen

auch der Zweite Weltkrieg ging nicht spurlos an Alaska vorüber. Die Japaner griffen am äußersten Ende der Alëutenkette an. Für die kleine Besatzung der trostlosen Alëuteninsel kam die Landung völlig überraschend. Der Überfall war für die Vereinigten Staaten von Amerika eine unglaubliche Herausforderung. Die Reaktion kam umgehend. Bagger und Erdschieber nagten Flugplätze aus steinigem vereisten Boden, die berühmte Canada-Alaska Highway wurde in einem Jahr über 3000 Kilometer durch den nördlichen Urwald gewalzt, um einen waffenstarrenden Verteidigungsgürtel hoch nach Norden zu verlegen.

Nach dem Krieg blieb die Angst vor einer russischen Invasion, und es wurden weiter Flugplätze und Radarstationen bis hoch hinauf in die Arktis gebaut. Und wiederum einige Jahre später fand man das schwarze Gold im frostigen Boden der Tundra am Eismeer. Die größte Baustelle einer westlichen Industrienation entstand mit dem Projekt der Pipeline. Wie ein Heer von fleißigen Ameisen sah die Tätigkeit der betriebsamen Menschen in der eintönigen Tundra und im Meer des Waldes aus. Doch auch dieses Menschenwerk verlor sich in der Weite des Landes. Der größte Teil sieht hier noch so aus wie in der Urzeit, als die frühen Jäger, den Spuren des Wildes folgend, über die Beringstraße vielleicht auch über eine Eisbrücke von Skandinavien kommend, den Kontinent betraten.

Dank

Außer den in diesem Buch namentlich genannten Freunden, die mich bei der Vorbereitung und Durchführung der Reisen und Expeditionen unterstützten, gab es noch viele selbstlose Helfer, die unter oft schwierigen Bedingungen dazu beitrugen, die Unternehmen zu einem guten Ende zu bringen.

Ihnen allen möchte ich mit diesem Buch noch einmal danken, das ohne sie letztlich auch nicht hätte entstehen können.

Besonderer Dank gilt Herrn Prof. Dr. Hanno Beck (Leiter des Amtes für Forschung der Humboldt-Gesellschaft), der schon wesentlich zum Gelingen des Films »Alexander von Humboldt – aus seinem Leben – aus seinem Werk« beigetragen hat und nun hilfreich die Fakten der Entdeckungsgeschichten dieses Buches überprüfte.

Anmerkungen

1. „Im Schatten des Karakorum", Bundesfilmpreis 1954
2. „Im Reich der Inka und Indios", Bundesfilmpreis 1956
3. „Auf verwehten Spuren, Australien", 2 Tle., 1978
4. C.W. Ceram, „Der erste Amerikaner", Rowohlt, Reinbeck 1972
5. Peter Baumann und Gottfried Kirchner, „TERRA X, Rätsel alter Weltkulturen", Umschau, Frankfurt 1983
6. Richard Fester, „Die Eiszeit war ganz anders", Piper, München 1973
7. Fridtjof Nansen, „Durch Nacht und Eis", Leipzig 1897
8. Knud Rassmusen, „Die große Schlittenreise", Matthias Grünewald, Mainz 1958
9. Mathias Rebitsch, „Die silbernen Götter des Cerro Gallan", Nymphenburger Verlagshandlung, München 1957
10. Martin Schliessler, „Eisberge über Feuerland", ZDF Film 1973
11. Alexander von Humboldt, „Vom Orinoko zum Amazonas", F.A. Brockhaus, Wiesbaden 1964
12. Inga Steinvorth-Goetz, „Die Waika-Indianer in den Urwäldern des Oberen Orinoko", Caracas 1970
13. Volkmar Vareschi, „Geschichtslose Ufer", Bruckmann, München 1959
14. Alexander von Humboldt, „Reisen in den Tropen Südamerikas", Deutsche Verlagsanstalt, Stuttgart 1969
15. Cabeza de Vaca, „Schiffbrüche", Klaus Renner Vlg., Stuttgart 1925
16. Alexander Mackenzie, „Tagebuch", ohne Ort 1802
17. Georg W. Steller: Unveränderte Neudrucke der 1774 in Frankfurt und 1753 in Halle erstmals erschienenen Werke, Brockhaus Antiquarium, Stuttgart 1974

Bildquellen

Archiv Stähle	267
Archiv H. Weigelt	188, 189
Edward S. Curtis	26, 246, 248, 249
Glenbow Foundation, Calgary	196, 197
Hans Staden Museum, São Paulo	108
Humboldt-Archiv	116, 137, 154
Museum Juneau	217, 258, 265
Martin Schliessler	28 oben und unten, 29 oben und unten, 31 oben, 48, 49, 50, 51, 52-56, 58, 89-92, 94, 95 oben und unten, 96, 100, 102, 103, 106, 107, 125-128, 130, 140, 145-148, 165-168, 177, 194, 195, 201-204, 207, 224, 225, 237-240, 251, 263, 274, 275
Tina Schliessler	234, 235, 261
Tobias Schliessler	172, 176, 177
Hans Schmitz	157, 160
Karl Weidmann	131, 143
Völkerkundemuseum München	31 unten
Völkerkundemuseum Texas	184, 187, 193

Register

AMERICA
SEPTEN
TRIONA
New North Wales
New South Wales
NOVA
GRANADA
Tropicus Cancri
MAR
DEL
CIRCULUS ÆQUINOCTIALIS
OCEANUS
ZUR
Tropicus Capricorni
PERUVI
MAR
PACIF
CUM
Novissima et Accuratissima
TOTIUS
AMERICÆ
DESCRIPTIO
per
IOANNEM DE RAM